Introdução à Sociologia

O GEN | Grupo Editorial Nacional – maior plataforma editorial brasileira no segmento científico, técnico e profissional – publica conteúdos nas áreas de ciências sociais aplicadas, exatas, humanas, jurídicas e da saúde, além de prover serviços direcionados à educação continuada e à preparação para concursos.

As editoras que integram o GEN, das mais respeitadas no mercado editorial, construíram catálogos inigualáveis, com obras decisivas para a formação acadêmica e o aperfeiçoamento de várias gerações de profissionais e estudantes, tendo se tornado sinônimo de qualidade e seriedade.

A missão do GEN e dos núcleos de conteúdo que o compõem é prover a melhor informação científica e distribuí-la de maneira flexível e conveniente, a preços justos, gerando benefícios e servindo a autores, docentes, livreiros, funcionários, colaboradores e acionistas.

Nosso comportamento ético incondicional e nossa responsabilidade social e ambiental são reforçados pela natureza educacional de nossa atividade e dão sustentabilidade ao crescimento contínuo e à rentabilidade do grupo.

Sebastião Vila Nova

Introdução à Sociologia

6ª Edição, Revista e Aumentada

O autor e a editora empenharam-se para citar adequadamente e dar o devido crédito a todos os detentores dos direitos autorais de qualquer material utilizado neste livro, dispondo-se a possíveis acertos caso, inadvertidamente, a identificação de algum deles tenha sido omitida.

Não é responsabilidade da editora nem do autor a ocorrência de eventuais perdas ou danos a pessoas ou bens que tenham origem no uso desta publicação.

Apesar dos melhores esforços do autor, do editor e dos revisores, é inevitável que surjam erros no texto. Assim, são bem-vindas as comunicações de usuários sobre correções ou sugestões referentes ao conteúdo ou ao nível pedagógico que auxiliem o aprimoramento de edições futuras. Os comentários dos leitores podem ser encaminhados à **Editora Atlas Ltda.** pelo e-mail editorialcsa@grupogen.com.br.

Direitos exclusivos para a língua portuguesa
Copyright © 1981 by
Editora Atlas Ltda.
Uma editora integrante do GEN | Grupo Editorial Nacional

Reservados todos os direitos. É proibida a duplicação ou reprodução deste volume, no todo ou em parte, sob quaisquer formas ou por quaisquer meios (eletrônico, mecânico, gravação, fotocópia, distribuição na internet ou outros), sem permissão expressa da editora.

Rua Conselheiro Nébias, 1384
Campos Elísios, São Paulo, SP – CEP 01203-904
Tels.: 21-3543-0770/11-5080-0770
editorialcsa@grupogen.com.br
www.grupogen.com.br

Capa: Leonardo Hermano
Composição: Lino-Jato Editoração Gráfica

Dados Internacionais de Catalogação na Publicação (CIP)
(Câmara Brasileira do Livro, SP, Brasil)

Vila Nova, Sebastião

Introdução à sociologia / Sebastião Vila Nova. – 6. ed. – [13. reimpr.] – São Paulo: Atlas, 2018.

  Bibliografia.
  ISBN 978-85-224-3788-7

1. Sociologia I. Título.

95-1662   CDD-301

". . . os melhores livros são os que dizem o que já se sabe".

George Orwell, 1984

"Aquele que não está em condições de suportar a melancolia da insuficiência de uma ciência sociológica do homem deve voltar as costas a esta disciplina; pois o dogmatismo sociológico é pior do que a inexistência da sociologia."

Ralf Dahrendorf, Homo sociologicus

Sumário

Nota explicativa à 6ª edição, 13

Nota explicativa à 5ª edição, 15

Nota explicativa à 3ª edição, 17

Nota explicativa à 2ª edição, 19

Prefácio à 1ª edição, 21

PARTE I – Sociologia, Cultura e Sociedade, 25

1   SOCIOLOGIA: UMA CIÊNCIA DA SOCIEDADE, 27
    Sociologia e "sociologia" do senso comum, 27
    A Sociologia como ciência, 28
    A Sociologia como ciência social, 36
    Sociologia: disciplina humanística e forma de consciência social, 41
    Problemas sociais e problemas sociológicos, 41
    Teorias sociológicas e doutrinas sociais, 44
    "Sociologia radical" ou "Sociologia conservadora"?, 45
    Questões para exercício, 47
    Sugestões de leitura, 48

2   INDIVÍDUO, CULTURA E SOCIEDADE, 49
    Sociedade humana e "sociedades" animais não humanas, 49

Socialização e comunicação simbólica, 51
Cultura, 53
Cultura material e não material, 54
Existem culturas superiores?, 55
Cultura e necessidades humanas, 56
Cultura e corpo: um exemplo, 58
Aculturação, 59
Cultura e subcultura, 61
Cultura e sociedade de massa, 63
Cultura popular, 64
Estereótipos, 65
Símbolos e normas, 66
A dimensão intermental da sociedade, 68
Comportamento humano e relações sociais, 70
Questões para exercício, 72
Sugestões de leitura, 72

PARTE II – Organização e Controle Social, 75

3   ORGANIZAÇÃO SOCIAL E OBJETO DA SOCIOLOGIA, 77
    A questão do objeto da Sociologia, 77
    Durkheim: consciência coletiva e fatos sociais, 78
    Fato social e norma, 80
    Fato social e fato histórico, 82
    Weber: significados, ação social e poder, 83
    Marx: relações de produção e classes sociais, 87
    Fato, ação e classe social: algumas convergências e divergências, 88
    Equilíbrio e conflito: duas correntes, 90
    "Escola de Chicago": processos e mundos sociais, 90
    Interacionismo simbólico, 93
    Críticas ao conceito de fato social, 97
    Holismo *versus* atomismo, 100
    Realismo *versus* nominalismo, 101
    Método funcionalista ou método dialético?, 102
    Naturalismo positivista e naturalismo pragmático, 104
    Naturalismo *versus* historicismo, 105
    Positivismo *versus* intersubjetivismo, 106

Materialismo ou idealismo?, 108
Questões para exercício, 111
Sugestões de leitura, 112

4 CONTROLE SOCIAL, 113
Meios de controle social: socialização, punições e recompensas, 113
Normas: alcance e aplicação, 114
Normas explícitas e implícitas, 115
O sagrado e o secular: *mores* e *folkways,* 116
Normas, padrões e expectativas de comportamento, 117
Controle social, anomia, mudança e contato cultural, 120
Anomia, metas culturais e meios institucionalizados, 121
Questões para exercício, 123
Sugestões de leitura, 124

PARTE III – O Indivíduo na Sociedade, 125

5 *STATUS* E PAPEL, 127
Status: o homem como ocupante de posições, 127
Status atribuído e adquirido, 128
Status específico, principal e geral, 130
Papel: o homem como ator social, 130
Papel e *self*, 133
Papéis, grupos e instituições, 134
Conflitos de papel, 135
Papéis, expectativas e normas, 136
Status, papel, grupo e categoria social, 136
Questões para exercício, 137
Sugestões de leitura, 137

6 GRUPOS, AGREGADOS E CATEGORIAS, 139
Grupos, agregados e categorias como meios de participação social, 139
Grupos: suas características, 139
Grupo de participação e de não-participação, 140
Grupos de referência, 140
Grupos primários e secundários, 143
Agregados, 145
Categorias, 147

Um exemplo, 148
Questões para exercício, 148
Sugestões de leitura, 149

7   ESTRATIFICAÇÃO SOCIAL, 150
    A questão da desigualdade social, 150
    Estratificação e desigualdade social, 151
    Estratificação, crenças, valores e normas, 154
    Mobilidade social, sociedades abertas e fechadas, 155
    Castas, 158
    Estamentos, 159
    Classes, 160
    Marx e Engels *versus* Davis e Moore: duas explicações, 163
    Sociedade de classes e moda, 166
    Weber: riqueza, prestígio e poder, 166
    Questões para exercício, 169
    Sugestões de leitura, 170

PARTE IV – Estática e Dinâmica Social, 171

8   INSTITUIÇÕES SOCIAIS, 173
    Instituições, associações e grupos primários, 173
    Universalidade, origem e interdependência das instituições, 175
    Família, 176
    Instituições econômicas, 178
    Instituições políticas, 179
    Religião, 180
    Recreação, 181
    Educação, 183
    Questões para exercício, 184
    Sugestões de leitura, 185

9   PROCESSOS SOCIAIS, 186
    Processos sociais, coesão e disjunção, 186
    Interação e ação social, 186
    Estrutura básica da interação e sistemas sociais complexos, 188
    Interação, contato e comunicação, 189
    Isolamento e contato, 190
    Cooperação, ação coletiva e pacto social, 190

Acomodação e assimilação, 192
Competição e conflito, 193
Complementaridade dos processos sociais, 193
Questões para exercício, 194
Sugestões de leitura, 194

10 MUDANÇA SOCIAL, 196
Mudança social e mudança cultural, 196
Fatores de mudança social, 197
Descoberta e invenção, 199
Difusão, 200
Defasagem cultural, 201
Desenvolvimento social, 201
Mudança, integração social e personalidade, 204
Questões para exercício, 205
Sugestões de leitura, 206

11 QUESTÃO DA MULHER NA ATUALIDADE: UM EXEMPLO DE MUDANÇA SOCIAL, 207
Problema das minorias, 207
Mulher, sexo e gênero, 207
Mulher no mercado de trabalho, 208
Mulher e classe social, 208
Mulher e poder, 209
Mulher e dupla moral, 210
Mulher, frustração e agressão, 211
Mulher e papel social, 211
Machismo e narcisismo, 212
Questões para exercício, 213
Sugestões de leitura, 214

COMO CONCLUSÃO: SOCIOLOGIA E SOCIEDADE, 215

SOCIOLOGIA E SOCIEDADE, 217
Sociologia: uma definição, 217
Componentes básicos e níveis da sociedade, 218
Sociedade: algumas definições possíveis, 221
Questões para exercício, 222
Sugestões de leitura, 223
Bibliografia, 225

Nota Explicativa à 6ª Edição

Esta 6ª edição deste compêndio, que tem recebido a mais generosa acolhida por parte de estudantes e professores, vem acrescida de um novo capítulo inteiramente dedicado à discussão de um dos temas mais candentes na atualidade, mas infelizmente posto de lado no Brasil pelos autores, inclusive os de sexo feminino, de livros de iniciação à Sociologia: a questão da mulher na atualidade. Achou por bem este autor situar este novo capítulo no campo da discussão da mudança social, por entender que o movimento das mulheres pelos direitos que milenarmente lhes têm sido sonegados pelo homem e os avanços significativos que elas têm conseguido com firmeza representam um dos mais notáveis exemplos de mudança social em toda a história da humanidade, não podendo, portanto, estar à margem do programa de quem quer que se inicie no estudo científico do comportamento e de suas relações entre os seres humanos em sociedade.

Com este capítulo, o 11º, espera este autor contribuir para a reflexão em profundidade de um tema da mais alta importância para a compreensão da realidade não apenas do Brasil, mas também das sociedades urbano-industriais em geral no mundo contemporâneo, e, dessa maneira, colaborar, com os meios de que dispõe como sociólogo e escritor, para a concretização de uma sociedade mais justa, entendendo que, afinal, esta constitui uma questão de interesse não apenas das mulheres, mas de todo cidadão comprometido com a consolidação da prática democrática entre nós.

Recife, 7 de julho de 2002.
O Autor

Nota Explicativa à 5ª Edição

Republicado em 1999, em sua 4ª edição, com alguns acréscimos às *Sugestões de leitura* de alguns de seus capítulos e à *Bibliografia* apresentada ao final do livro, ressurge este compêndio com algumas correções necessárias, bem como com acréscimos significativos do ponto de vista teórico-conceitual, imprescindíveis a uma melhor compreensão de aspectos relevantes da sociedade, tais como a importância, nunca demais ressaltada, dos símbolos para seu funcionamento (ver a seção *Símbolos e normas*, no Capítulo 2), as relações entre a cultura e as necessidades humanas (ver a seção *Cultura e necessidades humanas*, no Capítulo 2), a importância relativa das instituições econômicas de acordo com o nível de complexidade social (ver a seção *Instituições, associações e grupos primários*, no Capítulo 8), a questão da origem das instituições recreativas (ver a seção *Recreação*, no mesmo Capítulo 8), a relevância da interação simbolicamente orientada (ver a seção *Interação e ação social*, no Capítulo 9) e, finalmente, a própria concepção de sociedade humana e de Sociologia (ver as seções *Sociologia*: uma definição e *Sociedade*: algumas definições possíveis, em *Como conclusão*: sociologia e sociedade).

Este autor é profundamente reconhecido a Maurício Leão, seu ex-aluno na Universidade Católica de Pernambuco, o qual, graças a seus excepcionais dotes de inteligência e sensibilidade, além de seu alto sentido de disciplina intelectual, e, notadamente, a sua generosidade, muito contribuiu para o aprimoramento do livro nesta 5ª edição.

Considera este autor que, tão logo publicado, um livro digno do nome é algo dinâmico, dotado de vida própria, autônoma, precisamente por estar em contato com outras mentes que não a de quem o concebeu e escreveu. Se para o leitor levanta novas possibilidades de percepção das coisas que a ele dizem respeito, possibilidades muitas vezes imprevisíveis para o próprio autor, para este representa uma contínua fonte de inquietação quanto ao que poderia ter sido expresso de modo mais claro e preciso, mas não o foi, ao que deveria ter sido escrito, mas lhe escapou, ao que não deveria ter sido registrado, mas o foi.

Se esta reflexão for válida para todo e qualquer livro, independentemente do gênero a que pertença, com muito mais razão o será para o livro didático, pelo que este representa como instrumento de formação e desenvolvimento do espírito, do caráter e, conseqüentemente, da atitude das novas gerações em relação ao mundo, a seus semelhantes e à existência.

Dessa maneira, é movido pela consciência do inevitável sentido ético, mais do que simplesmente pelo sentido informativo do livro didático – sobretudo em se tratando de um compêndio voltado ao entendimento do humano em sua dimensão social –, e, portanto, da responsabilidade moral de quem o assina, que este autor julga-se na obrigação de um contínuo exame crítico de seu trabalho, para melhor servir à juventude brasileira e ao desenvolvimento de sua consciência social, sem a qual é impossível a formação do sentido de cidadania, condição *sine qua non* à consolidação da nacionalidade e à afirmação do país no complexo jogo político, econômico e cultural que a era da globalização representa nesta transição para um novo milênio.

Recife, julho de 1999.
O Autor

Nota Explicativa à 3ª Edição

Reformulado e substancialmente aumentado em 1992, este compêndio, originalmente publicado em 1981, ressurge em edição mais uma vez refeita e acrescida em pontos que este autor acredita relevantes para o conhecimento científico da sociedade humana.

Já na 2ª edição, havíamos modificado e ampliado aquele texto, fazendo nele incluir a abordagem de controvérsias das quais, conforme então argumentamos, dificilmente poderá escapar aquele que pretende transitar pelos domínios da Sociologia. Procuramos, assim, reafirmar nossa crença, assumida sobretudo a partir da 2ª edição deste livro, de que, não possuindo a Sociologia a unidade monolítica que muitos imaginam que ela tenha, não poderá o iniciante desenvolver uma compreensão apropriada do que a contribuição da investigação científica dos fenômenos sociais pode representar ao conhecimento em profundidade da vida social sem a discussão das grandes controvérsias que perpassam esta ciência e do que elas representam para a possibilidade de uma visão crítica da própria teoria sociológica.

Dessa maneira, às questões polêmicas já discutidas na 2ª edição deste compêndio – imprescindíveis ao conhecimento da Sociologia não como um corpo estático de conceitos, classificações, teorias e métodos, porém, como ocorre com todas as ciências, como algo tão vivo e dinâmico, em contínua transformação, como a própria realidade que ela pretende explicar – fizemos acrescentar ao Capítulo 3 a discussão de outro dilema, mais filosófico (de epistemologia e ontologia) do que científico: o dilema entre a opção realista e a alternativa nominalista na conceituação do próprio objeto desta ciência.

Já a discussão das "Críticas ao conceito de fato social", seção do mesmo Capítulo 3, foi ampliada com a inclusão das idéias de William I. Thomas e Florian Znaniecki a respeito do tema. A seção que trata da antinomia "Naturalismo *versus* historicismo", também do Capítulo 3, foi acrescida da exposição da resposta de Gilberto Freyre a este problema. O Capítulo 4, "Controle social", foi substancialmente ampliado no que se refere ao conceito de expectativa de comportamento, enquanto o Capítulo 6, "Grupos, agregados e categorias", foi aumentado em pontos significativos para a melhor compreensão dos vários tipos de grupo de referência. O Capítulo 7, "Estratificação social", foi igualmente acrescido de considerações que, segundo este autor, tornam mais claro o entendimento do conceito de classe. Finalmente, o Capítulo 8, "Instituições sociais", foi desdobrado com o acréscimo de discussão em torno do lugar, de importância crescente, das instituições educacionais na teia da sociedade. Outro acréscimo, este de indiscutível utilidade ao estudante, é a inclusão de uma seção das sugestões de leitura ao fim de cada capítulo, possibilitando, assim, o aprofundamento e a ampliação do conhecimento dos tópicos abordados no livro.

Sente-se, assim, gratificado este autor se, tentando aperfeiçoar este compêndio de iniciação à sociologia, venha a contribuir não somente para o conhecimento mais vasto, profundo e racionalmente objetivo dos fenômenos sociais por parte do nosso estudante, mas também, em conseqüência, para o desenvolvimento do sentido de cidadania do homem brasileiro, tornando-o mais apto, aguçando sua inteligência e sua sensibilidade para a participação do debate em torno dos grandes problemas da Nação e da humanidade em geral, cada vez mais imersa na crescente interdependência – conhecida sob o rótulo, hoje em moda, de "globalização" – política, econômica e cultural das nações do mundo contemporâneo.

Recife, fevereiro de 1995.
O Autor

Nota Explicativa à 2ª Edição

Publicado pela primeira vez em 1981, reaparece agora este compêndio, após 12 tiragens, revisto e substancialmente acrescido em alguns capítulos, principalmente no primeiro, no segundo, no terceiro e no sétimo.

Se no texto original procuramos evitar as áreas polêmicas da teoria sociológica, acreditando que a exposição do iniciante a tais controvérsias poderia confundi-lo, já neste texto buscamos, ao contrário, abordar algumas das áreas mais ostensivamente polêmicas da Sociologia, das quais, como temos constatado no dia-a-dia da sala de aula, dificilmente poderá o iniciante escapar, não tendo o professor, portanto, o direito de omiti-las. É lacuna da qual este autor tem hoje consciência e se penitencia fazendo incluir nesta edição o debate de questões como, por exemplo: "Teorias sociológicas e doutrinas sociais", "Sociologia radical" ou "Sociologia conservadora?" (Capítulo 1), "Método funcionalista ou método dialético?", "Materialismo ou idealismo?" (Capítulo 3). Se igualmente polêmicas são as soluções adotadas, sem pretensão alguma de originalidade, por este autor, isto se dá porque, afinal, não poderia ser de outro modo no atual estado de desenvolvimento da Sociologia, em que pese ter o autor dado o melhor de si para demonstrar honestamente a melhor adequação das soluções propostas ao espírito científico. Esta a principal novidade desta edição.

Recife, abril de 1992.
O *Autor*

Prefácio à 1ª Edição

A Sociologia não é matéria de interesse apenas de sociólogos. Cobrindo todas as áreas do convívio humano – desde as relações na família até a organização das grandes empresas, desde o papel da política na sociedade até o comportamento religioso –, a Sociologia interessa de modo acentuado a administradores, políticos, empresários, professores em geral, publicitários, jornalistas, planejadores, sacerdotes, mas, também, ao homem comum. A Sociologia não explica nem pretende explicar tudo o que ocorre na sociedade nem todo o comportamento humano. Muitos acontecimentos humanos escapam aos seus critérios. Ela toca, porém, em todos os domínios da existência humana em sociedade. Por esta razão, a abordagem sociológica, através dos seus conceitos, teorias e métodos, pode constituir para as pessoas um excelente instrumento de compreensão das situações com que se defrontam na vida cotidiana, das suas múltiplas relações sociais e, conseqüentemente, de si mesmas como seres inevitavelmente sociais. Para os indivíduos que dela se aproximam, a Sociologia, portanto, pode representar, quando adequadamente compreendida nos seus propósitos e limites, um meio de aperfeiçoamento também moral e não só intelectual. Aos que não pretendem se dedicar à Sociologia como profissão – seja na pesquisa, no ensino ou no planejamento –, o contato com as teorias sociológicas deve antes servir como oportunidade de formação de um tipo particular de atitude, diferente do modo de ver do senso comum, em relação a si mesmos, aos outros e à sociedade em geral, e não como simples meio de aquisição de conhecimento para fins ornamentais e de pura ostentação. E esta, no nosso modo de entender, é precisamente uma das mais fortes razões para a sua inclusão nos currículos de cursos universitários que não o de Ciências Sociais.

Se, por um lado, é verdade que tem aumentado o interesse pela Sociologia como um veículo de compreensão sistemática, racional e fundamentada nos fatos da sociedade, por outro, é fácil para o não-iniciado confundir com a Sociologia análises e descrições baseadas simplesmente em impressões e opiniões. A visão rigorosamente sociológica da sociedade se caracteriza, antes de mais nada, pelo fato de que ela se processa através do crivo da teoria, pois é a teoria que nos permite identificar as possíveis relações entre os fenômenos e, desse modo, explicá-los, entender suas causas e seus efeitos e, mesmo, projetar tendências no seu desenvolvimento. Ademais, ao contrário de muita análise supostamente sociológica, a abordagem da Sociologia procura, o quanto possível, fugir das distorções da subjetividade, expressas através das impressões e opiniões. À Sociologia interessa a percepção objetiva dos fatos orientada pela teoria. Desse modo, chega-se ao equívoco de se tomar como sociológico tudo o que trate de assuntos e, principalmente, de problemas sociais. No entanto, nem tudo o que apresenta interesse social é, por si mesmo, sociológico. Sociológico é, antes de tudo, o modo como se encara a realidade dos fenômenos sociais.

A teoria sociológica, contudo, não é um fim em si mesma. As teorias científicas devem ser meios para a compreensão da realidade observável. Ocorre, porém, que, muitas vezes, elas são aprendidas e, o que é pior, ensinadas como se bastassem a si mesmas. Ora, a Sociologia é, ela própria, como toda ciência, um produto social. A Sociologia existe por causa da Sociedade e não, obviamente, o contrário. Mesmo assim, é freqüente que a sociologia seja estudada como se o mais importante fosse conhecer as suas teorias e aprender o nome de quem as formulou. Mas o que importa não é estudar a Sociologia ou outra qualquer ciência. O que importa mesmo é estudar a sociedade e a realidade observável em geral. Se a Sociologia serve como instrumento adequado ao estudo e ao conhecimento da sociedade, então ela é socialmente útil e justificável. Com freqüência, no entanto, é a própria beleza da lógica das formulações teóricas da ciência que nos leva, inconsciente e involuntariamente, a transformá-las em *fetiche* da realidade. E, sempre que a teoria científica passa a ser considerada como um fim em si mesma, como mais importante do que os fatos aos quais ela se refere, tende a se transformar em obstáculo ao conhecimento da realidade e, logo, ao desenvolvimento da própria ciência.

Tendo em vista o problema da confusão tão freqüente a respeito do que distingue a abordagem sociológica de abordagens opinativas e impressionistas da sociedade, assim como da distorção do sentido da teoria sociológica e científica em geral, o objetivo deste livro é dar ao iniciante, independentemente de sua área de estudo ou profissional, os instrumentos teórico-conceituais básicos à análise sociológica e, em conseqüência, à formação de uma atitude correspondente em relação à vida social. Para tanto, procuramos, o quanto possível, evitar as áreas de controvérsia da teoria sociológica, dando ênfase àquelas teorias de conhecimento imprescindível ao iniciante. Dentro desta orientação, procuramos nos fixar nas idéias consensualmente firmadas na teoria e na pesquisa sociológicas contemporâneas como comprovadamente úteis ao conhecimento da realidade social. Do mesmo modo, procuramos, ainda, evitar aquelas idéias que hoje pertencem ao "museu" da Sociologia, ou seja, as formulações teóricas obsoletas diante da teoria sociológica do presente e que, muitas vezes, apesar da sua inutilidade, são transmitidas como puro e inócuo ornamento intelectual. Foi nossa intenção não expor prematuramente o iniciante nem a polêmicas que, mais tarde, ele poderá estudar de modo mais conveniente, nem à geralmente confusa multiplicidade de teorias, com freqüência redundantes, a respeito dos mesmos fenômenos. Tentamos, por isto mesmo, buscar, sempre que possível, as convergências porventura existentes nas formulações teóricas disponíveis na Sociologia.

Procuramos, igualmente, lançar mão de exemplos mais próximos da compreensão e da experiência social particular do estudante brasileiro. Essa estratégia didática visa, dentro dos limites das nossas possibilidades, fazer face à notória escassez de compêndios da iniciação à Sociologia de autor brasileiro e se fundamenta na idéia de que o estudo dessa ciência, além da sua obrigatoriedade legal, decorrência da sua inclusão nos currículos de vários cursos no Brasil, tem não só a função acadêmica de propiciar ao estudante da matéria a obtenção de informações a respeito da teoria sociológica, mas, através desta, a de possibilitar a compreensão da sua experiência social cotidiana. Desse modo, tentamos evitar que a Sociologia pareça ao iniciante simplesmente uma ficção desvinculada das questões palpitantes que ele enfrenta em todos os momentos da sua vida, memorizável para fins de cumprimento de uma exigência curricular de algum curso, mas, constitua, antes de mais nada, um instrumento eficiente para a compreensão da sua situação pessoal em relação à coletividade e da "lógica" própria do funcionamento da sociedade.

Os conceitos e as teorias da ciência possuem diferentes graus de complexidade e são científicos, inclusive, na medida em que se complementam mutuamente. Por isto, buscamos, finalmente, dar uma visão orgânica da Sociologia, de modo que a compreensão dos seus múltiplos conceitos e teorias concorram, no final, para uma concepção da sociedade como um todo e não apenas de suas partes, já que, para nós, a questão fundamental da Sociologia se resume nesta pergunta: o que é a sociedade? E é sobretudo a esta questão que procuramos, de modo acessível ao iniciante, dar uma resposta. Claro está que a resposta contida neste livro a esta indagação crucial da Sociologia não é nem pretende ser definitiva. É como ponto de partida para ulteriores aprofundamentos e mesmo indagações que ela deve funcionar, e ficaremos gratificados se assim acontecer.

O livro está dividido em quatro partes e uma breve conclusão. A Primeira Parte – "Sociologia, cultura e sociedade" – trata da caracterização da Sociologia tanto como ciência quanto como disciplina humanística e consciência social, bem como das peculiaridades da forma humana de organização social em comparação com as formas de convívio entre espécies animais não-humanas. Nesta parte, é analisado, em algumas das suas mais importantes implicações, um dos conceitos básicos da Sociologia e da ciência social em geral: o conceito da cultura. A Segunda Parte – "Organização e controle social" – aborda a questão básica da organização social, através da interpretação e da comparação das três concepções fundamentais na tradição da Sociologia e ainda hoje imprescindíveis: a de Émile Durkheim, e de Max Weber e a de Karl Marx. Nessa mesma parte é tratado o problema do controle social. A Terceira Parte – "O indivíduo na sociedade" – trata dos meios através dos quais o homem participa da sociedade, a saber, dos *status* e dos papéis, dos grupos, agregados e categorias, assim como das camadas sociais (castas, estamentos e classes). Finalmente, na Quarta Parte – "Estática e dinâmica social" – são estudadas, de um lado, as instituições como unidades básicas à estabilidade social e, de outro, alguns aspectos capitais da dinâmica da sociedade, ou seja, os principais processos sociais – interação, contato, cooperação, acomodação, assimilação, competição e conflito – e a mudança, incluindo algumas considerações, necessárias em um livro de introdução à Sociologia dirigido a estudantes de um país em vias de desenvolvimento, a respeito de um tipo de transformação de interesse particular para esse estudante: o desenvolvimento social. O livro se encerra com uma breve conclusão, na qual se trata da concepção da Sociologia e da sociedade, como síntese final dos conceitos e teorias expostos e analisados no decorrer do manual.

Recife, janeiro de 1981.
O Autor

Parte I

 # Sociologia, Cultura e Sociedade

1

 Sociologia: Uma Ciência da Sociedade

SOCIOLOGIA E "SOCIOLOGIA" DO SENSO COMUM

A palavra *Sociologia* é, por certo, conhecida do leitor, como o é de qualquer indivíduo razoavelmente informado sobre o que acontece à sua volta, mesmo que não tenha estudado esta disciplina científica. Contudo, se procurarmos saber o que este termo significa para as pessoas não familiarizadas com a Sociologia, muito provavelmente chegaremos a constatar que esta palavra estará associada a um grande número de significados, alguns dos quais contraditórios entre si. A questão é tão mais complicada quanto, para viver em sociedade, todos os indivíduos, sejam ou não cientistas sociais, possuem explicações sobre o comportamento humano e a vida social. Em outras palavras, todos os indivíduos são, por assim dizer, "sociólogos" espontâneos, no sentido de possuírem muitas explicações sobre o comportamento humano em sociedade, sem as quais não poderiam sobreviver. São as "teorias" do senso comum, também denominado conhecimento vulgar, existentes em qualquer sociedade a respeito de si mesma. É por este motivo que um sociólogo chega mesmo a afirmar que não é fácil encontrar uma idéia realmente original na Sociologia pelo fato de que desde a pré-história todos os indivíduos são obrigados a fazer uma espécie de "Sociologia" aplicada no seu dia-a-dia e, desse modo, terminam por elaborar algum tipo de "teoria" sobre a sua experiência cotidiana.[1]

Esta "sociologia" espontânea que todos nós recebemos através do simples convívio diário com os nossos semelhantes não equivale, é claro, à Sociologia

---

1 FARIS, Robert E. L. *Chicago Sociology – 1920-1932*. Chicago e Londres: The University of Chicago Press, 1970. p. 39.

científica, por mais fortes que sejam os possíveis laços entre elas. Como tentar-se-á demonstrar ao longo deste livro, as explicações que o senso comum nos dá a respeito do comportamento humano e da vida social são bastante diversas daquelas que os sociólogos e outros cientistas sociais procuram desenvolver. Tais explicações, no entanto, interessam ao sociólogo porque são parte da sociedade, mas não porque sejam confiáveis. Na realidade, as explicações de que dispõe o senso comum sobre o comportamento humano em sociedade são, na maioria das vezes, baseadas em preconceitos e pressupostos falsos sobre a presumível essência da espécie humana, embora muitas pessoas acreditem que para bem entender a sociedade e o que as pessoas fazem à sua volta bastam as "teorias" que a sua própria sociedade lhes deu através do senso comum. Se é verdade que o emprego de muitas plantas, por exemplo, revela-se eficiente no tratamento de muitas doenças, segundo a tradição popular, não é verdade, por outro lado, que as explicações do conhecimento vulgar a respeito do funcionamento do corpo humano e dos fenômenos físicos e naturais em geral sejam tão confiáveis quanto as teorias da ciência sobre os mesmos fenômenos. Analogamente, as explicações do senso comum sobre os fatos da sociedade constituem mais freqüentemente puro instrumento – inconsciente ou não – de defesa de interesses de alguma categoria social.

Em que medida as explicações do senso comum a respeito da posição da mulher na sociedade, por exemplo, a partir de características diferenciais supostamente inatas em homens e mulheres, se baseiam nos fatos? Em que medida tais explicações não são mais do que instrumento de defesa dos interesses e vantagens da categoria privilegiada, no caso, os homens? Em que medida as explicações do conhecimento vulgar sobre a posição dos negros e outras categorias étnicas na sociedade não refletem, do mesmo modo, interesses do mesmo tipo?

Assim, as explicações que o senso comum apresenta a respeito da sociedade não têm a objetividade que muitos, sem discussão, acreditam que elas possuam. Mas se é verdade que a Sociologia, como qualquer outra ciência, pode errar nas suas explicações, as teorias desta disciplina são demonstravelmente mais confiáveis do que as elaborações intelectuais espontâneas de qualquer povo sobre si mesmo, em razão dos cuidados de que o sociólogo procura se cercar para formular suas teorias.

Mas, afinal, o que é a Sociologia?

A Sociologia como Ciência

É comum exigir de um livro de introdução a uma ciência que comece com a definição da matéria da qual ele se ocupa. Nada mais lógico, acredita-se, do que principiar a introdução a uma ciência com a sua definição. Desse modo, espera-se, igualmente, que um compêndio de iniciação à Sociologia comece, como é usual, pela definição dessa ciência. E é mesmo freqüente encontrar manuais que, partindo desse princípio discutível, comecem com a enunciação de definições simplistas e enganosas. Afirmar, por exemplo, que a Sociologia é o "estudo científico da sociedade humana" ou, ainda, a "ciência dos grupos humanos" é dizer muito pouco ou quase nada. Nenhum sociólogo subscreveria, hoje, definições desse tipo. A definição da Sociologia como "ciência da sociedade", conforme argumenta Nicholas Timasheff, "pressupõe que se saiba o que é sociedade" e, desse modo, o iniciante é posto diante de "uma espécie de círculo vicioso: a Sociologia se define como ciência da sociedade, e a sociedade tem de ser definida pela Sociologia".[2] O mesmo se pode dizer de definição da Sociologia como "estudo dos grupos humanos". A definição de uma ciência cabe melhor no final do que no início dos manuais. Mas aí ela é desnecessária, pois, na realidade, o entendimento do campo de estudo de qualquer ciência somente é possível quando já se obtiveram informações sobre os conceitos, teorias, classificações e métodos que, em conjunto, são por ela compreendidos.

Por enquanto, basta a discussão de uma proposição aparentemente simples: a Sociologia é uma ciência.

É óbvio que a reflexão sobre os fenômenos sociais não começou com a Sociologia, no século XIX. Antes que Auguste Comte inventasse, na primeira metade daquele século, a palavra *sociologia* para denominar a nova ciência e proclamasse a necessidade, a conveniência e a possibilidade de aplicação dos princípios da ciência – até então aplicados apenas ao estudo dos fenômenos da natureza – ao conhecimento da sociedade, os filósofos se ocuparam da explicação dos fenômenos sociais. As reflexões de Platão, de Aristóteles, por exemplo, na Antigüidade, ou mesmo de Maquiavel, já no século XVI, apesar de toda a revisão, no Renascimento, das idéias tradicionais até então predominantes, são muito diversas das teorias sociológicas. A reflexão filosófica a respeito da sociedade difere da Sociologia tanto nos resultados quanto, principalmente, na maneira de alcançá-los. Afirmar que a Sociologia é uma ciência significa, portanto, antes de mais nada, dizer que ela é diferente da Filosofia Social.

Ao contrário das explicações filosóficas das relações sociais, as explicações da Sociologia não partem simplesmente da especulação de gabinete, baseada, quando muito, na observação casual de alguns fatos. A ética social, que é uma divisão da filosofia social, estabelece o que é bom e o que é mau para a sociedade e para o homem, enquanto a Sociologia, por seu turno, não emite juízos de valor.

Como ciência, a Sociologia tem de obedecer aos mesmos princípios gerais válidos para todos os ramos de conhecimento científico, apesar das peculiaridades dos fenômenos sociais quando comparados com os fenômenos de natureza e, conseqüentemente, da abordagem científica da sociedade.

---

2 TIMASHEFF, Nicholas S. *Teoria sociológica*. 2. ed. Trad. Antonio Bulhões. Rio de Janeiro: Zahar, 1965. p. 16.

O que caracteriza uma ciência? Em primeiro lugar, do ponto de vista de forma, a ciência se expressa como um sistema de conceitos, proposições e teorias. Como um sistema e não um mero conjunto de idéias, os conceitos, proposições e teorias que fazem uma ciência são interdependentes e logicamente articulados. Embora toda ciência, qualquer que seja o seu grau de desenvolvimento, possua áreas polêmicas e questões abertas, o que é uma conseqüência inevitável da dinâmica própria do conhecimento científico, ela persegue sempre o ideal de um corpo de idéias logicamente harmonizadas entre si. E é esse o mesmo ideal da Sociologia. Esta característica, no entanto, embora necessária à ciência, não é exclusiva dessa categoria de conhecimento. Os sistemas filosóficos também a possuem. O ideal da coerência é, no final de contas, buscado em todas as formas de conhecimento.

Outra característica do conhecimento científico está nos seus objetivos. A ciência tem como fim principal explicar a realidade com base na observação sistemática dos fatos. Na medida em que as explicações são fidedignas, elas podem e tendem a se transformar em tecnologia, ou seja, em instrumento de previsão e, quando possível, de controle e transformação da realidade. Apesar de a tecnologia moderna em todos os campos – dos fenômenos físicos ao comportamento humano – derivar do conhecimento científico, ciência e tecnologia são coisas diferentes. A tecnologia é a aplicação da ciência à previsão, ao controle e à transformação da realidade. A ciência não pretende, por si mesma, desempenhar essas funções. A Sociologia, portanto, pretende explicar o que acontece na sociedade. Como um tipo de conhecimento garantido pela observação sistemática dos fatos, a Sociologia, contudo, pode-se transformar, como tem ocorrido, em instrumento de intervenção social, como, por exemplo, através do planejamento social. O próprio Auguste Comte foi criador de outra expressão referente à aplicação do conhecimento sociológico ao controle e à modificação da sociedade: *sociatria*. Para ele, a Sociologia deveria estar em função da sua aplicação à resolução dos problemas sociais através da *sociatria*. Já se não fala hoje em *sociatria*, expressão esquecida que veio, posteriormente, a dar lugar a *engenharia social* e, atualmente, a *planejamento social*. O planejamento social não é, entretanto, a aplicação apenas da Sociologia à intervenção na sociedade, mas, de modo conjugado, das demais ciências sociais, embora se verifique, sobretudo no Brasil, uma tendência à supervalorização de Economia na condução dessa atividade.

Mas, do mesmo modo que a forma, o objetivo, embora igualmente necessário à caracterização do conhecimento científico, não é exclusivo desse tipo de conhecimento. Outras formas de conhecimento também objetivam explicar como e por que os fenômenos ocorrem.

Nenhuma forma de conhecimento além da ciência, entretanto, se baseia na observação sistemática dos fatos para explicar a realidade. Pode acontecer, como, de fato, ocorre, mesmo no domínio do chamado senso comum, que a observação aleatória e casual, quando não tendenciosa, seja utilizada para demonstrar generalizações sobre a realidade. Só a ciência, porém, baseia as suas generalizações na observação sistemática, planejada e, quando possível, em condições laboratoriais, dos fatos. No método, por conseguinte, está a característica mais importante da ciência. Desse modo, a Sociologia se distingue das formas não científicas de explicação da sociedade pelos meios como são alcançadas as suas generalizações. Em outras palavras, a Sociologia é, como toda ciência, predominantemente indutiva, isto é, parte da observação sistemática de casos particulares para daí chegar à formulação de generalizações sobre a vida social. Já a Filosofia Social é sobretudo dedutiva, ou seja, parte da formulação de generalizações que são aplicadas à grande variedade de casos particulares porventura observáveis na sociedade.

A indução, porém, é o método predominante, mas não exclusivo da Sociologia, pois ciência nenhuma pode prescindir da dedução. Não somente a Física, ciência que, apoiando-se largamente na Matemática, usa com igual largueza de processos dedutivos de demonstração, mas também as ciências do comportamento lançam mão da dedução. Embora a indução seja, de qualquer modo, o fundamento da metodologia da ciência, sem a dedução não é possível a crítica do conhecimento estabelecido nem a formulação de novas idéias não estritamente derivadas da observação, necessárias ao progresso do conhecimento científico. A observação sistemática dos fatos é, mesmo assim, o crivo da teoria científica. É ela que, em última instância, confirma ou nega a qualidade científica de qualquer explicação da realidade. Não há, portanto, Sociologia sem a observação sistemática dos fatos da sociedade.

Com isto não se pretende afirmar que o conhecimento científico baseia-se na percepção imediata dos fatos e que as teorias da ciência resultam da pura acumulação de tais fatos, como acreditam os positivistas. Na realidade, nada nos autoriza a crer na possibilidade de uma percepção imediata dos fenômenos à nossa volta, sem a interferência de noções prévias. É mais acertado admitir, segundo as palavras de Guy Rocher, que "o que se chama um fato já é uma reconstrução da realidade realizada através de imagens conscientes ou inconscientes, conceitos ou teorias".[3] Em outras palavras, ao defrontar-se com a realidade, o cientista não se encontra "desarmado" de conceitos, percebendo os fatos em sua absoluta pureza. Não parece existir uma percepção pura dos fatos. Consciente deste processo, o cientista deve, no entanto, procurar evitar, com os métodos e as técnicas à sua disposição, que as suas idéias superem a evidência dos fatos. Do contrário, não estará fazendo ciência. A importância da teoria para a ciência está no fato de que a investigação científica da sociedade, como dos fenômenos em geral, não consiste apenas na pura observação dos fatos, mas na *observação teoricamente orientada*.

---

3 ROCHER, Guy. *Talcott Parsons e a sociologia americana*. Trad. Olga Lopes da Cruz. Rio de Janeiro: Francisco Alves, 1976. p. 25.

Outra característica de Sociologia, já assinalada neste capítulo, é a sua neutralidade valorativa. À Ética, como disciplina filosófica, cumpre definir o justo e o injusto, o correto e o incorreto nas ações humanas; o Direito fundamenta-se em princípios éticos e, portanto, como quer que se interprete essa disciplina quanto aos fundamentos do que é legítimo do ponto de vista jurídico, tem como uma de suas funções nos dizer o que "deve ser" no comportamento humano e nas relações sociais, sendo, em conseqüência, uma disciplina normativa; a Lógica, outra disciplina filosófica, estabelece as regras para bem pensar e atingir a verdade. Já a Sociologia, ao contrário desses ramos do saber, não é valorativa, não julga o que é bom ou mau na sociedade; não é normativa, não dita normas para as relações sociais. A Sociologia estuda os valores e as normas que existem de fato na sociedade e tenta identificar e classificar as relações entre esses componentes da sociedade e outras manifestações da vida social, sem, no entanto, julgar a sociedade nem os homens e os seus atos. Não cabe à Sociologia dizer como a sociedade deve ser, mas constatar e explicar como ela é.

Isto significa afirmar que a Sociologia, como a ciência em geral, é moralmente neutra. Mas não significa que, como toda ciência, não tenha um sentido moral. Toda criação humana possui, em última instância, um sentido ético. Assim ocorre, conseqüentemente, com a Sociologia. Mas o sentido moral da atividade científica está no seu compromisso com a verdade, ao menos com a verdade que a nossa capacidade de observação e entendimento permite alcançar. A neutralidade moral da Sociologia não implica, também, a idéia de que as pessoas que se dedicam a essa ciência tenham de ser na sua vida pessoal moralmente descomprometidas, o que, de resto, é impossível. Significa, porém, que enquanto sociólogo e só enquanto tal, esse profissional deve fazer todo esforço que lhe for possível para não permitir que os seus valores morais interfiram preconceituosamente na sua percepção e interpretação da realidade social. O perigo da intromissão de valores na pesquisa sociológica e científica em geral está no fato de que tal intromissão muito provavelmente tende a acarretar uma visão previamente distorcida dos fenômenos observados.

Outra implicação ética inevitável da ciência está no fato de que, quaisquer que sejam as convicções morais do cientista, as conclusões da ciência têm conseqüências morais, na medida em que o conhecimento científico tende, de um modo ou de outro, a ser aplicado na realidade. A ciência, sendo moralmente neutra, é, no entanto, como toda criação humana, um fato moral, e disto o cientista deve estar consciente.

A transitoriedade é outra característica do conhecimento científico e, conseqüentemente, das generalizações da Sociologia. Um sistema filosófico pode-se manter inalterado durante séculos. Muito dificilmente, porém, isto acontecerá no domínio do conhecimento científico. A transitoriedade típica da teoria científica decorre da própria dependência desse tipo de conhecimento em relação à observação dos fatos, pois a ciência não pretende explicar toda a realidade. A ciência se ocupa apenas com o conhecimento do que, na realidade, é direta ou indiretamente observável. Assim, a Sociologia não almeja explicar tudo o que ocorre na sociedade, mas apenas o que é de algum modo observável nas relações sociais. A teoria científica, portanto, dependendo da observação de fatos, se transforma, embora não exclusivamente por esta razão, à medida que o homem amplia artificialmente a sua capacidade de observação. O que não é observável hoje poderá vir a sê-lo no futuro. O emprego de técnicas mais apropriadas à observação de fenômenos já cientificamente explicados pode ser causa da negação de teorias existentes e da elaboração de outras. A dinâmica e a transitoriedade do conhecimento científico são, repita-se, uma conseqüência inevitável do fato de que as explicações da ciência resultam da observação dos fatos. E é por isto que a ciência, embora seja registrada em compêndios, é dinâmica por definição, está em contínua mudança. A ciência não é apenas a teoria cristalizada e registrada em livros. Ela é, sobretudo, um processo de pesquisa contínua e de ininterrupta reformulação de teorias.

Mesmo limitando as suas pretensões de explicação ao que é observável, na sociedade, a Sociologia não estuda todos os fatos observáveis na sociedade, porém se ocupa apenas daqueles que apresentam alguma regularidade no seu modo de ser. Só é possível fazer generalizações a respeito de fatos regulares de fenômenos que se repetem de forma padronizada. Podemos mesmo afirmar que a atividade científica consiste na identificação de regularidades observáveis e das relações entre essas regularidades. Logo, a Sociologia, sem que esta afirmativa constitua uma definição desta ciência, estuda as manifestações padronizadas da vida social. A identificação dessas manifestações regulares e das formas como elas se relacionam entre si possibilita a formulação de generalizações. Ainda há quem acredite na idéia já obsoleta para a ciência de que o cientista descobre leis inerentes à realidade. Por isto, ainda hoje há quem fale em "leis da natureza" e "leis da sociedade", por exemplo, no sentido de regularidades universalmente observáveis nesses domínios da realidade. No entanto, a dependência do conhecimento científico em relação à observação dos fatos não nos autoriza a adoção dessa crença algo ingênua. Melhor será admitir que, em vez de descobrir as "leis" da realidade, quer se trate da natureza ou da sociedade, o cientista formula generalizações a respeito da realidade. E não existem, na ciência, critérios para se determinar que uma generalização, por mais bem fundamentada que seja na observação dos fatos, corresponda a uma lei inflexível da realidade. O que, em ciência, se pode saber com certeza é que é possível estabelecer generalizações a respeito da realidade, porque esta apresenta regularidades observáveis e que qualquer generalização pode ser reformulada ou substituída por outra, na medida em que são aperfeiçoados os métodos de observação.

Uma generalização somente pode ser considerada científica quando é universalmente válida. Por exemplo, o princípio sociológico de que os grupos humanos tendem a aumentar a sua coesão quando alguma ameaça externa ao grupo, real ou fictícia, é percebida é uma generalização científica porque é aplicável a qualquer grupo em qualquer sociedade, além de ter sido derivada da observação de fatos.

Desde o século XIX, quando o deslumbramento em relação à ciência teve como conseqüência uma certa idolatria desse tipo de conhecimento, muitas pessoas acreditam ingenuamente que o saber científico pode dar resposta a todas as questões com que os seres humanos se defrontam, sendo, dessa maneira, dispensáveis a Filosofia, a Teologia e a religião, o que constitui um equívoco. Muitas indagações existem que não podem ser sequer enfrentadas pelos cientistas precisamente, porque os métodos próprios da ciência não possibilitam responder tais indagações. Perguntas da maior importância para qualquer indivíduo – como, por exemplo: Qual o sentido da existência dos seres humanos? Qual o sentido do universo? Por que existe a dor e o sofrimento entre os seres humanos? Por que existe o mal? – não podem ser respondidas por meio do método indutivo. Para questões como essas só podemos buscar resposta nas especulações da Filosofia e da Teologia, assim como nas doutrinas religiosas. Já se vê, portanto, que não existe incompatibilidade entre o saber científico, de um lado, e, de outro, a Filosofia, a Teologia e a religião, pelo simples fato de que estas últimas se ocupam de problemas que estão fora do âmbito da ciência.

Mas a atividade do cientista não compreende apenas a formulação de hipóteses, a observação, a inferência de generalizações e elaboração de teorias. Ao menos outra atividade é digna de consideração: a classificação. A realidade que nos circunda, seja a natureza, seja a sociedade, é complexa. Para estudar os fenômenos à nossa volta, é necessário classificá-los. Como assinalou René Descartes no *Discurso do método*, para resolver um problema é necessário, antes de mais nada, dividi-lo "em tantas parcelas quantas pudessem ser e fossem exigidas"[4] para compreendê-lo. Este é um princípio fundamental à investigação científica. Assim, como vamos analisar mais detidamente em outros capítulos, uma tarefa muito importante nos estudos da sociedade é a classificação das suas partes: grupos, agregados, categorias, subculturas, classes, conceitos que estudaremos adiante. Enfim, sem a percepção das partes que, interdependentes, fazem a sociedade, não é possível entender a complexa teia de relações sociais que dá unidade a uma grande coletividade humana, como, por exemplo, uma nação. E esta não é uma atividade fácil no estudo da sociedade, pois estudar a sociedade é, antes de mais nada, estudar as relações sociais, e as relações sociais não constituem uma realidade física imediatamente perceptível. Podemos ver as ações, o comportamento dos homens, mas não podemos ver as relações sociais. Pode até mesmo acontecer que as ações humanas, em vez de revelar, ocultem as relações entre indivíduos, grupos e categorias sociais. Ao sociólogo, com as

---

   4   DESCARTES, René. *Discurso do método*. Trad. João Cruz Costa. Rio de Janeiro: Edições de Ouro, 1969. p. 85.

técnicas de pesquisa apropriadas ao seu objeto de estudo, cabe desvendar as relações sociais existentes entre os diferentes conjuntos de indivíduos ligados, conscientemente ou não, por alguma característica compartilhada, e que fazem a sociedade.

Por este motivo é que o estudo científico da sociedade, como defendem os seguidores de um dos mais notáveis entre os fundadores da Sociologia, Max Weber, demanda não a simples *apreensão* dos fenômenos sociais através da *observação*, mas, sobretudo, a sua *compreensão* através da *participação*. Aquele que estuda a sociedade não está na mesma situação do investigador dos fenômenos da natureza. No estudo dos fatos naturais, é clara a distinção entre o sujeito que conhece e o objeto conhecido. Mas, no estudo da sociedade, esta distinção nem sempre é clara, pois o pesquisador é parte do objeto que ele estuda, e muito do que ele conhece dos fenômenos sociais é fruto da sua participação na sociedade. Por esta razão é que os sociólogos que adotam a concepção de Sociologia proposta por Weber, a saber, de "Sociologia compreensiva", preferem admitir que a Sociologia tem a vantagem de poder contar com a possibilidade de conhecimento a partir do próprio interior da realidade social, de compreensão interna dos acontecimentos sociais, através da participação do próprio observador. O sociólogo não só apreende os fatos pela observação, mas, sobretudo, os compreende pela participação. Isto, no entanto, não significa que o sociólogo estude os fenômenos sociais a partir apenas da pura introspecção e, conseqüentemente, da sua subjetividade. Tão pouco significa que a Sociologia abdique do princípio da objetividade, característico da atividade científica. Como afirmava outro notável fundador da Sociologia, Émile Durkheim, os fatos sociais são coisas, isto é, fatos que existem independentes do modo como subjetivamente os conhecemos. Mas o sociólogo não está fora desses fatos. Ele participa deles e, por isto, pode compreender os seus significados. Como notou o mesmo Weber, as ações sociais são diferentes das ações estritamente físicas porque possuem significados. E os significados das ações sociais só podem ser compreendidos pela participação direta do próprio pesquisador. Não basta a mera apreensão através da observação puramente objetiva, se isto for possível, dessas ações.

A realidade é muito complexa para ser explicada em sua totalidade pela ciência. A Sociologia não pretende explicar tudo o que acontece na sociedade. Além de se limitar ao domínio das regularidades observáveis, a Sociologia não almeja alcançar, através das suas teorias, toda a complexidade da vida social. Todo conhecimento, mesmo o senso comum, é seletivo, isto é, limitado a aspectos escolhidos, intencionalmente ou não, da realidade, por menor que seja o domínio da realidade que se pretenda explicar. Se no plano do chamado conhecimento vulgar ou senso comum a seletividade da percepção tende a ser inconsciente e não intencional, o conhecimento científico é, como já se pode concluir, conscientemente seletivo. Assim, a teoria sociológica, impossibilitada de compreender toda a complexidade da vida social, é, antes de mais nada, uma simplificação, em termos de conhecimento, da realidade social. A realidade é complexa; a teoria científica é representação simplificada da realidade. Mas esta simplificação não corresponde a uma visão simplista, pobre e ingênua da realidade. Significa, antes, uma visão seletiva dos fenômenos, com base no conhecimento estrito das relações entre regularidades observáveis. *Sociologismo* é o termo que se tem usado para denominar a pretensão ingênua de explicar tudo o que ocorre na sociedade e na existência humana pelas instituições sociais. Muito do que acontece dentro da sociedade, como já observou Émile Durkheim, não é fato social, no sentido de que, não tendo origem nas relações sociais, não pode ser sociologicamente explicado (este é um assunto que analisaremos mais detidamente no Capítulo 3). O sociologismo é uma tendência, no estudo do comportamento, análoga ao psicologismo – inclinação para explicar todos os fatos humanos através de fatores psicológicos – e ao economicismo – tendência para atribuir causas econômicas a todos os fenômenos da sociedade. A Sociologia, portanto, não se ocupa de todas as regularidades observáveis na sociedade humana, mas, apenas, daquelas que têm origem nas relações sociais, e não das que derivam do organismo, por exemplo, ou do psiquismo humano. Logo, já se vê como, limitando o seu campo de investigação a esses fenômenos sociais, a teoria sociológica é uma tentativa de simplificação do conhecimento da sociedade.

A Sociologia como Ciência Social

Além da Sociologia, a sociedade também é estudada pela Antropologia Cultural, pela Economia e pela Psicologia Social. São as chamadas ciências sociais ou do comportamento. Ramos híbridos de outras ciências não especificamente sociais também se ocupam do estudo de sociedade, tais como a Geografia e a Ecologia Humanas. A compreensão em profundidade dos fenômenos sociais demanda a conjugação de todas essas ciências, razão pela qual elas são interdependentes nas suas interpretações.

A História, embora não seja ciência no sentido estrito, é uma disciplina imprescindível à compreensão científica da organização social, pois todo fenômeno social ocorre sempre e necessariamente em um contexto histórico e, além disso, a História é sempre história de sociedades. As ciências sociais são herdeiras dos estudos históricos porque, antes do advento de uma atitude científica no estudo da sociedade, era a História a disciplina que se ocupava especificamente com os fenômenos sociais. Além dela, somente a Filosofia se voltava para o estudo da sociedade. Durante muito tempo, a História foi, entretanto, concebida como simples registro da sucessão de dinastias. Era bem mais a história das elites políticas do que da sociedade como um todo. Além do mais, era puramente descritiva, não se ocupava da interpretação dos fatos registrados. Após o advento, no século XIX, de uma atitude científica no estudo da sociedade, a História foi, aos poucos, assumindo a função que hoje possui: a de uma disciplina já não puramente descritiva, porém, voltada, sobretudo, para a interpretação dos fatos históricos em seu contexto social. Para tanto, a História, hoje, tem lançado mão dos esquemas teóricos explicativos das Ciências Sociais, notadamente da Sociologia e da Economia, em lugar dos ambiciosos esquemas interpretativos da Filosofia da História a respeito da sociedade humana como um todo, por ela empregados em um passado ainda não distante. Por sua vez, a Sociologia, desde a sua origem, tem recorrido à pesquisa histórica para as suas interpretações, embora se tenha alertado para os riscos da possibilidade de escolha tendenciosa dos fatos históricos na análise sociológica. Grandes estudos sociológicos são, ao mesmo tempo, obras de interpretação histórica, como, por exemplo, a análise clássica das relações entre a moral calvinista e o desenvolvimento do capitalismo, realizada por Max Weber: *A ética protestante e o espírito do capitalismo*.[5] Obra análoga, na Sociologia brasileira, é a conhecida interpretação de Gilberto Freyre da formação da nossa sociedade: *Casa grande & senzala*.[6] O mesmo se pode dizer de *O dezoito Brumário de Luiz Bonaparte*, de Karl Marx.[7] São estas, podemos dizer, obras, ao mesmo tempo, de análise sociológica e de interpretação histórica. Disciplina auxiliar da Sociologia, a História não é ciência, como já foi afirmado, não porque careçam de rigor os seus critérios para a identificação da autenticidade dos fatos históricos, mas porque a identificação de regularidades e, conseqüentemente, as generalizações estão fora dos seus objetivos. Mesmo assim, na prática, como observa Armand Cuvillier, "os historiadores foram muitas vezes levados, pelas necessidades de *explicação* histórica, a enunciar certas proposições gerais que fazem de leis".[8] A Sociologia se ocupa com a observação do que é repetitivo nas relações sociais para daí formular generalizações teóricas. Já a História estuda o que é único na sociedade. A História pode utilizar, como o faz, generalizações teóricas das Ciências Sociais, mas não infere, ela própria, generalizações dos fatos que estuda. Ao estudar, por exemplo, a Revolução de 1930 no Brasil, o historiador se depara com um fato único, singular. Outras revoluções podem-se assemelhar a esse acontecimento, mas só há, na História, uma Revolução de 1930. Já o sociólogo, por seu turno, poderá estar interessado nas condições sociais que tendem a estimular algum tipo de revolução. Neste caso, ele estará ocupado com a possibilidade de

---

5   WEBER, Max. *A ética protestante e o espírito do capitalismo*. Trad. M. Irene de Q. F. Szmrecsányi e Tamás J. M. K. Szmrecsányi. São Paulo: Pioneira, 1967.

6   FREYRE, Gilberto. *Casa grande & senzala*. 9. ed. Rio de Janeiro: José Olympio, 1958.

7   MARX, Karl. *O 18 Brumário e cartas a Kugelmann*. Trad. Leandro Konder. Rio de Janeiro: Paz e Terra, 1969.

8   CUVILLIER, Armand. *Introdução à sociologia*. Trad. Luiz Damasco Penna. São Paulo: Nacional, 1966. p. 41.

elaboração de uma teoria a respeito das revoluções, de acordo com o modelo consagrado de generalização científica: dadas tais condições, tal fenômeno ocorre ou, o que é mais provável no domínio do comportamento humano, tende a ocorrer de determinada forma. Em resumo, enquanto o historiador estuda o singular na sociedade, o sociólogo estuda o geral, ou, mais adequadamente, o que é passível de ser generalizado.

A existência de uma ciência, a Economia, especializada no estudo dos fenômenos de produção, da distribuição, da circulação e do consumo de bens escassos, não significa que essa ciência esgote todas as possibilidades de compreensão dessa categoria de fenômenos. A Sociologia também se ocupa do estudo dos fenômenos econômicos. Só que, numa visão sumária, não estuda os processos em si mesmos, mas as condições sociais em que eles ocorrem. O estudo já citado de Max Weber a respeito das relações entre a ética do calvinismo e o desenvolvimento do capitalismo é um exemplo da abordagem sociológica dos fenômenos econômicos. O estudo clássico de Thorstein Veblen sobre o estilo de vida das elites econômicas, *Teoria da classe ociosa*,[9] é outro exemplo de como o sociólogo se ocupa com o estudo dos fatos econômicos. Hoje, mesmo os economistas, ao menos os não estreitamente ortodoxos, estão conscientes da necessidade de compreensão dos motivos sociais não econômicos dos indivíduos, para entender os processos econômicos. Afinal de contas, não existem fronteiras entre o social e o econômico, como se costuma classificar. O social compreende muitas dimensões institucionais: a da família, a da política, a da religião, a da economia, entre outras. São todas diferentes, porém interdependentes. Todas se interpenetram. As instituições econômicas compreendem apenas uma parte das relações sociais. O econômico, em outras palavras, é parte do social. Nem todo social é econômico, mas todo econômico é social. Por uma circunstância histórica especial, o domínio das relações econômicas veio a ganhar uma ciência exclusivamente voltada para o seu estudo, a partir dos meados do século XVIII. Já as demais áreas institucionais não tiveram esse privilégio e são, em geral, abordadas pela Sociologia, através de especializações como a Sociologia da Família, a Sociologia da Religião, a Sociologia da Educação, entre outras chamadas sociologias especiais. A Ciência Econômica não impediu, contudo, o desenvolvimento de uma especialização sociológica voltada para esse domínio: a Sociologia da vida econômica.

A Economia nasceu do mesmo contexto social do qual surgiu a Sociologia, no período que compreende a segunda metade do século XVIII e a primeira do século XIX, na Europa, particularmente na França e na Inglaterra. Dificilmente se pode compreender a emergência da preocupação com o estudo científico dos fatos econômicos desvinculada do nascimento do capitalismo industrial e da as-

---

[9] VEBLEN, Thorstein. *A teoria da classe ociosa*. Trad. Olivia Krähenbühl. São Paulo: Pioneira, 1965.

censão política da burguesia, como, do mesmo modo, a Sociologia está ligada, na sua origem a esses mesmos fatos históricos e ao crescente processo de urbanização que, então, se instaurou. Mas, enquanto a Economia se ocupa de um domínio específico das relações sociais, a Sociologia tem a tarefa de detectar as relações entre as várias áreas institucionais da sociedade. É essa, por excelência, uma das tarefas principais da Sociologia: tentar responder, por exemplo, que relações existem entre os padrões de organização da família e os padrões de organização das relações econômicas em uma situação social dada; que laços existem entre determinada ética religiosa e um modo específico de produção econômica, como fez, neste último caso, Max Weber, ao analisar os vínculos existentes entre o calvinismo e o capitalismo. Na realidade, a sociedade forma uma complexa teia de relações indissociáveis entre si, um todo que só por um artifício intelectual e pela necessidade de análise pode ser classificado em domínios institucionais diferentes. Se, por um lado, a compreensão científica das relações econômicas pode ser enriquecida com a contribuição da abordagem sociológica, em princípio mais abrangente, por outro lado, o sociólogo não faz bem em desprezar as explicações de que dispõe a Economia para os fenômenos que compreendem o campo de estudo desta última ciência.

A Antropologia Cultural ou Etnologia é, muito provavelmente, a ciência social de mais ampla intersecção com a Sociologia. A compreensível curiosidade do homem europeu em relação ao suposto exotismo das sociedades chamadas tribais, descobertas a partir das grandes travessias transoceânicas, o desenvolvimento de um ramo da biologia humana – a antropologia física – voltada para o estudo das diferenças somáticas de nossa espécie, mais os registros dos viajantes europeus a respeito do modo de vida dos povos sem escrita fizeram com que, inicialmente, a Antropologia se afirmasse como uma ciência social especializada no estudo desses povos. Hoje, entretanto, a Antropologia Cultural já não se limita ao estudo das formas tribais de organização social. Não é mais uma "ciência social de índios". Há muito que essa ciência também se ocupa de domínios antes exclusivos da Sociologia, como os fenômenos urbanos. Além desse fato, a Etnologia já não limita o seu método de pesquisa à observação íntima e demorada, através da convivência – a chamada observação participante – com as comunidades que ela estuda, mas também já faz uso dos métodos quantitativos, apropriados ao estudo dos fenômenos de massa e, antes, exclusivos da pesquisa sociológica. Por outro lado, a Sociologia emprega já há muito não só conceitos e teorias derivadas da Antropologia Cultural, mas também as técnicas de investigação antes tidas como estritamente antropológicas. De modo que, dia a dia, se tornam mais imprecisas as fronteiras entre a Sociologia e a Etnologia. Um grande sociólogo norte-americano, Charles Wright Mills, chega mesmo a afirmar que "a Antropologia Cultural, em sua tradição clássica e em sua evolução atual, não se parece distinguível, em nenhum aspecto fundamental, do estudo sociológico".[10] O mesmo sociólogo, em seu já indispensável *A imaginação sociológica*, vai além, ao admitir que "não há nem uma diferença de método nem um limite de assunto que realmente distinga a Antropologia da Economia e da Sociologia, hoje em dia".[11] Tudo faz crer que, ao contrário do que parece ocorrer no campo das ciências naturais, as ciências do comportamento, em vez de se ramificarem em especializações, tendem a uma confluência cada vez mais acentuada, como já em 1943, queria profetizar um conhecido antropólogo norte-americano, Ralph Linton: "Os próximos poucos anos testemunharão o aparecimento de uma ciência da conduta humana que sintetizará as descobertas da Psicologia, da Sociologia e da Antropologia."[12] A distinção de origem entre Antropologia Cultural e Sociologia, no final das contas, resulta simplesmente de uma contingência histórica já há muito ultrapassada. Se a universalidade é condição necessária à ciência, se há de existir uma ciência da sociedade, não há como justificar a existência de uma ciência social voltada exclusivamente para as chamadas sociedades simples – a Antropologia Cultural – e outra – a Sociologia – especializada no estudo das sociedades complexas.

A Psicologia Social, ciência social híbrida por definição, se distingue da Sociologia e da Antropologia Cultural menos pelo modo de abordar os fenômenos sociais do que pelos temas de seu interesse: opinião pública, atitudes, estereótipos, liderança, por exemplo. A Sociologia, desde a sua origem, tem-se ocupado com as condições psicológicas da vida social, sem que, por isto, constitua uma especialização da Psicologia.

A Ciência Política, voltada para o estudo das formas de obtenção e manutenção do poder político, é, quer pelos seus esquemas teóricos, quer pelas técnicas de pesquisa que emprega, bem mais uma Sociologia especial do que uma ciência social autônoma.

Outros ramos híbridos de ciências não especificamente sociais, como já observamos, contribuem para a compreensão da organização das relações sociais entre os homens. A Ecologia Humana, uma especialidade da Ecologia, ao estudar as relações entre o homem e o seu ambiente natural, enfoca necessariamente os fatos da organização social. A Geografia Humana, voltando-se para o estudo das formas humanas de ocupação do espaço, também se ocupa com o estudo da sociedade. A Demografia, estudando descritivamente os fatos populacionais, igualmente aborda os fenômenos sociais e contribui para a compreensão científica da organização social entre os homens.

---

10   MILLS, C. Wright. *A imaginação sociológica*. 2. ed. Trad. Waltensir Dutra. Rio de Janeiro: Zahar, 1969. p. 149.

11   Ibid., p. 150.

12   LINTON, Ralph. *Cultura e personalidade*. Trad. Oscar Mendes. São Paulo: Mestre Jou, 1967.

Sociologia: Disciplina Humanística e Forma de Consciência Social

Além das suas aplicações no planejamento social, na pesquisa, na orientação das relações sociais na empresa, na condução dos programas de intervenção social, o conhecimento sociológico também funciona, mais do que como ciência, como uma disciplina humanística, como argumenta Peter Berger,[13] no sentido originalmente renascentista dessa expressão. A Sociologia não é apenas um tipo de conhecimento transformável em técnicas que possibilitam algum tipo de transformação e controle da sociedade, mas também um meio de possível aperfeiçoamento do espírito, na medida em que ela pode auxiliar as pessoas a, de algum modo, compreenderem mais claramente o comportamento dos outros, a sua própria situação e o seu comportamento em relação aos outros, aos grupos aos quais pertence e à sociedade como um todo. Por tudo isto, a Sociologia não é, hoje, apenas um conhecimento de interesse restrito a quem a usa profissionalmente. É um conhecimento que interessa a todos. Sendo uma disciplina humanística, a Sociologia é, conseqüentemente, uma forma significativa de consciência social.

A Sociologia, porém, como todo conhecimento, nasce da própria sociedade. Assim, ela também pode refletir interesses de alguma categoria social, ter função ideológica, contrariando o ideal de objetividade da ciência. Ideologia é toda forma de conhecimento decorrente da situação social específica de alguma categoria social e representativa dos interesses dessa categoria. Esse fenômeno resulta do inevitável paradoxo das ciências sociais; ao contrário das ciências da natureza, as ciências da sociedade estão dentro do seu próprio objeto, pois todo conhecimento é um produto social. Se esta parece uma desvantagem para a Sociologia, não devemos esquecer, contudo, que ela é a única ciência que pode ter a si mesma como objeto de indagação crítica. Daí existir uma especialidade sociológica voltada para o estudo das condições sociais do conhecimento em geral: a Sociologia do Conhecimento.[14]

Problemas Sociais e Problemas Sociológicos

Parece freqüente que os que não estão familiarizados com a Sociologia imaginam que esta ciência tenha como objetivo a resolução dos problemas so-

---

13 BERGER, Peter L. *Perspectivas sociológicas*: uma visão humanística. 4. ed. Trad. Donaldson M. Garschagen. Petrópolis: Vozes, 1978. Capítulo 1.

14 Ver MANNHEIM, Karl. *Ideologia e utopia*. 3. ed. Trad. Sérgio Magalhães Santeiro. Rio de Janeiro: Zahar, 1976; BERGER, Peter L.; LUCKMANN, Thomas. *A construção social da realidade*: tratado de sociologia do conhecimento. Trad. Floriano de Souza Fernandes. Petrópolis: Vozes, 1973; FRIEDRICHS, Robert W. *A sociology of sociology*. New York: Londres: Free Press e Collier: Macmillan, 1970.

ciais, o que é um equívoco. É bem verdade que a Sociologia nasceu como tentativa de buscar soluções racionais, científicas, de acordo com a pretensão de Comte, para os problemas sociais resultantes da Revolução Industrial e de decomposição da ordem social aristocrática na França do início do século XIX. Nos Estados Unidos, a Sociologia foi grandemente estimulada, nos seus primórdios, pela pretensão análoga, embora como conseqüência de outras condições sociais, de fazê-la um instrumento para a solução científica dos problemas daquela sociedade, de tal modo que os sociólogos Jay Rumney e Joseph Maier chegaram a constatar que se é verdade ali "a Sociologia contemporânea tenha realizado (...) adiantamentos consideráveis na pesquisa prática e nas investigações empíricas, ela não se emancipou completamente do seu caráter filantrópico de previdência social".[15]

Como observa Donald Pierson, em "todas as ciências, tanto físicas, químicas, biológicas como sociais, a pesquisa começou a florescer quando um povo teve de enfrentar, seriamente, um ou mais problemas práticos".[16] Mas se é verdade que o desenvolvimento da pequisa está relacionado, na sua origem, à necessidade de resolver problemas práticos, não se deve confundir a ciência com a sua aplicação à resolução de problemas, a não ser os teóricos.

É compreensível que, atualmente, nas sociedades subdesenvolvidas, nas quais as injustiças sociais fazem despertar em muitos fortes sentimentos de indignação moral, alguns indivíduos procurem na Sociologia um meio para a resolução – e não apenas para a explicação científica – dos problemas sociais. É mesmo provável que esta constitua uma motivação freqüente entre os jovens que buscam os cursos de Sociologia.

No entanto, como já afirmamos, supor que a Sociologia tenha como objeto de estudo os problemas sociais e como objetivo resolvê-los é um equívoco somente admissível entre aquelas pessoas que não estão familiarizadas com o conceito de ciência e com o espírito científico. A ciência tem como objetivo último explicar, e tão-somente explicar, os fatos observáveis, como eles ocorrem e, sobretudo, quais as suas causas. Embora não se tenha observado na sociedade relações de causa e efeito do mesmo tipo das que ocorrem no mundo físico, as Ciências Sociais e, portanto, a Sociologia, têm o mesmo objetivo que as Ciências Naturais: explicar os fatos passíveis de ser observados à nossa volta.

Isto não quer dizer que os sociólogos devam excluir os problemas sociais do âmbito de suas preocupações. Os problemas sociais são do interesse do sociólogo porque são fenômenos sociais, isto é, fatos passíveis de observação e, portanto, de explicação científica. A Sociologia estuda os fenômenos sociais em

---

15 RUMNEY, Jay; MAIER, Joseph. *Manual de sociologia*. 4. ed. Trad. Octavio Alves Velho. Rio de Janeiro: Zahar, 1963. p. 187.

16 PIERSON, Donald. *Teoria e pesquisa em sociologia*. 18. ed. revista. São Paulo: Melhoramentos, 1981. p. 24.

geral, quer sejam ou não percebidos como problemas. Imaginar que a Sociologia seja uma ciência dos problemas sociais constitui um equívoco análogo ao de supor que a Biologia tenha como objeto de estudo apenas as manifestações patológicas, doentias, de vida.

Ao sociólogo interessam, antes, os *problemas sociológicos*, quer dizer, os problemas de explicação teórica do que acontece na vida social. Neste sentido, tanto o funcionamento fluente da família quanto a sua desorganização entram no campo de interesse do sociólogo. Por que a maioria dos brasileiros dá tanta importância ao carnaval e ao futebol? Este não é usualmente considerado um problema social – ao menos por aqueles que gostam de carnaval e de futebol –, mas pode constituir um problema sociológico tão instigante quanto a violência urbana e as crianças de rua. É claro que a violência, tanto nas grandes cidades quanto no campo, constitui problema que, despertando o sentido de justiça de muitas pessoas – e não apenas dos sociólogos – deve demandar, antes por um imperativo ético, a atenção prioritária dos sociólogos. Mas, ao estudar tais problemas, o que o sociólogo deve pretender é, em última instância, explicá-los. Se as suas explicações forem realmente científicas, isto é, resultantes da observação sistemática dos fatos, elas poderão constituir subsídio confiável para a resolução daqueles problemas. Em outras palavras, a violência urbana e rural, bem como as crianças de rua, interessam ao sociólogo enquanto este é capaz de transformar tais problemas sociais em problemas sociológicos.

Esta maneira de entender a relação da Sociologia com os problemas sociais pode chocar aqueles que esperam da ciência o que não está nos seus objetivos. Esta, contudo, representa a única posição compatível com um conhecimento verdadeiramente científico da sociedade. Ademais, resta o problema de definir o que é um problema social. Se, à primeira vista, isto pode parecer um falso problema, constitui, na realidade, uma questão não tão fácil quanto muitos imaginam. O que é um problema social para uns pode não o ser para outros. De modo geral, podemos dizer que existem dois critérios, ambos subjetivos, para a identificação de um problema social: o sentimento de indignação moral que um fato desperta em uma parcela significativa da população de uma sociedade, relacionado à idéia de injustiça, e, sem excluir este, o temor de que um fato represente uma ameaça para a coletividade. Esta ameaça tanto pode ser estritamente material quanto a idéias referentes ao que presumivelmente seja uma sociedade boa e justa. Um fato pode ser definido como um problema social quando ameaça interesses materiais de quem o percebe, mas, também, quando põe em risco a preservação de crenças arraigadas numa população. As pessoas de uma comunidade qualquer podem achar que o surgimento de imigrantes seja um problema social, porque eles representam uma ameaça aos bons costumes e à religião dominante, quando, de fato, o que as preocupa é a diminuição das oportunidades de emprego que esse fato pode provocar.

Um problema social pode ser considerado como tal por ter origem em fatores sociais, mas, igualmente, por ter conseqüências sociais. O desemprego é um problema social pelo fato de resultar de causas sociais, mas, também, por ter muitas conseqüências sociais moralmente indesejáveis. Uma enchente ou um período prolongado de estio em uma área rural, por exemplo, são problemas sociais por terem conseqüências sociais, embora não tenham origem social (a não ser que sejam fenômenos causados pelo desequilíbrio ambiental resultante da ação humana).

Enfim, é claro que qualquer pessoa pode fazer uso dos resultados da teoria e da pesquisa sociológica para tentar resolver – como político ou planejador, como assistente social ou administrador, como líder sindical ou comunitário – problemas sociais, mas não cabe ao sociólogo, enquanto tal, resolver tais problemas.

Teorias Sociológicas e Doutrinas Sociais

É freqüente que os que não conhecem a Sociologia de perto confundam esta ciência com alguma doutrina social. Por isso é necessário deixar claro o que faz com que as teorias sociológicas sejam diferentes das doutrinas a respeito da sociedade.

Uma teoria científica é uma explicação de algum fenômeno, ou conjunto de fenômenos, com base na observação, direta ou indireta, dos fatos que a confirmam. Como já vimos, o conhecimento científico é predominantemente indutivo, baseado na observação dos fatos, comportando, porém, o concurso da dedução quando se trata de áreas pouco ou nada investigadas, nas quais não é possível avançar senão através de hipóteses formuladas dedutivamente. De outro modo, a ciência não poderia avançar. Além do mais, não existe a percepção bruta, imediata, dos fatos, como acreditam os positivistas radicais. Ao contrário, a percepção – inclusive a percepção científica – se dá sempre através de idéias prévias que a orientam. Como quer que seja, as teorias científicas merecem este qualificativo na medida em que são confirmadas pela evidência empírica.

Quanto às doutrinas, estas não se baseiam na observação dos fatos, mas em idéias sobre como a realidade presumivelmente é, ou, principalmente, como a realidade deve ser. De uma doutrina não se exige a sua demonstração pelos fatos. Muito freqüentemente, as doutrinas sociais compreendem ambiciosas projeções históricas a longo prazo. Já as teorias científicas, dependendo da observação dos fatos para serem legitimadas, não podem ocupar-se do futuro, de vez que o futuro é, por excelência, o domínio do que não pode ser observado. As teorias científicas podem servir a previsões na medida em que forem testadas pela observação dos fatos. Nenhuma teoria científica, no entanto, pretende explicar o que acontecerá no futuro. Este é um aspecto básico na diferenciação entre doutrinas sociais e teorias sociológicas.

Outra característica das doutrinas sociais, que as faz fundamentalmente diversas das teorias sociológicas, está no fato de que aquelas são indissociáveis da Ética Social. Isto significa que as doutrinas sociais nos dizem sobretudo o que a sociedade deve ser, o que nela é justo e injusto. Conseqüentemente, implicando julgamentos de valor, as doutrinas sociais prescrevem sempre alguma ação.[17]

As doutrinas sociais, no entanto, interessam à Sociologia como objeto de estudo, pois, sendo criadas pelos seres humanos, são, inevitavelmente, um produto social. As doutrinas sociais constituem um elemento muito influente em determinadas situações históricas pelo fato de constituírem um elemento importante na mobilização de determinadas categorias sociais no sentido de tentar transformar a sociedade. Não que as doutrinas, por si mesmas, expliquem as transformações sociais, mas não há como compreender determinadas situações sociais sem atentar para as idéias coletivamente partilhadas em tais momentos. É o caso, por exemplo, da Proclamação da República no Brasil, à qual esteve tão ligada a doutrina positivista de Auguste Comte, no que esta possui de projeção otimista do presumível futuro da humanidade com base na idéia de progresso. O mesmo se pode dizer da Revolução Russa de outubro de 1917 e do papel desempenhado pela doutrina marxista naquele acontecimento. O papel da doutrina calvinista no processo de desenvolvimento do capitalismo moderno constitui outro exemplo do tipo de interesse que as doutrinas podem representar para a Sociologia.

As doutrinas sociais, portanto, interessam aos sociólogos como um componente da vida social eventualmente digno de atenção como parte do objeto de estudo da sua ciência, e não como explicação da realidade.

"SOCIOLOGIA RADICAL" OU "SOCIOLOGIA CONSERVADORA"?

A preocupação em fazer da Sociologia instrumento de mudança da sociedade através da denúncia das causas da injustiça social, notadamente daquelas radicadas nos interesses das categorias política e economicamente privilegiadas, levou alguns sociólogos a fazer distinção entre "Sociologia radical" e "Sociologia conservadora". A primeira, difundida sobretudo nos Estados Unidos a partir dos anos sessenta, seria supostamente comprometida com os interesses

---

17   MENDRAS, Henri. *Princípios de sociologia*: uma iniciação à análise sociológica. Trad. Patrick Davos. Rio de Janeiro: Zahar, 1969. p. 242.

das categorias subalternas da sociedade capitalista, enquanto a segunda não seria mais do que mero instrumento de defesa dos interesses da burguesia, protegida sob o rótulo de "ciência".

Trata-se, igualmente, de equívoco decorrente de uma visão distorcida do conhecimento científico. Ao cientista, o que interessa é explicar os fatos objetivamente. Se as suas explicações – teorias e conclusões de pesquisa – baseiam-se em critérios científicos, constituirão, por si mesmas, denúncia do que seja moralmente recriminável nas relações sociais, esteja ou não preocupado em contribuir para a transformação da sociedade. O que o sociólogo deve fazer é Sociologia digna do nome, isto é, verdadeiramente científica, como bem expressaram Howard S. Becker e Irving Louis Horowitz:

> *"A boa Sociologia freqüentemente é radical. Uma Sociologia que não é boa, entretanto, não pode ser radical em qualquer sentido mais amplo. Mas sentimentos morais não determinam a qualidade científica. O inverso é, com maior freqüência, verdadeiro: a qualidade do trabalho sociológico determina o grau em que ele tem uma força radical."*[18]

Como concluem os mesmos Becker e Horowitz:

> *"Uma pessoa pode usar uma retórica radical e se engajar numa ação política radical enquanto sua Sociologia, por não conseguir ser boa, deixa mitos estabelecidos e instituições intocadas."*[19]

Em outras palavras, a verdadeira Sociologia termina por incomodar as categorias cujos interesses sejam afetados pela revelação das relações sociais que estejam na origem dos problemas sociais. Mas para que isto aconteça é necessário, antes de mais nada, que o sociólogo faça ciência e não doutrinação política rotulada de "Sociologia". Não se pode esperar do discurso político a objetividade que se espera do sociólogo honestamente comprometido com os valores da ciência. É inegável que os sociólogos, como os cientistas em geral, podem ser afetados pelos interesses decorrentes da sua posição no sistema de classes, não apenas nas suas formulações teóricas e conclusões de pesquisa, mas, notadamente, na escolha dos temas a investigar. Concluir, porém, a partir desta constatação que não há possibilidade alguma de objetividade na Ciência Social, e por isto, que a Sociologia deve ser obrigatoriamente valorativa, significa negar a possibilidade da própria Sociologia e, portanto, capitular diante da suposta impossibilidade de conhecimento confiável a respeito da sociedade. Diante deste problema, o que cabe ao sociólogo é fazer o que lhe for possível para, hones-

---

18 BECKER, Howard S.; HOROWITZ, Irving Louis. Política radical e pesquisa sociológica: observações sobre metodologia e ideologia. In: BECKER, Howard S. *Uma teoria da ação coletiva*. Trad. Márcia Bandeira de Mello Leite Nunes. Rio de Janeiro: Zahar, 1977. p. 160.

19 BECKER, Howard S.; HOROWITZ, Irving Louis. Op. cit. p. 169.

tamente, explicitar para si mesmo e para os outros os seus valores e pressupostos éticos, como sugeriu Gunnar Myrdal.[20]

Se o sociólogo é motivado pelo conhecimento que possui a respeito da sociedade para engajar-se na ação política, este engajamento representa antes um direito que ele possui como cidadão do que uma obrigação decorrente da sua condição de sociólogo. Enfim, como bem ponderou David Berry:

> "(. . .) aqueles que procuram uma Sociologia que renuncie à busca da objetividade nos interesses de uma causa política ou outra qualquer deveriam reconhecer que é a essa causa particular que procuram servir e que a Sociologia não é para eles."[21]

QUESTÕES PARA EXERCÍCIO

1. O que faz com que o conhecimento científico seja diferente de outras espécies de conhecimento?
2. Em que a Sociologia difere da Filosofia Social?
3. Qual o papel da dedução na investigação científica?
4. Por que a ciência não pode ser exclusivamente indutiva?
5. Por que podemos afirmar que não é possível a apreensão imediata dos fatos observáveis?
6. Por que se admite que os sociólogos devem procurar ter consciência dos seus valores?
7. Quais as relações entre História e Sociologia?
8. Se existe uma ciência específica dos fenômenos econômicos, como se justifica que os sociólogos também possam estudar esses mesmos fenômenos?
9. Qual a diferença entre Sociologia e doutrina social?
10. Qual a diferença entre problema social e problema sociológico?
11. Por que a Sociologia, além de ciência, pode ser também uma forma de consciência social?
12. Por que a Sociologia pode refletir idéias não científicas a respeito da sociedade?
13. Por que razão não parece apropriada a distinção entre "Sociologia radical" e "Sociologia conservadora"?

---

20 MYRDAL, Gunnar. *An american dilemma*. New York: Harper and Bros, 1944. p. 1043.

21 BERRY, David. *Idéias centrais em sociologia*: uma introdução. Trad. Alba Zaluar Guimarães. Rio de Janeiro: Zahar, 1976. p. 182.

14. Quais as relações possíveis entre Sociologia e ideologia?
15. Qual a solução proposta por Gunnar Myrdal para o problema das relações entre o trabalho do sociólogo e os seus valores morais?

SUGESTÕES DE LEITURA

BECKER, Howard S. *Uma teoria da ação coletiva*. Trad. Márcia Bandeira de Mello Leite Nunes. Rio de Janeiro: Zahar, 1977. Cap. 9: "Política radical e pesquisa sociológica", p. 158-180.

BERGER, Peter L. *Perspectivas sociológicas*: uma visão humanística. Trad. Donaldson M. Garschagen. Petrópolis: Vozes, 1978. Cap. 1: "A Sociologia como passatempo individual", p. 9-34; Cap. 8: "A Sociologia como disciplina humanística", p. 181-194.

FERNANDES, Florestan. *Elementos de sociologia teórica*. 2. ed. São Paulo: Nacional, 1974. Cap. 1: "O que é Sociologia?", p. 19-32.

INKELES, Alex. *O que é sociologia?* Trad. Dante Moreira Leite. 2. ed. São Paulo: Pioneira, 1971. Cap. 2: "A perspectiva sociológica", p. 36-51.

PIERSON, Donald. *Teoria e pesquisa em sociologia*. 18. ed. revista. São Paulo: Melhoramentos, 1981. Cap. 3: "Sociologia: o que é e o que não é", p. 37-47.

TIMASHEFT, Nicholas S. *Teoria sociológica*. Trad. Antonio Bulhões. 2. ed. Rio de Janeiro: Zahar, 1965. Cap. 1: "O estudo das teorias sociológicas", p. 15-27.

2

 Indivíduo, Cultura e Sociedade

Sociedade Humana e "Sociedades" Animais Não Humanas

Todos nós sabemos da existência de certo tipo de "organização social" entre animais não humanos, não apenas entre mamíferos superiores, tais como os macacos, por exemplo, mas também insetos: formigas, cupins, abelhas, notadamente. Entre esses insetos, verificamos algo que poderemos chamar de "divisão do trabalho", "hierarquia social", "poder político" etc. Mas será que poderemos chamar, ao menos no sentido humano, de social a vida desses animais? Mesmo admitindo como social a vida desses animais, qual a diferença entre a sua "sociedade" e a sociedade do homem?

Quando comparamos as "sociedades" animais não humanas, particularmente a sociedade daqueles insetos, o fazemos porque constatamos que o comportamento de tais animais apresenta certas padronizações parecidas com algumas padronizações verificadas entre os seres humanos. Padrões de comportamento são formas regulares de ação associadas a determinadas situações. Todas as espécies animais, e não apenas a espécie *homo sapiens*, apresentam formas padronizadas de comportamento. Os padrões de comportamento observáveis entre os animais não humanos são, porém, substancialmente diferentes dos verificáveis entre os homens. Se compararmos, por exemplo, os padrões de comportamento de formigas de uma mesma espécie, porém localizadas em áreas diferentes e sem possibilidade alguma de contato, notaremos, como já constatou a Zoologia, que eles são idênticos. Se observamos rigorosamente o comportamento das abelhas de uma colmeia qualquer durante o maior tempo que nos for possível, mesmo durante anos, constataremos que os seus padrões de comportamento são constantes. No entanto é inteiramente óbvio que os padrões de comportamento do homem e, logo, as suas formas de organização social são extremamente mutáveis no tempo e no espaço. Os padrões de comportamento do homem brasileiro na atualidade não são os mesmos de dez anos atrás. Algumas formas padronizadas de agir permaneceram, outras se transformaram e outras, ainda, cederam lugar a novas formas. Os padrões de comportamento do homem brasileiro não são os mesmos do homem francês, por exemplo. Assim, enquanto os padrões de comportamento dos animais não humanos possuem um altíssimo grau de estabilidade no tempo e no espaço, os padrões de comportamento do homem são extremamente flexíveis. Isto ocorre precisamente porque os padrões básicos de comportamento dos animais não humanos são transmitidos através da herança biológica.[1] Já os padrões de comportamento do homem são transmitidos e aprendidos através da comunicação simbólica.[2] As formas padronizadas de agir dos animais não humanos são transmitidas geneticamente, logo, decorrem da natureza, enquanto as padronizações predominantes do comportamento humano não estão nas condições biológicas típicas da nossa espécie. Os padrões de comportamento do homem são artificiais, criados pelo próprio homem.

Se as abelhas, como já foi constatado, se comunicam entre si através de uma espécie peculiar de "dança" durante o vôo, estes padrões de comportamento não foram inventados por elas, mas estão no seu próprio organismo, pois resultam de impulsos inatos, naturais, biologicamente estabelecidos. Logo, as abelhas não precisam aprender esses padrões para se comunicarem com as outras. Elas já nascem com eles. Um castor também não precisa aprender a fazer diques. Esse é, igualmente, um padrão de comportamento biologicamente herdado por esse animal. Mesmo quando supomos que os padrões de comportamento dos animais não humanos resultam da "pressão das circunstâncias", como defende a economista Joan Robinson,[3] temos que admitir que as formas padronizadas de adaptação às circunstâncias ambientais terminam por serem incorporadas ao patrimônio genético de cada espécie. Isto não significa que os animais não humanos sejam destituídos da capacidade de aprender, nem que a totalidade do comportamento do homem resulte apenas da aprendizagem. Significa que o comportamento dos animais não humanos é predominantemente padronizado pela herança biológica, enquanto o comportamento humano é sobretudo padronizado pela aprendizagem através da comunicação simbólica.

As peculiaridades orgânicas da espécie *homo sapiens* não explicam, por si mesmas, o comportamento humano típico e as suas formas de convívio. É verdade que a nossa espécie é dotada de certas características orgânicas que só ela

---

[1] DAVIS, Kingsley. *A sociedade humana*. Trad. M. P. Moreira Filho. Rio de Janeiro, São Paulo: Fundo de Cultura, 1964. p. 40-71, v. 1.

[2] Idem.

[3] ROBINSON, Joan. *Liberdade e necessidade*: uma introdução ao estudo da sociedade. Trad. Christiano Monteiro Oiticica. Rio de Janeiro: Zahar, 1971. p. 11-12.

possui, tais como: um extraordinário grau de complexidade e especialização neurocerebral; a possibilidade de visão policrônica e estereoscópica (os touros, ao contrário do que supõe o senso comum, não se irritam com a cor vermelha, pois são organicamente incapazes de perceber as cores como tais); um aparelho vocal que possibilita a emissão de sons articulados; a mão preênsil, que confere ao homem uma capacidade ímpar de manipulação dos objetos; uma coluna vertebral que, conjugada à localização central do orifício occipital, dá aos indivíduos humanos a capacidade de andar em posição erecta. No entanto, todas essas características são apenas condições necessárias, mas não suficientes ao desenvolvimento da personalidade e do comportamento humano na sua forma social. As características biológicas peculiares da nossa espécie constituem uma condição necessária ao desenvolvimento de maneira própria do homem se associar a outros e viver em grupo, mas não bastam para que o homem desenvolva a sua sociabilidade. Sem elas, o homem não se torna social, mas elas não são suficientes, pois a forma típica de sociabilidade do homem não é, ao contrário dos animais não humanos, uma conseqüência direta das peculiaridades do seu organismo. Isto significa que um organismo normal é condição necessária ao desenvolvimento da sociabilidade no homem. Sem esta condição, a aprendizagem através da comunicação simbólica não atua ou se processa de modo deficiente. As deficiências orgânicas congênitas limitam ou, dependendo do seu tipo e grau, impedem o desenvolvimento da capacidade humana de convívio social. Um organismo normal, entretanto, não basta para que o homem se torne social, no sentido humano da expressão. Apesar das suas características orgânicas específicas, o homem não nasce social, porém somente adquire as características comportamentais conhecidas como tipicamente humanas através da socialização. Mas o que significa socialização na linguagem da Sociologia?

Socialização e Comunicação Simbólica

Na terminologia sociológica, socialização não significa, como se usa entender em outros contextos, distribuição igualitária de bens ou serviços, como, por exemplo, na expressão ***socialização da medicina***. Para a Sociologia, socialização significa transmissão e assimilação de padrões de comportamento, normas, valores e crenças, bem como o desenvolvimento de atitudes e sentimentos coletivos pela comunicação simbólica. Socialização, portanto, é o mesmo que aprendizagem, no sentido mais amplo dessa expressão.

A comunicação entre animais não humanos se faz através da chamada "linguagem emocional",[4] isto é, de uma linguagem que deriva diretamente dos

---

4 CASSIRER, Ernst. *Antropologia filosófica*: ensaio sobre o homem. Trad. Vicente Felix de Queiroz. São Paulo: Mestre Jou, 1972. p. 57-58.

estados emocionais. Por isto, são tão limitadas as possibilidades de comunicação entre animais não humanos. Já a comunicação humana se processa através de símbolos. O símbolo, como o define Leslie White, "é alguma coisa cujo valor ou significado é atribuído pelas pessoas que o usam".[5] E explica esse antropólogo que usa a expressão *coisa* "porque um símbolo pode assumir qualquer forma física; pode ter a forma de um objeto material, uma cor, um som, um cheiro, o movimento de um objeto, um gosto".[6] O símbolo está presente em todos os momentos da nossa vida, pois ele não se limita à palavra. A palavra é o símbolo por excelência mas não é a sua única expressão. A linguagem verbal, no entanto, é o mais importante instrumento de socialização. O símbolo verbal permite ao homem conduzir suas ações segundo situações, objetos e pessoas fisicamente distantes, assim como de acordo com acontecimentos passados ou hipoteticamente futuros; permite a transmissão de conhecimentos, técnicas e idéias em geral; permite, enfim, a elaboração de um universo de idéias paralelo e tão real quanto o ambiente e as pessoas. Por isto é tão rica de possibilidades a comunicação entre os homens. É, portanto, compreensível que o símbolo, sobretudo o verbal, seja tão importante para o processo de socialização e, em conseqüência, para a continuidade dos sistemas sociais.

Embora a socialização seja mais intensa durante a infância e a adolescência, é, no entanto, um processo permanente, porque, mudando de grupo e de posição social, os indivíduos têm de se adaptar a novas situações sociais e essa adaptação é feita através da aprendizagem de novos modos padronizados de agir e mesmo de pensar. Ademais, todas as sociedades estão sempre se transformando, mudando os padrões de organização. As sociedades simples, como as sociedades indígenas, se transformam mais lentamente; as sociedades complexas, como as sociedades do tipo urbano-industrial, se transformam com mais rapidez. De qualquer modo, qualquer que seja o tipo de sociedade, ela está sempre em mudança. Isto requer do indivíduo, para que ele possa se adaptar às transformações do seu ambiente social, a assimilação dos novos padrões de comportamento desenvolvidos na sociedade.

É através da socialização que o indivíduo pode desenvolver a sua personalidade e ser admitido na sociedade. A socialização é, portanto, um processo fundamental não apenas para a integração do indivíduo na sua sociedade, mas também para continuidade dos sistemas sociais.

Usa-se distinguir a socialização em dois tipos básicos: a primária e a secundária. Socialização primária é a que dá aos indivíduos os padrões de comportamento básicos necessários a uma vida normal na sua sociedade. Já a socialização secundária é a que se refere à aprendizagem de padrões de comportamento

---

5 WHITE, Leslie. Os símbolos e o comportamento humano. In CARDOSO, F. H.; IANNI, Octávio. *Homem e sociedade*. 4. ed. São Paulo: Nacional, 1968. p. 182.

6 WHITE, Leslie. Op. cit. p. 182.

especiais para determinadas posições e situações sociais. Se o indivíduo assume uma determinada profissão, é através da aprendizagem dos conhecimentos e das técnicas, bem como da assimilação dos padrões de comportamento próprios ao exercício daquela ocupação que ele se submete à socialização secundária necessária à sua adaptação à nova posição e às situações sociais que daí decorrem. O casamento também demanda a submissão do indivíduo à socialização secundária apropriada às exigências sociais da nova condição.

Cultura

Como os padrões de comportamento predominantes nas relações entre animais não-humanos são transmitidos pela herança biológica, usa-se denominar, a exemplo de Kingsley Davis, essas sociedades de sistemas biossociais.[7] As formas de organização das relações sociais entre os homens, pelo fato de elas se basearem em padrões artificiais, não derivados das características orgânicas específicas da nossa espécie, são classificadas como sistemas bio-sócio-culturais, segundo a denominação do mesmo sociólogo, pois o que caracteriza a sociedade humana é precisamente a cultura. Mas o que significa cultura para o cientista social?

O sentido sociológico da palavra **cultura** não é mesmo da linguagem do senso comum. Na linguagem cotidiana, a palavra **cultura** é empregada com vários significados. Ora significa erudição, grande soma de conhecimentos, quando, por exemplo, se diz que "fulano tem cultura"; ora significa determinado tipo de realização humana, como a arte, e ciência, a filosofia. Isto sem falar no sentido agrícola original da expressão. Já o sentido sociológico dessa palavra não se limita a essas acepções. É, no entanto, tão amplo que não exclui nenhum desses significados. Na linguagem sociológica, cultura é tudo o que resulta da criação humana. A cultura, portanto, tanto compreende idéias quanto artefatos. É clássica a definição de Edward B. Tylor: "Um todo complexo que abarca conhecimentos, crenças, artes, moral, leis, costumes e outras capacidades adquiridas pelo homem como integrante da sociedade."[8] O que deve ser ressaltado nessa definição é a indicação de que a cultura compreende todas as elaborações resultantes das "capacidades adquiridas pelo homem como integrante da sociedade", pois a cultura, como já deve ter ficado claro, não decorre da herança biológica do homem, mas de capacidades por ele desenvolvidas através do convívio social. Só o homem possui cultura. Todos os homens possuem cultura, no sentido de que, vivendo em sociedade, participam de alguma cultura. Ao con-

---
7 DAVIS. K. Loc. cit.
8 Apud RUMNEY, Jay; MAIER, Joseph. *Manual de sociologia*. Trad. Octávio A. Velho. Rio de Janeiro: Zahar, 1963. p. 98.

trário do que se afirma na linguagem vulgar, quando se diz que algum indivíduo não tem cultura, a cultura não é exclusiva das pessoas letradas, já que qualquer indivíduo normalmente socializado participa dos costumes, das crenças e de algum tipo de conhecimento da sua sociedade. Por esta razão, é comum o emprego, principalmente entre antropólogos, da expressão **enculturação** como sinônimo de socialização, já que esta implica necessariamente a interiorização da cultura pelo indivíduo.

Todas as sociedades, e não apenas as que possuem escrita, têm uma cultura. Tanto a mais simples e isolada sociedade tribal quanto a mais complexa sociedade urbano-industrial possuem cultura. A cultura, compreendendo conhecimentos, técnicas de transformação da natureza, valores, crenças de todo tipo, normas, é, pois, o modo de vida próprio de cada povo. Ela é o fundamento da sociedade e o que distingue o homem dos animais não-humanos. Cada povo, cada sociedade tem sua cultura, o que equivale dizer, seu modo de vida.[9] A cultura de um povo é o modo próprio de convívio que ele desenvolveu para a adaptação às circunstâncias ambientais. Ela é também a parte do ambiente resultante da transformação da natureza pelo homem, com o seu trabalho. É ainda o ambiente social criado pelo homem. Por isto, a cultura é, por excelência, o domínio do artificial e do convencional.

O estudioso dos fenômenos culturais deve, porém, ter consciência do risco da *reificação* da cultura, ou seja, de concebê-la como uma entidade que existe por si mesma, independente dos seres humanos, sem os quais ela não existe. Em última instância, são os indivíduos associados em grupos que criam, expressam, transmitem, recebem, reinterpretam e transformam a cultura de sua sociedade. A herança cultural que, ao nascer, encontramos em nosso meio social foi o resultado da invenção de outros indivíduos, os nossos antepassados, já que a cultura é uma criação humana. Assim, *não é possível observar diretamente a cultura de nenhum povo*, mas, apenas o comportamento dos indivíduos e, indiretamente, suas idéias e seus sentimentos coletivamente partilhados, expressões concretas da cultura que eles compartilham.

Cultura Material e Não Material

Usa-se distinguir a cultura em dois setores: o da cultura espiritual ou não material e o da cultura material. A cultura não material compreende, como a expressão denota, o domínio das idéias: a ética, as crenças, os conhecimentos, as técnicas, os valores, as normas etc. A cultura material é constituída dos arte-

---

9 FICHTER, Joseph H. *Sociologia*. Trad. Hebe Guimarães Leme. São Paulo: Editora Pedagógica e Universitária, 1975. p. 320-323. ELIOT, T. S. *Notas para uma definição de cultura*. Trad. Geraldo Gerson de Souza. São Paulo: Perspectiva, 1988.

fatos e objetos em geral. Um machado tosco, feito com uma lasca de pedra presa por cipós à extremidade de um pedaço de madeira, é, numa sociedade não letrada, uma expressão da sua cultura material; um avião, na nossa sociedade, é componente da parte material da nossa cultura. A distinção entre cultura material e não material, contudo, deve ser encarada como uma classificação puramente nominal, para fins analíticos, pois, na realidade, estas são domínios interdependentes da cultura total. O violino, por exemplo, que é um elemento da cultura material, não poderia ter sido desenvolvido sem o conhecimento científico dos fenômenos físicos. Todo artefato, dessa maneira, está sempre ligado, em sua origem, a algum tipo de idéia, não só a algum conhecimento que possibilite o desenvolvimento de técnicas de transformação da natureza, mas também a valores, inclusive os estéticos. A fabricação de uma cadeira, por exemplo, está condicionada não somente pelos conhecimentos que tornam possível a transformação de madeira (se a cadeira for de madeira), mas também pelas noções de beleza convencionalmente associadas à mobília numa cultura qualquer. As transformações e criações materiais do homem, quando incorporadas à vida social, tendem a afetar o modo de pensar, os valores, as idéias dos homens a respeito de si mesmos, da sua sociedade, das suas relações sociais etc. Ampliando as possibilidades de sobrevivência e alterando o estilo humano de vida, a invenção da roda afetou, sem dúvida, as idéias do homem de então sobre o mundo que lhe circundava. E o que dizer da influência do automóvel, com a sua difusão, sobre os valores do homem urbano contemporâneo?

Existem Culturas Superiores?

Para a Sociologia, não existem culturas superiores nem inferiores, mas apenas culturas diferentes. Não se pode afirmar que a cultura de determinada sociedade seja superior ou inferior a outra, pois, como já vimos, à ciência não compete julgar, emitir juízos de valor, porém constatar como as coisas são e explicar como e por que elas ocorrem. Além do mais, cada cultura é uma realidade autônoma e só pode ser adequadamente compreendida a partir de si mesma. Quando alguém admite a superioridade ou inferioridade de alguma cultura, assim o faz porque adota o ponto de vista e os valores de alguma cultura em particular, ou seja, age de modo etnocêntrico. Etnocentrismo, em ciência social, é a tendência humana universal a perceber e julgar culturas e sociedades estranhas através do crivo dos valores da sua própria cultura. Atitude etnocêntrica é, por exemplo, a do homem ocidental que, por não compreender os padrões tradicionais de comportamento da Índia, acha que essa é uma cultura inferior à sua. Nenhuma cultura pode ser compreendida a partir da "lógica" de outra, pois cada cultura possui sua própria "lógica". O modo como cada povo organiza suas relações sociais para satisfazer as suas necessidades só pode ser compreendido a partir de si mesmo. Nada mais contrário à perspectiva sociológica do que a atitude etnocêntrica. A Sociologia é, inclusive, um contínuo exercício de libertação da tendência espontânea ao etnocentrismo prejudicial ao conhecimento objetivo da sociedade.

A cultura nasce do trabalho do homem em sociedade transformando a natureza para satisfazer às suas necessidades. Partindo dessa afirmação, seria possível argumentar erroneamente que uma cultura que possui conhecimentos e técnicas que possibilitem a transformação mais eficiente da natureza de modo a satisfazer melhor às necessidades do homem é superior a uma cultura que não possua conhecimentos e técnicas tão aprimorados. Basta, no entanto, que pensemos nos problemas de desequilíbrio ecológico provocados pela alta capacidade tecnológica de transformação da natureza nas sociedades urbano-industriais do presente para constatarmos que essa capacidade não torna nenhuma cultura superior a outra. A sofisticada tecnologia das sociedades ocidentais contemporâneas tanto tem sido um eficiente instrumento de satisfação de necessidades quanto de criação de problemas para o homem. Além do mais, deve ser considerado que a cultura não é apenas constituída de técnicas de transformação da natureza. Ela é também composta de idéias e modos convencionais de convívio. Uma cultura pode proporcionar muito conforto material aos seus participantes e ser, ao mesmo tempo, pouco adequada ao bem-estar psíquico dos indivíduos, no que se refere às formas estabelecidas para a convivência humana. A competição, por exemplo, como um valor cultural próprio das sociedades urbano-industriais do presente, é, sem dúvida, um fator de contínua ansiedade para os indivíduos, na medida em que ela tende a gerar o medo do fracasso. Culturas tradicionais, de tecnologia rudimentar, podem, inversamente, oferecer condições mais favoráveis ao conforto mental dos seus participantes, na medida em que enfatizem a solidariedade e a cooperação e, conseqüentemente, dêem aos indivíduos fortes sentimentos de apoio grupal.

Outro fato que impede o sociólogo de avaliar culturas como superiores ou inferiores é o de que toda cultura tem áreas de atrofia e de hipertrofia. Uma cultura pode ser muito desenvolvida no campo do conhecimento dos fenômenos físicos, como acontece com a cultura ocidental, e, no entanto, não dispor de um tipo de conhecimento a respeito das relações entre a mente e o corpo humano, nem de técnicas sofisticadas de controle físico, mental e emocional como os da cultura da Índia, a qual, no entanto, parece ao homem ocidental inferior à sua cultura. É fato hoje inegável que naquela cultura se conferiu a essa dimensão da existência humana – a da possibilidade de autocontrole físico, mental e emocional – uma importância que a cultura do Ocidente não atribuiu a essa mesma realidade.

Cultura e Necessidades Humanas

Nascendo do trabalho humano para responder aos desafios da natureza, a cultura tem como função evidente satisfazer necessidades humanas. Quando o homem faz um instrumento de caça, é impelido pela necessidade de alimento; quando confecciona um casaco com peles de animais, é levado pela necessidade de se proteger do frio.

Mas esta não é a única função da cultura. Toda cultura compreende, além dos meios de satisfação de necessidades, idéias a respeito do modo convencionalmente correto de satisfazê-las, isto é: normas. É um fato tipicamente humano que a satisfação das necessidades seja culturalmente regulamentada. É próprio da condição social do homem que ele não apenas se preocupe com a satisfação das suas necessidades, mas também com as formas estabelecidas como corretas na cultura da sua sociedade para satisfazê-las, pois toda cultura é inevitavelmente normativa. Uma segunda função da cultura é, portanto, limitar a satisfação das necessidades humanas. Na medida em que a cultura compreende uma regulamentação da satisfação de necessidades, ela estabelece limites a essa satisfação. Observe-se, por exemplo, a alimentação humana. O homem, como sabemos, é onívoro. No entanto, a sua alimentação, sendo culturalmente regulada, é seletiva. Alimentos tidos como nutritivos e agradáveis ao paladar em uma cultura não são sequer incluídos no cardápio do homem em outras, mesmo sendo disponíveis no ambiente natural. Além do mais, a alimentação humana é feita dentro de ritmos culturalmente estabelecidos. Toda cultura não só estabelece que alimentos podem ou não ser comidos, não só as suas possibilidades de combinação, mas também as horas do dia em que determinados alimentos podem ser ingeridos. E isto é artificial. A alimentação humana é um exemplo do quanto a cultura molda as inclinações animais mais elementares do homem através da regulamentação da satisfação de necessidades. E assim ocorre com a satisfação de todas as necessidades humanas.

Mas, além de possibilitar a satisfação das necessidades humanas e de limitar normativamente essa satisfação, a cultura também cria necessidades para o homem. As necessidades humanas não se restringem às estritamente decorrentes dos imperativos de sua condição animal. Mesmo estas, como já vimos, são moldadas pela cultura. Um grande número de necessidades do homem é criado pela cultura e por ele assimilado através da socialização. Veja-se, por exemplo, o vestuário. Como qualquer pessoa pode facilmente constatar, o vestuário não tem como principal função proteger o indivíduo dos rigores do clima. Tem, igualmente, uma função moral, associado que está às noções de decoro. Além dessas funções, tem ainda uma função claramente simbólica. Estar na moda quanto ao vestuário significa obedecer às normas referentes a essa área da vida social e, ao mesmo tempo, satisfazer uma necessidade estética cultural. Mesmo quando prevalecem as considerações morais na escolha e no uso do vestuário, ainda aí o indivíduo está simultaneamente obedecendo a normas e satisfazendo necessidades psíquicas originadas na cultura, já que mesmo a observância de normas se torna uma necessidade quando estas são suficientemente assimiladas pelos indivíduos.

É oportuno notar que, proporcionando ao homem meios de satisfazer as suas necessidades, a cultura nem sempre é inteiramente harmonizada com as condições orgânicas da nossa espécie. Ao contrário, a cultura, em geral, implica alguma forma de violação da condição natural do homem. O uso do paletó e da gravata e de tecidos e cores incompatíveis com o bem-estar humano em regiões de clima tropical são um exemplo do caráter arbitrário da cultura e de como ela nem sempre representa a forma mais adequada de adaptação do homem às condições ambientais.

Além de possibilitar a satisfação das necessidades humanas, de limitar normativamente essa satisfação e de criar necessidades para os seres humanos, a cultura tanto pode estimular quanto inibir alguma necessidade em nossa espécie. Se durante a Idade Média, por exemplo, verificava-se uma acentuada repressão da sexualidade, já nas sociedades urbano-industriais do Ocidente, na atualidade, observa-se uma notória supervalorização das necessidades sexuais, resultado do movimento *hippie*, da invenção e difusão da pílula anticoncepcional, assim como da chamada contracultura, movimento de contestação dos valores, da visão de mundo e do estilo de vida da subcultura pequeno-burguesa. Assim, esses fenômenos levaram a uma redefinição cultural do lugar da sexualiadade na existência humana.

Esses fatos nos mostram quanto, não só o comportamento, mas até mesmo nossas necessidades estritamente naturais, sendo moldados pela cultura, são de uma maleabilidade inconcebível entre animais não humanos. Desse modo, não foi, obviamente, como resultado de alguma transformação biopsíquica na espécie humana que a importância atribuída à sexualidade aumentou de tal modo, a partir dos anos sessenta na cultura do ambiente urbano no Ocidente, que veio a tornar-se uma verdadeira obsessão, em grande medida estimulada pelos meios de comunicação de massa. Tal fenômeno representa, antes, o resultado das transformações culturais no significado da sexualidade, dentro do que se convencionou denominar "Revolução sexual".

Cultura e Corpo: Um Exemplo

O fato de que muitas necessidades humanas sejam criadas pela cultura, sendo, portanto, artificiais, não significa que tais necessidades não sejam tão fortes quanto as necessidades estritamente naturais. Na realidade, uma necessidade criada pela cultura pode ser tão forte ou até mesmo mais premente do que as necessidades naturais. Uma pessoa pode privar a si mesma e à sua família de uma boa alimentação, por exemplo, para satisfazer uma necessidade de origem cultural, tal como a de supor-se reconhecida socialmente superior através da ostentação de um símbolo de prestígio como um automóvel, cuja aquisição esteja acima do seu poder aquisitivo.

Um bom exemplo do alto grau de pressão que uma necessidade cultural pode exercer sobre os indivíduos está na necessidade de conformar o corpo aos padrões dominantes de beleza física em qualquer sociedade. Como sabemos, todas as sociedades possuem padrões culturalmente ideais de beleza física para mulheres e homens. Sendo culturais, tais padrões são, em conseqüência, relativos. O que é considerado belo em uma cultura poderá ser tido como feio em outro contexto cultural. Se no Renascimento o padrão ideal de beleza feminina estava associado a formas volumosas, como demonstram as telas dos pintores daquele período, já nas culturas das sociedades urbano-industriais do presente o padrão dominante de beleza para as mulheres está antes associado a formas acentuadamente esguias. Durante muito tempo, as mulheres das categorias economicamente superiores no mundo ocidental usaram espartilhos com o fim de comprimir a cintura para conformar o corpo ao padrão ideal de beleza feminina dominante. Esse costume foi, seguramente, prejudicial à saúde, principalmente por estar associado à idéia de que a palidez é um componente imprescindível à beleza das mulheres, o que as levava a se abrigarem do sol sempre que saíam à rua durante o dia. Na cultura japonesa tradicional, as crianças de sexo feminino destinadas a serem gueixas eram obrigadas a usar sapatos de ferro com o objetivo de atrofiar os seus pés, de acordo com o padrão de beleza exigido para aquela categoria de mulheres. Como quer que seja, em qualquer sociedade as pessoas são pressionadas de diferentes modos a conformarem seus corpos aos padrões dominantes de beleza. Muitas pessoas são capazes de privar-se de determinados alimentos, às vezes de maneira drástica, para satisfazerem este tipo de necessidade. Vemos, assim, como uma necessidade cultural na sua origem pode, em determinada circunstância, exercer maior pressão sobre os indivíduos do que as necessidades primárias, estritamente naturais.

Aculturação

O modo de vida de muitos povos resulta da fusão de outros modos de vida, ou seja, de culturas de outros povos que, por alguma circunstância, entraram em contato. O processo de transformação de culturas em contato é denominado aculturação. Dessa maneira, a aculturação pode dizer respeito à mudança recíproca da cultura de dois ou mais povos, ou categorias em contato, ou pode ocorrer em sentido unilateral, quando uma categoria nacional, ou étnica, por exemplo, presente em uma sociedade que não a sua, é influenciada pela cultura dessa sociedade, sem, contudo, afetá-la culturalmente.

De acordo com a definição original de Robert Redfield, Ralph Linton e Melville Herskovits:

"A aculturação compreende aqueles fenômenos que resultam quando grupos de indivíduos de culturas diferentes entram em contato direto e contínuo, com mudanças resultantes de um deles, ou de ambos os grupos."[10]

De acordo com esta conceituação, não pode haver aculturação por meio de contato a distância, por meio dos meios de comunicação de massa, pois o contato indireto somente afeta os aspectos superficiais do comportamento e das idéias dos seres humanos – o modo de vestir, ou o gosto musical, por exemplo –, não provocando mudanças profundas na personalidade dos indivíduos, em seu modos de sentir, assim como em sua visão de mundo.

A intensa exposição indireta do brasileiro ao estilo de vida e à música popular do povo norte-americano, por meio do cinema, da televisão, do rádio e do disco, não provocou, ao contrário do que alguns acreditam, nenhuma mudança significativa no comportamento, nos modos culturalmente padronizados de pensar e de sentir de nosso povo. Em outras palavras, não provocou sua "americanização", de vez que não nos tornou mais individualistas, mais competitivos, pragmáticos e puritanos, segundo os padrões dominantes da cultura norte-americana.

A cultura brasileira, como todos nós sabemos, é o resultado da síntese de várias culturas em contato: a cultura européia, particularmente a ibérica; as diferentes culturas indígenas autóctones; as variadíssimas culturas transplantadas da África. Esse processo de síntese, estudado de modo único por Gilberto Freyre,[11] é um exemplo dos mais significativos de aculturação. O que resulta desse processo é um produto cultural novo, diferente das matrizes culturais que lhe deram origem. No caso do Brasil, o caldeamento singular de culturas é um dos mais importantes fatores da autenticidade do caráter social brasileiro, do modo de vida do nosso povo, enfim, da cultura brasileira.

Quando duas ou mais culturas em contato se fundem através da aculturação, uma das culturas envolvidas nesse processo termina por prevalecer sobre a outra, ou as outras. Isto, contudo, não significa que a cultura do dominador prevaleça em todos os aspectos da vida social. O Império Romano dominou politicamente a Grécia, mas foi por esta dominado no campo das realizações intelectuais: na literatura, na filosofia, na arquitetura, nas artes em geral. Como colonizador, o português dominou o africano, mas a presença africana é de tal modo marcante na cultura brasileira que não podemos entender esta cultura sem os traços das culturas provenientes da África em muitos campos da experiência sociocultural do brasileiro: na música, na religiosidade, no modo de ser na vida cotidiana.

---

10 REDFIELD, Robert; LINTON, Ralph; HERSKOVITS, Melville. Memorandum on the study of acculturation. *American anthropologist*. Washington, D. C., v. 38, nº 1, p. 149-152, 1936.

11 FREYRE, Gilberto. *Casa grande e senzala*. 9. ed. Rio de Janeiro: José Olympio, 1958.

Cultura e Subcultura

A cultura das sociedades simples, como notadamente as sociedades tribais, tende a possuir um grau muito alto de homogeneidade e de integração. O ritmo de transformação dessas culturas, como já foi observado, tende a ser lento, quando comparado com o ritmo da mudança nas sociedades complexas, como a sociedade em que vivemos. Quando afirmamos que a cultura das sociedades simples tem um alto grau de homogeneidade, estamos, de outro modo, dizendo que a grande maioria dos seus padrões são compartilhados por todos os seus participantes. Todos os indivíduos, nessas sociedades, participam das mesmas crenças e dos mesmos valores básicos, observam as mesmas normas fundamentais, possuem motivos, sentimentos e atitudes semelhantes, compartilham de formas análogas de perceber e interpretar as situações da existência.

Isto não acontece nas sociedades complexas, como as predominantemente organizadas com base na industrialização e na urbanização. As culturas de tais sociedades são altamente heterogêneas. Nelas, a participação cultural dos indivíduos é fragmentária e diversificada. Por esta razão, para compreender as culturas das sociedades complexas em toda a sua diversificação é necessário identificar as subculturas que as compõem. Na linguagem sociológica, ao contrário do uso que se faz da palavra na linguagem do senso comum, subcultura não significa cultura inferior, pois, como já vimos, não é tarefa da Sociologia julgar os fenômenos da sociedade. Subcultura significa parte de uma cultura. As subculturas, sendo diferentes do todo, não são, contudo, independentes da cultura total. Uma subcultura não é também um simples conjunto de pessoas. As pessoas participam de subculturas, mas não são as subculturas. Nas sociedades complexas, as pessoas tendem a participar simultaneamente de várias subculturas. Uma subcultura é antes constituída de valores, crenças, normas e padrões de comportamento, ou seja, de um modo de vida próprio, compartilhados por uma parte da população total de uma sociedade. O que distingue uma subcultura é o fato de que as crenças, os valores, as normas e os padrões de comportamento que ela implica são exclusivos dela. Ao mesmo tempo, sendo parte de uma cultura total, uma subcultura participa do modo de vida comum da cultura total, o que equivale a dizer de todas as outras subculturas. Podemos, assim, definir subcultura como parte de uma cultura, distinta desta última pela posse de crenças, valores, normas e padrões de comportamento exclusivos, mas dependente do todo através da participação de elementos culturais comuns ao todo.

Do mesmo modo que uma subcultura não é um conjunto de pessoas, também não é necessariamente uma região. Existem, é verdade, subculturas regionais, ou seja, modos de vida culturalmente característicos de determinadas populações localizadas em uma região comum. Esse tipo de subcultura, porém, é cada vez menos freqüente nas sociedades onde as comunicações de massa tenham um papel relevante. Será que ainda é possível a identificação no Brasil de subculturas regionais? Uma subcultura sulista típica, por exemplo, ou mesmo gaúcha? Uma subcultura da Região Norte? Uma subcultura nordestina? Uma subcultura cosmopolita dos grandes centros urbanos? Será que existe uma subcultura de Copacabana-Ipanema-Leblon? Será que existe uma subcultura urbano-industrial paulista? Embora seja tentador tipificar o comportamento do brasileiro com base nessas sugestões de localização geográfica, é pelo menos aconselhável não negligenciar o risco de simplificação exagerada que a identificação de subculturas regionais pode ter no Brasil de hoje.

Numa sociedade complexa como a nossa, mais viáveis são as subculturas não regionais, como as subculturas etárias, profissionais, religiosas etc. Os indivíduos que participam, por exemplo, da subcultura dos jovens de classe média alta urbana não estão necessariamente localizados em um mesmo espaço geográfico. As pessoas que compartilham de um modo de vida característico em razão da sua filiação religiosa também não estão situadas em uma área geográfica comum. Os indivíduos que participam de formas semelhantes de perceber e enfrentar situações sociais em decorrência de alguma profissão, do mesmo modo, não são confinados a um mesmo espaço geográfico.

De especial importância nas sociedades complexas são as subculturas de classe. Estas constituem provavelmente o tipo mais evidente de subcultura nessas sociedades. Pertencer a uma determinada classe social, como veremos mais detidamente no capítulo referente à estratificação social, não significa apenas ter uma determinada renda familiar, exercer algum tipo de profissão e ter um certo grau de escolaridade. Significa também participar de certas crenças, possuir determinados valores morais e mesmo estéticos, ter determinadas aspirações, perceber a existência de um certo modo, pois as classes sociais tendem a possuir modos próprios de vida, isto é, subculturas correspondentes.

O que torna possível a integração da cultura de uma sociedade complexa é a existência de elementos culturais comuns ao todo, os chamados universais da cultura, segundo Ralph Linton,[12] elementos compartilhados por todos os adultos socializados, independentemente da sua participação nas subculturas existentes: um idioma comum, os mesmos princípios éticos básicos, uma tradição histórica compartilhada e sentimentos de participação dessa tradição e da totalidade da cultura. Ao conjunto dos valores, das crenças, das atitudes, dos sentimentos, dos motivos, das normas e dos padrões de comportamento compartilhados por todos os adultos socializados em uma cultura podemos denominar de núcleo de integração cultural ou, como é mais usual, cultura dominante.

Nas sociedades de classe da atualidade, não se deve subestimar o fato de que as classes dominantes, detendo a possibilidade de controle dos meios de comunicação de massa, desempenham um importante papel na difusão de pa-

---

12 LINTON, Ralph. *O homem*: uma introdução à Antropologia. 4. ed. Trad. Lavínia Vilela. São Paulo: Martins, 1962. p. 299.

drões culturais e, conseqüentemente, no controle da cultura dominante. Este fato, contudo, não significa que a cultura seja uma pura conseqüência das chamadas relações de classe. É evidente que a existência de classes sociais, ou de outras formas de estratificação, constitui um fenômeno de significativa relevância sociológica nas sociedades que conhecem esse tipo de desigualdade, mas isto não diminui a importância crucial da cultura na vida social, pois não é possível a compreensão sociológica das relações de classe pondo de lado os componentes culturais de tais relações (como veremos mais detidamente no Capítulo 7), como, de resto, de qualquer fenômeno social, de vez que a cultura perpassa tudo o que os seres humanos fazem em sociedade.

Cultura e Sociedade de Massa

Uma manifestação típica das sociedades complexas do tipo urbano-industrial, na atualidade, é a chamada cultura de massa. Como uma parte da cultura total daquelas sociedades, a cultura de massa não é, contudo, uma subcultura pelo fato de ser constituída de padrões que perpassam todas as subculturas. Como a definem J. W. Bennet, e Melvin Tumin, a cultura de massa é aquela parte da cultura total de uma sociedade composta de padrões de comportamento e de pensamento "comuns às subculturas de uma sociedade heterogênea",[13] sendo a sua difusão resultante da ação da chamada indústria cultural, notadamente dos meios de comunicação de massa.

Os padrões da cultura de massa, portanto, são partilhados por todos ou pela maioria dos indivíduos em tais sociedades independentemente do nível de renda, do grau de instrução, do tipo de ocupação e da localização espacial. Sendo comuns à totalidade ou à maioria dos indivíduos em uma sociedade heterogênea, os padrões da cultura de massa não se confundem com os chamados universais da cultura, que compõem a cultura dominante, dos quais falamos na seção anterior, pelo fato de que os padrões da cultura dominante derivam da tradição, enquanto a cultura de massa é um produto da indústria cultural e, portanto, não possui o mesmo grau de estabilidade da cultura dominante. Enquanto a cultura dominante diz respeito principalmente ao idioma, aos valores morais e ao sentimento coletivo de participação de uma tradição histórica comum, a cultura de massa refere-se sobretudo a aspectos superficiais do lazer, do gosto artístico e do vestuário. Isto significa que, em que pese ao enorme poder de penetração da indústria cultural na vida cotidiana nas sociedades complexas do presente, ela não consegue eliminar certos padrões de lazer, de gosto artístico e de vestuário tradicionalmente fixados nessas sociedades. O gosto pelo futebol como fonte de diversão no Brasil, por exemplo, está profundamente en-

---

13 BENNET, J. W.; TUMIM, Melvin. *Social life*. Nova York: Alfred Knopf, 1948. p. 609.

raizado na tradição e parece pouco afetado pela cultura de massa, embora constitua objeto de interesse da indústria cultural. Esta, porém, não criou o futebol nem o modo pelo qual as pessoas dele participam.

A indústria cultural está continuamente "fabricando" modas no campo da música através da difusão de novos ritmos, por exemplo, mas não altera os padrões básicos da linguagem musical, resultantes, entre nós, da fusão de padrões europeus com padrões de origem africana. O vestuário vem sendo incessantemente afetado pela moda, mas esta não altera de modo profundo os padrões distintivos de vestuário de homem e de mulher. Desse modo, a cultura de massa coexiste com a cultura dominante nas sociedades heterogêneas do presente sem que a primeira substitua a segunda e, mesmo influenciando-a, como é previsível, as duas existem como domínios diversos da experiência cultural.

Como quer que seja, é inegável a importância da cultura de massa nas sociedades urbano-industriais do presente como um fenômeno emergente, somente possível com a invenção dos meios de comunicação de massa. Por esta razão, é freqüente o uso da expressão *sociedade de massa* para dominar as sociedades nas quais a cultura de massa passa a ter um lugar importante na experiência cotidiana da maioria dos indivíduos.

CULTURA POPULAR

Outra parte da cultura merecedora de atenção nas sociedades complexas é a chamada cultura popular. Do mesmo modo que a cultura de massa, a cultura popular não se confina a uma única subcultura, mas, ao contrário daquela, não perpassa todas as subculturas. Enquanto a cultura de massa resulta da indústria cultural, a cultura popular está ligada àquelas subculturas nas quais a permanência de padrões tradicionais é mais forte. No Brasil, a cultura popular está presente em várias subculturas regionais espalhadas por todo o território nacional. Há, desse modo, uma cultura popular gaúcha como há uma cultura popular típica da região Norte, bem como uma cultura popular nordestina.

É comum a associação da idéia de cultura popular apenas às manifestações lúdicas – escola de samba, maracatu, bumba-meu-boi, por exemplo – e à arte em geral – música, dança, cerâmica etc. –, mas a cultura popular não se restringe à diversão e às criações artísticas do povo. A cultura popular é uma realidade bem mais vasta do que estes campos da vida social, incluindo as práticas médicas, por exemplo, como, acentuadamente, a linguagem, os meios de conviver, de ver e de sentir o mundo.

Outro equívoco freqüente consiste em identificar a cultura popular com as criações anônimas do povo – as lendas, as cantigas de roda e de ninar, por exemplo. A cultura popular, porém, tanto compreende as invenções anônimas do povo como inclui muitas criações, principalmente no campo da arte, de autores conhecidos. Neste sentido, tanto pertence à cultura popular um provérbio ou uma anedota de autor desconhecido como uma composição de Pixinguinha ou um folheto de literatura de cordel escrito por um poeta popular do Nordeste, como, entre outros, Leandro Gomes de Barros.

É, ainda, freqüente identificar a cultura popular apenas com o que sobrevive do passado, o que também representa um equívoco. Afirmar que a cultura popular está ligada a padrões tradicionais não significa que estes padrões não sejam continuamente alterados e reinterpretados pelo povo, sem que isto signifique que a cultura popular seja necessariamente substituída pelos padrões da cultura de massa. Como todo fenômeno social, a cultura popular é uma realidade viva e, portanto, dinâmica, em contínua transformação. Assim, ela é feita e refeita a todo momento graças à criatividade do povo.

Mas é inegável que a cultura popular pode incorporar padrões provenientes dos setores modernos da sociedade e, até mesmo, da cultura de massa. Este processo se dá, antes, através da reinterpretação do significado de tais padrões, de acordo com o modo próprio de agir, pensar e sentir do povo, e não como repetição pura e mecânica.

Se a cultura popular está presente nas sociedades mais industrializadas, desenvolvidas e urbanizadas do mundo contemporâneo, ela tem, no entanto, um significado especial nas sociedades do chamado Terceiro Mundo, pelo fato de que, nessas sociedades, a cultura popular compreende um grande número de subculturas das quais participa uma proporção significativa da população.

Embora as expressões da cultura popular sejam mais visíveis nas comunidades rurais mais isoladas (chamadas de *culturas de folk*, de acordo com a classificação do antropólogo Robert Redfield), a cultura popular está presente, também, no ambiente urbano, como se pode ver nas grandes metrópoles brasileiras, nas quais são muito fortes ainda as marcas da tradição rural, apesar da influência da cultura de massa.

ESTEREÓTIPOS

Os participantes de subculturas mais evidentes tendem a ser vítimas de rotulações sociais, ou seja, de estereótipos. Em sociologia, estereótipos são imagens preestabelecidas para todos os indivíduos pertencentes a alguma categoria social, mediante a atribuição generalizada de qualidades de caráter positivas ou negativas. Embora nem todo estereótipo se refira à participação dos indivíduos em alguma subcultura, eles são mais freqüentemente aplicados às pessoas que pertencem a subculturas mais evidentes na sociedade, como tende a ocorrer com as minorias étnicas. É o que acontece, por exemplo, com os judeus, os portugueses e outras categorias étnicas em nossa sociedade. O estereótipo, porém, sendo uma imagem preconceituosa, quando não discriminatória, é uma representação falsa das pessoas rotuladas através dele. Até mesmo o processo de identificação sociológica dos modos próprios de ser dos membros de alguma subcultura envolve o risco do reforço e mesmo da criação de estereótipos, através de simplificação exagerada das características comportamentais específicas dos participantes de subculturas.

Os estereótipos tanto podem ser positivos quanto negativos; tanto podem valorizar quanto depreciar as pessoas. Se um estereótipo é positivo ou negativo, isto depende da categoria social que o adota. Para alguma categoria social no Brasil, a suposta inclinação à folga e à brincadeira atribuída de forma generalizada e preconceituosa ao carioca pode representar um estereótipo positivo. Para outras categorias, este mesmo estereótipo será negativo. O mesmo se pode dizer do conhecido estereótipo do paulista. Os estereótipos tendem a ser muito arraigados nas relações sociais e a estar associados a sentimentos coletivos muito fortes, negativos ou positivos, em relação aos indivíduos estereotipados, a despeito de possíveis evidências em contrário, precisamente pelo seu caráter irracional. Não será este o caso do estereótipo do nordestino nos grandes centros urbanos da Região Sudeste do Brasil? A persistência desse estereótipo é hoje evidenciada e, ao mesmo tempo, estimulada pelas mensagens dos meios de comunicação de massa, particularmente da televisão. Embora falsos, os estereótipos tendem a ter conseqüências reais nas relações sociais. Outro estereótipo bastante difundido na cultura brasileira é do mineiro.

A Sociologia pode ser também um instrumento muito eficaz na neutralização dos efeitos dissociativos dos estereótipos, na medida em que, possibilitando aos indivíduos o conhecimento racional das origens socioculturais de alguns dos seus motivos, sentimentos, emoções e idéias em relação a pessoas e situações sociais, pode, igualmente, tornar possível a crítica racional dos estereótipos e a compreensão do seu verdadeiro caráter.

SÍMBOLOS E NORMAS

De todos os componentes da cultura, símbolos e normas estão entre os mais importantes para a organização social. Dentre os símbolos, como já vimos, a palavra é o símbolo por excelência. O símbolo está de tal modo presente em todos os momentos da vida social,[14] que a comunicação verbal é sempre enriquecida de símbolos de outra ordem. Como observou Max Weber, as ações sociais são ações com significado. Por esta razão, todas as relações sociais possuem necessariamente uma dimensão simbólica. Gestos, cores, vestuários são

---

14 Ver WHITE, Leslie. Op. cit. e CASSIRER, Ernst. Op. cit. p. 48-51.

alguns dos recursos simbólicos mais freqüentemente usados pelo homem. Roupas podem significar contentamento ou tristeza, autoridade ou submissão. O mesmo se pode dizer das cores. A atribuição de significado a alguma coisa, seja sons, cores ou objetos, é sempre convencional ou arbitrária, o que equivale dizer que o significado de um símbolo não é intrínseco ao seu veículo físico. Se na cultura ocidental a cor preta significa dor e tristeza, em algumas culturas do Oriente os mesmos sentimentos são simbolizados pelo branco. A residência, como o vestuário, não funciona apenas como abrigo, mas também como símbolo. Seu tipo e sua localização desempenham uma importante função simbólica no que se refere à localização dos indivíduos na hierarquia social. O mesmo se pode dizer do automóvel. Casa e automóvel, entre outros bens, não proporcionam apenas conforto material, mas também, de modo significativo, conforto mental aos indivíduos, na medida em que satisfazem necessidades psíquicas de origem sociocultural.

Do mesmo modo que o símbolo, a norma é um componente da cultura onipresente na vida social. Não existe possibilidade de organização social se não existem normas partilhadas coletivamente. Vivendo em sociedade, o homem está, por assim dizer, sempre cercado de símbolos e normas. É típico da condição social do homem que o seu comportamento seja regulado por normas, quer se trate do costume, quer se trate de etiqueta ou de códigos legais (no Capítulo 3, este assunto é tratado mais extensamente).

O símbolo, contudo, é o que confere sentido às normas, pois, afinal, somente as obedecemos porque a elas associamos algum significado. O símbolo, portanto, precede as normas em importância para a compreensão científica da sociedade. Quando obedeço à norma que estabelece que é com deferência e respeito que devo tratar meus pais, é porque tal norma simboliza precisamente deferência e respeito; de outro modo, não seria norma. Se, como cristão, obedeço à norma que estabelece que é meu dever ajudar o próximo, é porque essa norma simboliza amor a Deus e ao próximo. Quando, como professor, obedeço à norma que me obriga a ter o maior domínio intelectual possível da matéria que ensino, é porque essa norma simboliza competência e autoridade intelectual. Se obedeço à norma que me diz que devo ser solidário com o amigo que enfrenta alguma situação difícil, é porque tal norma simboliza o sentimento de amizade. Quando procuro obedecer às normas da etiqueta, é porque essas normas simbolizam boa educação e refinamento.

Dessa maneira, não são os símbolos que possuem uma função normativa – embora a linguagem, verbal ou não, seja constituída de um conjunto de regras para a comunicação simbólica –, mas, ao contrário, *são as normas que possuem uma função simbólica*, e, assim, estão carregadas de significados, sem os quais não teriam poder de pressão sobre os indivíduos. Muito embora esse poder de pressão não seja o único fator por meio do qual as normas se impõem aos indivíduos, a principal fonte desse poder está no significado das normas. É esse poder de pressão resultante do significado das normas que faz com que os indivíduos as obedeçam sem que seja necessária nenhuma ameça externa, aceitando-as como se fizessem parte da própria "natureza das coisas".

Símbolo, norma e socialização sintetizam, pois, o modo humano de convívio. Só o homem tem o seu comportamento e a satisfação de suas necessidades regulamentados por normas coletivamente partilhadas; só o homem tem o seu comportamento moldado pela aprendizagem (socialização) através da comunicação simbólica.

A Dimensão Intermental da Sociedade

Embora dependa de determinadas condições físicas para a sua existência e o seu funcionamento, tais como uma população e um território, a sociedade não se reduz à sua dimensão física. Não existe sociedade se não existem idéias e sentimentos semelhantes compartilhados pelos indivíduos. A ação coletiva ou conjugada só é possível graças ao fato de que, através da comunicação simbólica, os homens podem partilhar idéias e sentimentos entre si. Por isto, a vida social é também uma realidade intermental ou intersubjetiva.[15] Esta é uma dimensão extremamente relevante para a compreensão da organização social. É por esta razão que, para o sociólogo, estudar as relações sociais significa sempre e necessariamente procurar saber o que ocorre na mente das pessoas de um modo compartilhado, isto é, intersubjetivamente. Sem o conhecimento dos fatos intermentais, não é possível a compreensão sociológica das relações sociais. Por isto, a sociologia estuda crenças, valores, atitudes, sentimentos, estereótipos, opiniões e normas, desde que sejam compartilhados por indivíduos, grupos e categorias sociais em convívio.

Em todas as sociedades existem noções a respeito do que é correto e do que é errado, do que é bom e do que é mau, do que é belo e do que é feio. Essas noções são os valores sociais. Eles orientam as ações dos indivíduos. A monogamia, por exemplo, apesar da existência de uma moral dupla (uma para o homem e outra para a mulher) nas sociedades patriarcais, é um valor social nas sociedades onde ela existe. A competição nas sociedades capitalistas urbano-industriais é também um valor social.

Há uma estreita relação entre valor e norma, pois o primeiro justifica a segunda. Normas e valores estão, igualmente, ligados às crenças coletivas, pois estas explicam os valores. Em suma, as normas são subsistem na sociedade sem a justificação ou, como é mais freqüente se denominar em Sociologia, sem a legitimação dos valores, enquanto estes se completam com as explicações das crenças.

---

15 Cf. SOUTO, Cláudio. *Teoria sociológica geral*. Porto Alegre: Globo, 1974. passim.

Para a Sociologia, os valores interessam como realidades objetivas. O fato de que a Sociologia se ocupe com o estudo das normas não implica, de modo algum, que ela assuma algum valor social. Ao contrário da ética, conforme já vimos, a Sociologia não afirma o que é bom ou o que é mau para o homem, o que é correto e o que é errado nas relações sociais. Estudando os valores sociais, a Sociologia tenta, em primeiro lugar, identificá-los e, depois, explicar as suas relações com as formas coletivas de comportamento e, logo, com a organização social.

Na linguagem da Sociologia, atitudes são predisposições mentais para agir de forma padronizada em situações sociais específicas. As atitudes, como as crenças e os valores, não são diretamente observáveis, já que se processam na mente. Observável é o comportamento humano. A partir dele é que podemos inferir atitudes. As atitudes tendem a derivar do sistema de crenças, valores, opiniões e sentimentos socialmente partilhados. As atitudes interessam à Sociologia enquanto são coletivamente padronizadas.

Ao sociólogo não interessa se as explicações fornecidas pelas crenças coletivas correspondem ou não à realidade objetiva pois, falsas ou verdadeiras, as crenças são, de qualquer modo, reais por estarem sedimentadas intersubjetivamente na sociedade. O que importa ao sociólogo é que, como formulou William I. Thomas em seu clássico teorema, "se os indivíduos definem as situações como reais, elas são reais em suas conseqüências".[16] Isto quer dizer que, para o sociólogo, não importam apenas as relações sociais como elas se apresentam objetivamente, mas sobremodo lhe interessam as formas como as pessoas percebem e definem essas relações, pois essas definições prévias condicionam as relações concretas entre os indivíduos. Desse modo, as crenças coletivas têm o poder de moldar as relações sociais. A sociedade, portanto, não é apenas o que *as pessoas e grupos fazem entre si*; a sociedade é também o que *as pessoas acreditam que ela seja* ou, sobretudo, *que ela deva ser*.

Por esta razão, podemos constatar a existência de dois níveis básicos na vida social: o *nível interacional* e o *intermental* ou *intersubjetivo*. O primeiro diz respeito ao que os agentes sociais fazem entre si. (O conceito de interação social é abordado no Capítulo 9.) O nível intermental compreende as idéias e os sentimentos coletivamente partilhados pelos indivíduos sobre o que a sociedade em que vivem presumivelmente é ou deve ser. Esses dois níveis, contudo, são interdependentes e estão permanentemente influenciando um ao outro, de modo que tanto o que os indivíduos fazem entre si se reflete sobre o que eles pensam quanto as idéias e os sentimentos coletivamente partilhados por eles têm conseqüências inegáveis sobre as suas ações (ver Figura 2.1.).

---

16 Apud MERTON, Robert K. *Sociologia*: teoria e estrutura. Trad. Miguel Maillet. São Paulo: Mestre Jou, 1970. p. 515.

Figura 2.1 *Níveis básicos na vida social.*

Desse modo, não importa para o sociólogo se a crença, muito comum entre diversas categorias das áreas rurais no Brasil, de que a morte de crianças com menos de um ano de idade em decorrência de subalimentação, desidratação e outros males controláveis seja ou não o resultado da vontade de Deus; mas lhe interessa o fato de que tais pessoas tenham uma atitude fatalista em conseqüência de determinada visão religiosa do mundo, pois, de acordo com o teorema de Thomas, as idéias compartilhadas pelos indivíduos em sociedade, por mais absurdas ou fantasiosas que sejam, são reais porque, existindo na mente das pessoas, *são uma parte da realidade* e, de algum modo, se refletem no comportamento interpessoal e nas relações sociais.

Comportamento Humano e Relações Sociais

A constatação de que a sociedade humana não se reduz aos seus componentes estritamente físicos, mas, sem colocá-los à parte, compreende componentes não físicos – normas, símbolos, crenças, valores, atitudes, estereótipos –, nos leva à conclusão de que o comportamento humano, ao contrário do que à primeira vista se pode supor, não constitui o objeto de estudo da Sociologia. O comportamento humano é apenas um entre outros meios pelos quais o sociólogo pode chegar ao seu objeto fundamental de interesse: as relações sociais.

O comportamento coletivo, que constitui o nível interacional da sociedade (o que as pessoas fazem, de fato, entre si), pode ser observado, tanto direta quanto indiretamente. Mas o comportamento humano tanto pode revelar quanto ocultar as relações entre as pessoas. As relações sociais – que podem ser de cooperação, competição, antagonismo, dominação, submissão, exploração, conflito, por exemplo – não podem ser diretamente observadas, mas somente podem ser inferidas através do comportamento humano.

Uma pessoa em contato superficial com duas outras – patrão e empregado, por exemplo – pode concluir, a partir de cordialidade mútua expressa através do *comportamento* daqueles indivíduos, que as *relações* entre ambos sejam amistosas, quando, ao contrário, a cordialidade pode não representar senão extrema formalidade decorrente da necessidade de conter publicamente a hostilidade recíproca, para alcançar determinados objetivos. Em um tal caso, o comportamento dos atores sociais estará ocultando e não revelando as relações sociais de fato entre aqueles indivíduos.

O problema de identificar e explicar as relações sociais através do comportamento é tão mais complexo para o sociólogo quanto este ocupa-se não apenas das relações entre indivíduos, mas, principalmente, das relações entre diferentes tipos de coletividade – grupos, agregados, categorias, classes, nações etc.

Desse modo, podemos ver que, procurando identificar e explicar as relações sociais, o sociólogo precisa observar o comportamento, vale dizer, as ações das pessoas, como meio (mas não o único) para alcançar as primeiras. Como o comportamento humano é enganoso pelo fato de que, conscientemente ou não, as pessoas podem esconder por conveniência social os seus sentimentos, interesses e objetivos, o sociólogo deve ter muito cuidado para não se deixar enganar pela aparência do comportamento humano. Como observa Guy Rocher, em comentário à obra de Talcott Parsons:

> *"Querer estudar o comportamento do homem só do exterior, nos gestos e sinais que oferece a um observador que procura nada além do que observar e registrar, é negar todo um lado da realidade social que constitui um conjunto de fatos tão verdadeiros e tão reais quanto os que se podem observar do exterior. A motivação do sujeito que age, as idéias e imagens de que se inspira, os sentimentos que o animam, os ideais que persegue, as angústias e receios que o consomem são outros tantos elementos que é preciso fazer entrar em um modelo explicativo dos comportamentos observáveis."*[17]

Já se vê, daí, a importância dos componentes intermentais da sociedade para que se possa chegar às relações sociais, que, em última instância, representam aquilo que o sociólogo pretende identificar e explicar.

Apesar da sua importância para a pesquisa científica da sociedade, a observação direta do comportamento humano não é o único meio pelo qual o sociólogo pode chegar à compreensão das relações sociais. Ressalte-se que nem sempre é possível a observação direta do comportamento humano na pesquisa sociológica. Documentos históricos, depoimentos autobiográficos (embora com as restrições decorrentes da possibilidade de distorção dos fatos pela subjetividade do autor), registros estatísticos, por exemplo, podem constituir instrumento de compreensão das relações sociais na medida em que revelem os significados que orientam as ações dos indivíduos.

---

17 ROCHER, Guy. *Talcott Parsons e a sociologia americana*. Trad. Olga Lopes da Cruz. Rio de Janeiro: Francisco Alves, 1976. p. 30.

QUESTÕES PARA EXERCÍCIO

1. Em que a vida social entre os seres humanos é diferente de vida social entre animais não humanos?
2. Qual a importância da socialização para a sociedade humana?
3. Qual a importância da comunicação simbólica para a socialização?
4. Qual a relação sociologicamente mais significativa entre norma e símbolo?
5. Em que o emprego sociológico do termo *cultura* difere do uso do mesmo termo no nível do senso comum?
6. Em que consiste o risco de reificação da cultura?
7. Por que a cultura material e a cultura não material são interdependentes?
8. Por que os sociólogos consideram que não existe nenhuma cultura superior ou inferior a outra?
9. Por que a cultura satisfaz mas, ao mesmo tempo, limita a satisfação de necessidades humanas?
10. Por que as necessidades culturais podem ser tão prementes quanto as necessidades naturais do indivíduo?
11. Por que as sociedades tribais não possuem subculturas?
12. Qual a relação da cultura dominante com as subculturas de uma sociedade?
13. Quais as características da cultura de massa?
14. Qual a relação da cultura de massa com as subculturas de uma sociedade?
15. Quais as relações entre a cultura popular e as subculturas de uma sociedade?
16. Qual o sentido da afirmação de William I. Thomas de que "se os indivíduos definem as situações como reais, elas são reais em suas conseqüências"?
17. Quais as relações entre o nível intermental e o nível interacional da sociedade?
18. Qual a diferença entre comportamento social e relação social?

SUGESTÕES DE LEITURA

DAVIS, Kingsley. *A sociedade humana*. Trad. M. P. Moreira Filho. 2 v. Rio de Janeiro: Fundo de Cultura, 1964. v. 1, Cap. 2: "Sociedade humana *versus* sociedade animal", p. 40-71.

HERSKOVITS, Melville. *Antropologia cultural*. Trad. Maria José de Carvalho e Hélio Bichels. São Paulo: Mestre Jou, 1963. v. 1, Cap. 3: "Cultura e sociedade", p. 44-58.

LINTON, Ralph. *O homem*: uma introdução à antropologia. Trad. Lavínia Vilela. 4. ed. São Paulo: Martins, 1962. Cap. 5: "O 'background' da cultura", p. 86-97.

_____. *Cultura e personalidade*. Trad. Oscar Mendes. São Paulo: Mestre Jou, 1967. Cap. 2: "Conceito de cultura", p. 39-62.

MORIN, Edgar. "A indústria cultural". In: FORACCHI, Marialice Mencarini; MARTINS, José de Souza (Org.). *Sociologia e sociedade*; leituras de introdução à sociologia. Rio de Janeiro, São Paulo: Livros Técnicos e Científicos, 1977. p. 299-306.

PIERSON, Donald. *Teoria e pesquisa em sociologia*. 18. ed. São Paulo: Melhoramentos, 1981, Cap. IX: "Comunidade' e 'sociedade'", p. 151-156.

VILA NOVA, Sebastião. *Arte & cultura:* uma perspectiva sociológica. Recife: Bagaço, 1995. p. 57-70. Cap. 10: "Cultura popular e política cultural no Brasil".

WHITE, Leslie. Os símbolos e o comportamento humano. In: CARDOSO, Fernando Henrique; IANNI, Octávio (Org.). *Homem e sociedade*: leituras de sociologia geral. 4. ed. São Paulo: Nacional, 1968. p. 193-201.

Parte II

 # Organização e Controle Social

3

 Organização Social e Objeto da Sociologia

A Questão do Objeto da Sociologia

Para a Sociologia, como já observamos, é insuficiente a sua definição como estudo científico da sociedade humana. Se é precisamente à Sociologia que cabe definir a sociedade, tal definição pode comportar uma variedade de sentidos diversos, e depender do modo como se concebe o objeto próprio desta ciência. A concepção do objeto da Sociologia, por seu turno, tem sempre, de algum modo, a ver com o problema da organização social das relações entre os homens. Não que a Sociologia esteja voltada apenas para o estudo da organização social. Mas, como veremos, responder à questão sobre o que torna possível a organização social constitui o problema crucial para a delimitação do campo de estudo da Sociologia, pelo que tem a ver com o próprio conceito de sociedade.

A tradição da teoria sociológica possui quatro tentativas clássicas – no sentido de consagradas – de resposta a esta questão: a de Émile Durkheim (1858-1917), a de Max Weber (1864-1920), a de Karl Marx (1818-1883) e, formulada de modo menos sistemático por derivar de mais de um teórico, a da chamada Escola de Chicago,[1] representada principalmente por William I. Thomas (1863-1947), Florian Znaniecki (1882-1958), George Herbert Mead (1863-1931), Ernest Watson Burgess (1886-1966) e o grande líder daquele movimento, Robert Ezra Park (1864-1944). Isto não significa dizer que existem quatro Sociologias, mas que o objeto desta ciência tem sido conceituado com

---

1 Uma boa síntese da abordagem da "Escola de Chicago" de Sociologia em português, é PIERSON, Donald. *Teoria e pesquisa em sociologia* 18. ed. revista. São Paulo: Melhoramentos, 1981.

ênfase em diferentes aspectos da vida social, o que não significa que estas abordagens não tenham características em comum, como tentaremos mostrar neste capítulo.

Para Durkheim, a organização social é possível graças ao consenso ou consciência coletiva, e a Sociologia deve estudar o que ele concebe como "fatos sociais". Weber enfatiza os aspectos intersubjetivos e simbólicos das relações sociais e delimita o campo de estudo da Sociologia dentro da sua noção de "ação social". Marx concebe a organização social como resultante das relações de produção e toma as "relações de classe" como fundamentais ao estudo científico da sociedade (Marx não pretendeu ser um sociólogo profissional, por isto não teve a preocupação explícita de definir o objeto de estudo da Sociologia como uma disciplina acadêmica). Já a resposta, algo difusa, dos sociólogos da Escola de Chicago, de acordo com princípios bem diversos daqueles que norteiam as abordagens européias, conduz a uma abordagem de síntese, embora com ênfase na intersubjetividade e na relação entre estrutura social e distribuição espacial da população, com base em uma suposta analogia da sociedade humana com os fenômenos da ecologia vegetal.

Durkheim: Consciência Coletiva e Fatos Sociais

Em seu livro *As regras do método sociológico*, Durkheim registra as suas formulações básicas quanto à concepção especificamente sociológica da sociedade, ao campo de estudo da Sociologia e ao método apropriado à investigação científica dos fenômenos sociais.

De acordo com a sua concepção:

> "*a sociedade não é simples soma de indivíduos, e sim sistema formado pela associação, que representa uma realidade específica com seus caracteres próprios. Sem dúvida, nada se pode produzir de coletivo se consciências particulares não existirem; mas esta condição necessária não é suficiente. É preciso ainda que as consciências estejam associadas, combinadas, e combinadas de determinada maneira; é desta combinação que resulta a vida social e, por conseguinte, é esta combinação que a explica. Agregando-se, penetrando-se, fundindo-se, as almas individuais dão nascimento a um ser, psíquico se quisermos, mas que constitui individualidade psíquica de novo gênero*".[2]

Esta "individualidade psíquica" resultante da combinação das consciências individuais corresponde, no pensamento de Durkheim, à "consciência coletiva",

---

2 DURKHEIM, Émile. *As regras do método sociológico*. 4. ed. Trad. de Maria Isaura Pereira de Queiroz. São Paulo: Nacional, 1966. p. 96.

diferente das consciências individuais. A organização social, pois, para ele, somente é possível graças à consciência coletiva. Esta, em síntese, a concepção durkheimiana de organização social.

Na sua tentativa de delimitar o campo de estudo específico da Sociologia, Durkheim começa por constatar que a qualificação de "social" é aplicada de modo impreciso aos fenômenos humanos em geral. Como ele observa:

> *"Empregam-na correntemente para designar quase todos os fenômenos que se passam no interior da sociedade, por pouco que apresentem, além de certa generalidade, algum interesse social. Todavia, desse ponto de vista, não haveria por assim dizer nenhum acontecimento humano que não pudesse ser chamado de social. Cada indivíduo bebe, dorme, come, raciocina e a sociedade tem todo o interesse em que estas funções se exerçam de modo regular. Porém, se todos esses fatos fossem sociais, a sociologia não teria objeto próprio e o seu domínio se confundiria com o da biologia e da psicologia."*[3]

Não é demais ressaltar que, para Durkheim, portanto, nem todo acontecimento humano é fato social. Não basta que um fato ocorra na sociedade para merecer a qualificação de social. Assim, a Sociologia, obviamente, não se ocupa de todos os fenômenos verificáveis na sociedade, mas, apenas, daqueles que apresentam as características que determinam o seu caráter específico. À Sociologia compete estudar apenas os fatos sociais, e estes

> *"consistem em maneiras de agir, de pensar e de sentir exteriores ao indivíduo, dotados de um poder de coerção em virtude do qual se lhe impõem"*.[4]

Acrescenta Durkheim que, além do poder de coerção externa sobre os indivíduos – sua característica mais importante – e da exterioridade em relação às consciências individuais, o fato social

> *"é geral na extensão de uma sociedade dada, apresentando uma existência própria, independente das manifestações individuais que possa ter"*.[5]

A exterioridade e a independência dos fatos sociais em relação aos indivíduos são uma conseqüência da sua intersubjetividade: na medida em que eles são partilhados coletivamente, possuem uma existência própria. O poder de coerção dos fatos sociais não é necessariamente percebido como tal pelos indivíduos, a saber, como uma pressão externa sobre o seu comportamento, já que os fatos sociais, sendo coletivos, só atuam quando assimilados pelos indivíduos

---

3 DURKHEIM, Émile. Op. cit. p. 1.
4 Ibidem. p. 3.
5 Ibidem. p. 12.

como modos de convívio, idéias e sentimentos tidos como indiscutivelmente normais, como se fossem algo que pertença a ordem inevitável das coisas. Quando me comunico, na minha sociedade, através de determinado idioma ou quando, à refeição, uso talheres, não me ocorre que eu esteja sendo pressionado por alguma força externa. E, no entanto, quer eu tenha ou não consciência da coerção que atua sobre mim, levando-me a me comportar de determinada forma, essa coerção externa é uma realidade.

Dando relevo à objetividade dos fatos sociais, Durkheim estabelece como um dos princípios metodológicos básicos da investigação sociológica considerá-los como coisas: "os fatos sociais são coisas",[6] isto é, uma realidade objetiva passível de ser observada.

Fato Social e Norma

Ilustrando o conceito de fato social, Durkheim observa:

> *"Quando desempenho meus deveres de irmão, de esposo ou de cidadão, quando me desincumbo de encargos que contraí, pratico deveres que estão definidos fora de mim e de meus atos, no direito e no costume."* Ainda exemplificando o mesmo conceito, refere-se Durkheim ao *"sistema de sinais de que me sirvo para exprimir pensamentos, o sistema de moedas que emprego para pagar dívidas, os instrumentos de crédito que uso nas relações comerciais, as práticas seguidas nas profissões (...)."*[7]

Estes exemplos podem induzir à idéia de que fato social é sinônimo de norma. Esta é, no entanto, uma interpretação errônea do conceito de fato social. Podemos afirmar que se toda norma partilhada intersubjetivamente é fato social, nem todo fato social é norma. Isto se dá porque nem todas as pressões externas ou coerções que atuam sobre os indivíduos no sentido de levá-los a agirem de determinada maneira em uma sociedade derivam das normas. Muitas dessas coerções derivam, em certas circunstâncias, de condições sociais que levam os indivíduos a agirem de modo até mesmo contrário às normas de sua sociedade.

Se, numa cidade qualquer, um sociólogo constata que determinado tipo de crime, por exemplo, acontece com mais freqüência em determinadas áreas caracterizadas por um alto grau de desemprego ou de instabilidade ocupacional, bem como de desorganização da família e alcoolismo, enquanto em outras áreas da mesma cidade, nas quais tais características não aparecem, o mesmo

---

6 Ibidem. p. 13 e ss.
7 Ibidem. p. 1-2.

tipo de crime não ocorre, ou é pouco freqüente, estará, sem dúvida, diante de um fato social que não corresponde, ao menos necessariamente, à norma e pode ser, até mesmo, contrário a ela. Isto não quer dizer que todo crime – homicídio, por exemplo – seja sempre a negação de normas. Poderá ser contrário à norma legal, sendo, no entanto, resultado da obediência a normas costumeiras, não legais, freqüentemente mais coercitivas do que as normas estritamente legais, como é o caso, por exemplo, dos crimes ditos "em defesa da honra", geralmente derivados de valores, normas e atitudes próprias de sociedades acentuadamente machistas. Nestes casos, há uma coincidência entre fato social e norma costumeira, mas nem sempre isto acontece. Quanto mais elevado o nível de equilíbrio e organização social, maior é a probabilidade de coincidência entre fatos sociais e normas legais. Inversamente, a probabilidade dessa coincidência decresce nas sociedades que apresentam níveis elevados de desorganização.

O próprio Durkheim, estudando o suicídio, constatou que esse fenômeno decorre não apenas de fatores psicopatológicos individuais, mas, em grande proporção, de fatores sociais, exógenos em relação aos indivíduos, como a desorganização social. Em algumas sociedades, o suicídio é não somente permitido como legítimo, mas, até mesmo obrigatório em determinadas situações. É o que acontece na sociedade japonesa tradicional, como em muitas outras sociedades do presente e do passado.[8] Neste caso, estamos diante do que Durkheim denomina de *suicídio altruísta*, no qual o indivíduo é levado a tirar a própria vida em respeito aos valores da coletividade a que pertence. Aqui, é o sentido do coletivo que prevalece sobre o indivíduo. Assim, é por estar fortemente integrado à sua sociedade que, neste caso, o indivíduo é levado ao suicídio. Já nas sociedades de tradição ético-religiosa judaico-cristã, bem como nas sociedades maometanas, o suicídio é desaprovado e interditado ao indivíduo em toda e qualquer circunstância. No entanto, nas situações de desorganização social ou *anomia* (este conceito será comentado no Capítulo 4), nas quais o poder de coerção das normas sobre os indivíduos decresce, a freqüência de suicídios tende a aumentar. Neste caso, estamos diante do tipo de suicídio *anômico*, aquele derivado da desorganização social. Trata-se, portanto, do mesmo modo que o tipo altruísta de suicídio, de um fato social, ou seja, um fenômeno resultante predominantemente da atuação de forças sociais e, portanto, exógenas em relação ao indivíduo, e não estritamente determinado por fatores biopsíquicos endógenos. No primeiro caso, no entanto, a coerção deriva de uma norma culturalmente fixada, havendo, portanto, coincidência inequívoca entre fato social e norma. No caso de suicídio anômico, porém, a pressão social não resulta de norma alguma, mas de fatores desagregadores da sociedade e do sentimento individual de

---

8 Ver, a propósito: SUMNER, William Graham. *Folkways*. Trad. Lavínia Costa Vilela. São Paulo: Martins, 1950.

integração a esta. Neste caso, não há correspondência entre fato social e norma, mas, ao contrário, o fato social constitui negação de uma norma de extrema importância (ou sagrada, como veremos no Capítulo 4) nas sociedades de tradição ético-religiosa judaico-cristã.

Finalmente, além dos argumentos acima, podemos afirmar que o conceito durkheimiano de fato social, como delimitação do campo de interesse da Sociologia não corresponde necessariamente às normas coletivamente partilhadas pelo fato de que Durkheim não estava interessado apenas na organização social, mas, igualmente, na desorganização social ou anomia. A Sociologia não se interessa apenas pelo fato de que os seres humanos obedecem normas sociais, mas também pelo fato de que os indivíduos transgridem tais normas, assim como pelas condições que provocam tais transgressões.[9]

Fato Social e Fato Histórico

Adotando-se os critérios fixados por Durkheim para a identificação dos fatos sociais e, portanto, para a delimitação do campo de investigação próprio da Sociologia, podemos concluir que o fato social é diferente do que se usa entender como fato histórico. Não que os fatos históricos não aconteçam na sociedade, mas conceitualmente, são diferentes dos fatos sociais, no sentido atribuído por Durkheim a essa expressão.

Os fatos históricos, como já vimos, têm como uma de suas características a singularidade, no sentido de que são únicos, não se repetem (a História registra muitas revoluções, mas apenas uma Revolução Francesa – a de 1789). Além da singularidade, outra característica do fato histórico está nas repercussões que ele tenha sobre uma sociedade (a morte de um indivíduo qualquer é, sem dúvida, um fato singular, pois, em última instância, nada se repete do mesmo modo, mas não tem as repercussões da morte de Getúlio Vargas no Brasil). Assim, o fato histórico tem como outra de suas características a excepcionalidade.

Ao contrário dos fatos históricos, os fatos sociais não são singulares, porém, padronizados, e é por isto mesmo que são de interesse para o sociólogo. Os fatos sociais, portanto, estão no cotidiano de cada sociedade, naquilo que é corriqueiro, repetitivo, e não no que é excepcional na sociedade.

Isto, porém, não significa que fatos sociais e fatos históricos não estejam muitas vezes relacionados entre si. Tomemos, por exemplo, o caso da Revolução Francesa. Como toda revolução social, esta não aconteceu por acaso, mas decorreu do forte sentimento de insatisfação entre os burgueses na França do

---

[9] Ver DURKHEIM, Émile. *O suicídio*: estudo sociológico. Trad. Luz Cary, Margarida Garrido e J. Vasconcelos Esteves. Lisboa: Presença, 1973.

século XVIII em relação à sua situação ambígua naquela sociedade: se, de um lado, essa categoria estava em posição subalterna em relação à nobreza na hierarquia de prestígio e de poder naquela sociedade, por outro lado, já ocupava uma posição de considerável importância na hierarquia da riqueza (como estudaremos mais detidamente no Capítulo 7). Tais sentimentos de insatisfação, associados às condições materiais sem as quais aquela revolução não poderia ter sido deflagrada, são os fatos sociais que antecedem a Revolução Francesa. Como fatos sociais, eles são gerais (entre os burgueses), exteriores, independentes (pois não decorrem apenas da vontade individual, mas esta é que resulta de condições exógenas em relação aos indivíduos) e coercitivos. Desta maneira, estamos diante de um caso no qual um fato histórico é conseqüência de um fato social.

Por sua vez, a Revolução Francesa, redefinindo não apenas as regras de funcionamento do sistema político e econômico, mas, igualmente, o sistema de crenças, valores e, conseqüentemente, atitudes naquela sociedade, terminou por instaurar novas "maneiras de agir, de pensar e de sentir", ou seja, novos fatos sociais, em sentido rigorosamente durkheimiano.

Este exemplo nos mostra o quanto, apesar da posição de Durkheim em sentido contrário, os fatos históricos são importantes para a pesquisa sociológica. Afinal, os termos *história* e *sociedade* dizem respeito a uma mesma realidade – o modo como os seres humanos se organizam no espaço e no tempo para satisfazer suas necessidades –, cada uma dessas expressões enfatizando diferentes aspectos da vida social. O mesmo exemplo nos mostra, igualmente, a inegável importância da história como instrumento necessário, mas não suficiente, à explicação científica dos fenômenos sociais, o que não invalida o conceito de fato social, nos termos definidos por Durkheim. Uma avaliação objetiva deste conceito nos mostra que ele nos leva a uma das constatações de maior relevância para uma visão sociológica do comportamento humano: a de que este resulta, em grande medida, de forças exógenas em relação ao indivíduo, independentemente de fatores endógenos biopsíquicos, bem como dos fatores exógenos não sociais, tais como o clima, os recursos naturais disponíveis etc. E esta constatação constitui, afinal, um dos pressupostos básicos da Sociologia, independentemente da corrente a que esteja filiado o sociólogo.

WEBER: SIGNIFICADOS, AÇÃO SOCIAL E PODER

Se é bastante clara a concepção durkheimiana de sociedade, através do conceito de consciência coletiva, diferente da consciência individual, o mesmo não acontece com Weber, que se ocupa da delimitação do campo de estudo específico da Sociologia, sem, contudo, nos dar, ao contrário de Durkheim e de Marx, uma conceituação esquemática do que ele entende por sociedade e do que torna possível a organização social. Ao contrário do que acontece com Durkheim e Marx, não há uma teoria geral da sociedade no pensamento de Weber. Esta aparente deficiência resulta do fato de que Weber é, rigorosamente, um *historicista*, ou seja, está antes preocupado com o estudo de situações sociais concretas no que estas apresentam de único, de singular (esta questão será tratada detidamente neste mesmo capítulo). Ao definir o campo de investigação próprio da Sociologia, através do conceito de ação social, Weber estabelece tão-somente os critérios para o estudo dos fenômenos sociais naquilo que tais fenômenos possuem de específico, sem, contudo, abdicar da idéia de que as situações sociais, sendo inevitavelmente históricas, somente podem ser compreendidas como fenômenos singulares, não repetitivos, e que, portanto, não é possível a identificação de regularidades na vida social análogas às que se pode identificar na natureza. Mesmo assim, ao indicar os critérios para a delimitação do campo de investigação próprio da Sociologia, Weber identifica um componente universal e específico da vida social entre os seres humanos e, ao mesmo tempo, fundamental para a organização da sociedade humana: a ação social. Para Weber, a ação social

> *"significa uma ação que, quanto ao sentido visado pelo agente ou os agentes, se refere ao comportamento de outros, orientando-se por este em seu curso".*[10]

Só há, desse modo, ação social quando ela possui um significado atribuído pelos indivíduos e é orientada pelas ações alheias. Por isto, nem toda ação humana é necessariamente social, embora a grande maioria o seja. Como exemplifica Weber, o choque entre dois ciclistas é, em si mesmo, uma ocorrência semelhante a qualquer fenômeno natural, mas passa a ser ação social se existe alguma ação orientada no sentido de evitar o choque, logo, orientada pela ação do outro, algum desentendimento ou algum diálogo amistoso após o choque. A ação social não é apenas expressa através de comportamento externamente observável, mas pode também se expressar pela simples omissão ou permissão. Os outros que servem de referência à ação social não são necessariamente constituídos por indivíduos imediatamente participantes e conhecidos. Os outros podem ser uma multiplicidade de indivíduos desconhecidos pelo sujeito da ação. As ações alheias que orientam a ação social não se limitam, em conseqüência, às ações presentes, mas tanto podem ser passadas quanto supostamente futuras (considerações a respeito do provável comportamento futuro dos outros).[11]

Embora Max Weber considere que "de modo algum a Sociologia tem que ver somente com a 'ação social'",[12] é evidente o peso dessa noção na delimita-

---

10   WEBER, Max. *Economia e sociedade*: fundamentos da sociologia compreensiva. Trad. Regis Barbosa e Karen Elsabe Barbosa. Brasília: Editora Universidade de Brasília, 1991. v. 1, p. 3.

11   Ibidem. p. 13.

ção do campo de estudo da Sociologia, vale dizer, da sua concepção do objeto dessa ciência. Para Weber, a Sociologia é

> *"uma ciência que pretende compreender interpretativamente a ação social e assim explicá-la causalmente em seu curso e seus efeitos".*[13]

Enquanto Durkheim ressalta o caráter objetivo dos fatos sociais, Weber salienta a função da subjetividade no desenvolvimento da ação social, através do significado a ela atribuído pelos indivíduos e da atenção às ações do outro na orientação da ação. Por esta razão, é considerável o papel da compreensão na metodologia defendida por Weber para o estudo científico dos fenômenos sociais. Enquanto para Durkheim a apreensão e a explicação dos fatos sociais somente é possível através da sua observação como coisas, para Weber, a explicação causal das ações sociais reclama a compreensão dos seus significados subjetivamente atribuídos pelos indivíduos. Desse modo, a orientação de Weber é denominada de "compreensiva", por oposição a de Durkheim, denominada de "positivista".

Além do conceito de ação social, outra noção é básica para entender a concepção weberiana do campo de estudo específico da sociologia: o conceito de poder. Para Weber, o poder (conceito ao qual voltaremos no Capítulo 5) perpassa todos os níveis da sociedade, não se limitando ao seu sentido estritamente político nem econômico. Conceituando poder como "a possibilidade de um homem ou de um grupo de homens realizar sua própria vontade numa ação comunal, mesmo contra a resistência de outros que participem da ação",[14] Weber observa que o "poder 'condicionado economicamente' não é, evidentemente, o 'poder como tal'"[15] e que o indivíduo "não luta pelo poder apenas com o fim de enriquecer economicamente", mas que o "poder , inclusive o poder econômico, pode ser valorado por si mesmo".[16]

Levando às últimas conseqüências este conceito, podemos constatar que, para Weber, o poder constitui um bem onipresente na vida social e que a organização social resulta fundamentalmente da sua distribuição desigual. Assim, a sociedade, para Weber, constitui, antes de mais nada, um sistema de poder, pois não apenas nas relações entre classes, ou entre governantes e governados, mas igualmente nas relações cotidianas na família, na empresa, por exemplo, os indivíduos se deparam a todo momento com o fato de que indivíduos ou

---

12 Ibidem. p. 15.

13 Ibidem. p. 3.

14 WEBER, Max. Classe, status, partido. In: VELHO, Otávio Guilherme C. A.; PALMEIRA, Moacir G. S.; BERTELLI, Antonio R. (Org.). *Estrutura de classes e estratificação social*. 5. ed. Rio de Janeiro: Zahar, 1974. p. 61.

15 Idem.

16 Ibidem. p. 62.

conjunto de indivíduos têm maior ou menor possibilidade de impor a sua vontade a outros.

Isto não significa que o conceito weberiano de poder implique a negação ingênua de que algumas categorias sociais detenham muito mais poder do que outras e que, na sociedade de classes, na medida em que o poder *também* deriva da riqueza, a concentração da riqueza tenha como conseqüência a concentração do poder. Admitir o poder como um bem que perpassa as relações sociais em todos os níveis não significa ter de fechar os olhos ao fato inegável de que, em qualquer sociedade, alguns indivíduos detêm a possibilidade de impor a própria vontade a grandes contingentes da população, seja em razão da riqueza, do nascimento ou de qualquer outro fator.

Como poderemos ver mais detidamente (Capítulo 7), em que pese ao fato de serem centrais os conceitos de ação social e poder na concepção weberiana de sociedade, esta concepção não se limita, contudo, a essas noções. Para entender a perspectiva de Weber é imprescindível entender, ainda, a sua conceituação de classe social (diferente da concepção marxista), bem como a diferença entre esta e *estamento* ou *grupo de status*, como tem sido traduzido alternativamente, no Brasil, o termo alemão *Stand*, empregado por Weber. (Estes conceitos são abordados no Capítulo 7.)

De acordo com Weber, poder não é sinônimo de autoridade, de vez que nem toda manifestação de poder, de imposição da própria vontade por um indivíduo, ou um grupo, é aceita em qualquer sociedade como legítima. Somente as manifestações de poder consensualmente aceitas como legítimas na sociedade correspondem à autoridade. Esta, de acordo com seu fundamento, pode ser: (a) *tradicional*; (b) *carismática*; (c) *legal-racional*. O primeiro tipo baseia-se no costume, não sendo registrado em nenhum código legal, como é o caso da autoridade dos pais sobre os filhos (embora, eventualmente, esta possa ser ratificada pela lei promulgada), ou, nas sociedades androcêntricas (machistas ou patriarcais), da autoridade dos maridos sobre as esposas. A autoridade carismática é a que tem como fundamento a crença coletivamente partilhada de que algum indivíduo é dotado de qualidades excepcionais, como foram os casos de Getúlio Vargas, do Padre Cícero do Juazeiro e de Antonio Conselheiro, em Canudos, na Bahia (ver, a propósito, o livro de Euclides da Cunha, *Os sertões*). Note-se que esse tipo de autoridade está antes nos indivíduos que conferem a outro indivíduo o poder de liderar do que naquele que é percebido como líder. Já a autoridade legal-racional fundamenta-se na atribuição formal de poder aos indivíduos por meio da ocupação de determinadas posições sociais, como, por exemplo, a autoridade dos governantes, assim como a dos presidentes, diretores e chefes nas organizações empresariais. Dessa maneira, esse tipo de autoridade somente é exercido pelos indivíduos por esses ocuparem alguma posição que lhes confere poder formalmente legitimado (este tópico será melhor discutido no Capítulo 5). Além dessas formas de autoridade, alguns sociólogos da atualidade referem-se a um quarto tipo: a autoridade baseada no conhecimento especializado, também conhecida como autoridade profissional, como é o caso da chamada tecnoburocracia, cada vez mais poderosa como parte indispensável do aparato do Estado nas sociedades urbano-industriais do presente. Esse tipo de autoridade é o resultado inevitável da progressiva diversificação e elevação do nível de complexidade da divisão do trabalho social, daí decorrendo a necessidade de tratamento crescentemente racional das atividades humanas, conforme argumenta Weber. Note-se, finalmente, que essas formas de autoridade podem ser combinadas eventualmente em um mesmo indivíduo. A autoridade legal-racional, por exemplo, pode ser, em casos raros, reforçada pela autoridade carismática, a exemplo de alguns governantes.

MARX: RELAÇÕES DE PRODUÇÃO E CLASSES SOCIAIS

A concepção de Karl Marx e de seu colaborador Friedrich Engels a respeito da organização social se baseia nas relações de produção:

> *"Na produção social da sua existência, os homens travam relações determinadas, necessárias, independentes de sua vontade; estas relações de produção correspondem a um determinado grau de desenvolvimento das suas forças produtivas materiais. O conjunto dessas relações forma a estrutura econômica da sociedade, a fundação real sobre a qual se levanta um edifício jurídico e político, e a que correspondem formas determinadas da consciência social. O modo de produção de vida material domina em geral o desenvolvimento da vida social, política e intelectual."*[17]

Marx e Engels não ignoram o papel da percepção humana das situações sociais, a saber, da consciência na organização social. Mas, ao contrário de Durkheim, para eles a consciência social não explica as relações sociais, mas ela própria é que precisa ser explicada. Não basta, para Marx e Engels, a constatação de que a consciência social existe. É necessário, para entender as relações sociais entre os homens, saber qual a sua origem. E na sua concepção,

> *"não é a consciência dos homens que determina a sua existência, é, pelo contrário, a sua existência social que determina a sua consciência".*[18]

Enfim, as normas, os valores, os sentimentos, os modos de pensar e de agir em sociedade são um reflexo das relações entre os homens para conseguir os meios necessários à sobrevivência. As relações de produção, que constituem a

---

17 Apud ROCHER, Guy. *Sociologia geral*. Trad. Ana Ravara. Lisboa: Presença, 1971. p. 138, v. 2.

18 Idem.

infra-estrutura da organização social, determinam, para Marx e Engels, a superestrutura representada pelo conjunto de idéias morais, jurídicas, políticas, estéticas e de toda ordem que, dessa maneira, só aparentemente regulam o comportamento dos homens em sociedade. Nesta concepção, a organização social e, conseqüentemente, as formas de comportamento e de convívio entre os homens são, de fato, reguladas pelas relações contraídas entre os homens no processo de produção dos bens necessários à sua existência. As relações de produção entre os homens dependem das suas relações com os meios de produção. Estes compreendem a terra, as máquinas, as ferramentas, as matérias-primas, as fábricas etc. De acordo com essas relações, que podem ser de propriedade ou de não-propriedade, os homens são diferenciados em classes sociais. Os que detêm a posse dos meios de produção podem apropriar-se do trabalho dos que, não possuindo esses meios, só têm mesmo a vender a sua força de trabalho para sobreviver.

A organização da sociedade, de acordo com essa concepção, dependendo da dinâmica das relações de classes portadoras de interesses diferentes e, principalmente, conflitantes, é um sistema em equilíbrio necessariamente precário. A organização social é, do ponto de vista sociológico, tanto um processo quanto um estado da sociedade, mas, podemos dizer que, na concepção marxista, ela é sobretudo encarada como um processo, pois o inevitável conflito, manifesto ou latente, entre as classes sociais é fator de contínua transformação das relações sociais entre os homens. É, portanto, compreensível que, coerente com essa concepção da organização social, a corrente marxista tenha como objeto próprio da Sociologia o estudo das relações de classe.

Fato, Ação e Classe Social: Algumas Convergências e Divergências

Apesar das diferenças entre a concepção de Weber e Durkheim da organização social e, em conseqüência, do campo de estudo próprio da Sociologia, são claras algumas convergências nessas teorias. As concepções de Weber e Durkheim não se repelem, se completam. A objetividade dos fatos sociais, ressaltada por Durkheim, não exclui o papel da subjetividade na condução das ações sociais, enfatizado por Weber. Se, como argumenta Durkheim, para que exista sociedade é necessário "que as consciências estejam associadas",[19] essa associação somente é possível pela comunicação intersubjetiva, ou, usando as palavras de Weber, quando "o sujeito ou sujeitos da ação atribuam-lhe um sentido subjetivo".[20] A subjetividade, enfatizada por Weber, também não exclui a objetivida-

---

19 DURKHEIM, E. Op. cit. p. 96.
20 WEBER, M. Op. cit. p. 4.

de (exterioridade) atribuída por Durkheim aos fatos sociais. Para que os sujeitos da ação social possam orientar o seu comportamento pela conduta do outro e atribuir significados à ação, é necessário que existam "maneiras de agir, de pensar e de sentir dotadas de um poder de coerção em virtude do qual se lhes impõem".[21] A ação social, conforme conceituada por Weber, não exclui a coerção, mas, ao contrário, os significados subjetivamente atribuídos pelos sujeitos se impõem a estes na medida em que, sendo compartilhados coletivamente, isto é, possuindo existência independente dos sujeitos, são capazes de exercer uma pressão externa sobre eles.

Se é possível identificar pontos de contato entre as concepções de Weber e Durkheim, muito dificilmente se podem encontrar áreas de interseção destas concepções com a noção marxista de organização social. Mesmo assim, é conveniente notar que a teoria marxista não põe de lado o papel de consciência na organização das relações sociais. Ao contrário, ressalta a importância do papel da consciência, tanto na conservação das formas estabelecidas de organização social, através da "falsa consciência" (ideologia), quanto na transformação da sociedade, através da "consciência de classe". A diferença substancial está em que, como já observamos, Marx e Engels não se contentam com a mera constatação da existência da consciência social, mas pretendem alcançar a explicação da sua origem, a qual, para eles, está nas relações de produção.

A admissão de que o desenvolvimento da consciência de classe entre as categorias dominadas da sociedade é um fator de transformação social é uma clara evidência da importância atribuída por Marx e Engels aos modos coletivamente estabelecidos de pensar e de sentir no processo de organização das relações sociais, embora, em última instância, esses modos de pensar e de sentir tenham, nessa teoria, origem nas relações de produção. As formas estabelecidas de convívio entre os homens no processo de produção dos bens necessários à sobrevivência determinam formas correspondentes de consciência social, mas estas, por outro lado, tendem a constituir também, quando se agravam as contradições entre os interesses de classe, um fator de transformação da organização social, o que equivale a dizer do próprio sistema de relações de produção. Como afirma Engels:

> *"O desenvolvimento político, jurídico, filosófico, religioso, literário, artístico etc. repousa sobre o desenvolvimento econômico. Agem, porém, todos uns sobre os outros, bem como sobre a base econômica. Isso não ocorre porque a situação econômica o provoque, seja a única ativa, e as demais sejam apenas passivas. Há, ao contrário, uma ação e reação sobre a base da necessidade econômica que se afirma sempre em última instância."*[22]

---

21   DURKHEIM, E. Op. cit. p. 3
22   Apud PIETTRE, André. *Marxismo*. 2. ed. Trad. Paulo Mendes Campos e Waltensir Dutra. Rio de Janeiro: Zahar, 1963. p. 211.

Outro aspecto diferenciador da concepção marxista da organização social em relação à concepção de Durkheim, mais do que a de Weber, é que a consciência social, para Marx e Engels, é necessariamente fragmentária, já que a própria sociedade é inevitavelmente dividida em classes, de acordo com a forma de participação diferencial dos indivíduos no complexo de relações de produção. A consciência das elites detentoras dos meios de produção é diferente da consciência, mesmo quando falsa, das categorias sociais dominadas, já que a cada classe corresponde um modo próprio de perceber e interpretar a sociedade, de acordo com a sua situação no sistema de produção. Já Durkheim se refere à consciência coletiva como uma realidade homogênea, indiferenciada.

Equilíbrio e Conflito: Duas Correntes

Das concepções de Durkheim e de Marx a respeito da organização social nasceram respectivamente duas correntes hoje em disputa na teoria sociológica. De Durkheim derivou-se a chamada "corrente do equilíbrio"; do pensamento de Marx originou-se a "corrente do conflito". A primeira se distingue da segunda por enfatizar os fatores da estabilidade, de manutenção da organização social. Para esta corrente, a sociedade é, antes de mais nada, um sistema de relações que tende à manutenção da ordem estabelecida para a sua organização através do consenso. Para a corrente do conflito, por outro lado, a sociedade é concebida como um sistema em equilíbrio necessariamente precário. De acordo com esta concepção, a organização das relações sociais, compreendendo a heterogeneidade e o conflito de interesses entre as classes, que representam a sua unidade básica, é, antes, uma realidade em contínua e necessária transformação. Para esta concepção, o conflito, e não o consenso, é a característica necessária e fundamental da sociedade.

Na sociedade, contudo, consenso e conflito de interesses coexistem, se alternam e se influenciam mutuamente. A sociedade não é apenas conflito nem só consenso entre indivíduos e grupos. O consenso ou consciência coletiva é, de fato, um componente indispensável à estabilidade das relações sociais. E não há possibilidade de organização social se não houver alguma estabilidade nas relações entre indivíduos, grupos e categorias. É inegável, porém, que, por mais integrado que seja um sistema social, ele abriga, em maior ou menor grau, o conflito, já que não existe sociedade integrada em sentido absoluto.

"Escola de Chicago": Processos e Mundos Sociais

Sem atingir o mesmo nível de sistematização teórica das elaborações de Durkheim, Weber e Marx, as idéias dos sociólogos da chamada "Escola de

Chicago", notadamente Thomas, Znaniecki, Mead, Park, e Burgess, constituem outra concepção do objeto da Sociologia.

A "Escola de Chicago" foi um movimento sociológico que aconteceu na Universidade de Chicago em torno dos anos vinte, liderado por Robert E. Park e caracterizado principalmente pela ênfase na pesquisa de campo sobre os problemas típicos das grandes metrópoles, a partir do estudo intensivo daquela cidade.

A concepção de sociedade da "Escola de Chicago" fundamenta-se em três idéias que a tornam diferente das concepções de sociedade desenvolvidas, respectivamente, por Durkheim, Weber e Marx:

a) a de que indivíduo e sociedade são realidades indissociáveis, não sendo possível estudar um desses elementos sem referência ao outro;

b) a de que a sociedade constitui um complexo sistema para cuja existência e funcionamento concorrem não apenas os fenômenos culturais, mas também os fenômenos naturais, apesar da predominância da cultura, em última instância;

c) a de que a organização das relações sociais reflete-se necessariamente na organização da ocupação do espaço geográfico pelos seres humanos, segundo princípios análogos aos da Ecologia vegetal.

Do primeiro princípio, básico na Sociologia norte-americana anterior e posterior à "Escola de Chicago", decorre a íntima ligação da Sociologia com a Psicologia, naquele país. Neste aspecto, como se pode ver, a concepção do objeto da Sociologia próprio da "Escola de Chicago" é fundamentalmente diversa da concepção do mesmo campo de estudo desenvolvida por Durkheim através do conceito de fato social como nitidamente distinto dos fatos psicológicos. Esta idéia foi bem expressa por um discípulo de Robert E. Park, Donald Pierson:

> *"A impressão, muito generalizada, de que as sociedades são constituídas pela simples soma dos indivíduos que as compõem representa análise superficial dos problemas envolvidos. Por outro lado, dizer que as pessoas são determinadas pela sociedade é análise igualmente superficial. Nem a sociedade nem a pessoa são produto apenas uma da outra. São, por assim dizer, 'irmãos siameses'. Nasceram juntos e só podem funcionar um em relação ao outro. Tanto a pessoa quanto a sociedade surgem, funcionam e se modificam por um processo contínuo de interação entre as pessoas que não apenas compartilham da vida em comum como também são por ela influenciadas."*[23]

---

23 PIERSON, Donald. Op. cit. p. 281.

Daí concluir Pierson:

> "É por isso que as ciências da Psicologia e da Sociologia encontram-se e fundem-se na Psicologia social."[24]

Outra importante conseqüência do mesmo princípio de indissociabilidade do indivíduo em relação à sociedade é o conceito de *self* (do qual nos ocupamos no Capítulo 5), elaborado por George Herbert Mead.

Como se pode ver, as concepções de sociedade de Durkheim e da "Escola de Chicago" implicam respostas diversas a uma questão crucial da Sociologia: a das relações entre indivíduo e sociedade.

O segundo princípio tem como conseqüência a concepção da Sociologia como uma ciência de síntese, buscando uma visão global da sociedade a partir das abordagens de outras disciplinas científicas, tais como, a Economia, a Psicologia e a Biologia.[25] Aqui se vê, mais uma vez, que ao incluir a Biologia, e não apenas a Psicologia, entre as disciplinas nas quais o sociólogo deve buscar os subsídios necessários às suas explicações, a concepção de sociedade e de Sociologia da "Escola de Chicago" afasta-se radicalmente das idéias de Durkheim sobre a mesma questão.

Já o terceiro princípio resultou no que veio a representar a imagem mais difundida da "Escola de Chicago": a Ecologia Humana, como parte fundamental da Sociologia. De fato, é à Ecologia Humana que a "Escola de Chicago" está mais freqüentemente associada, sobretudo através dos trabalhos de Park, Burgess, Roderick Mckenzie e A. B. Holligshead.[26] Com base na Ecologia Humana, os sociólogos da "Escola de Chicago" puderam identificar significativas relações entre a situação dos indivíduos no sistema de estratificação social e a sua localização no espaço físico da cidade, daí formulando o conceito da área natural (área social e culturalmente homogênea em uma cidade).

Quanto à concepção weberiana do campo de estudo da Sociologia, a "Escola de Chicago" dela se aproxima no que diz respeito à importância para a

---

24 Idem.

25 SMITH, Samuel. Introduction. In: PARK, Robert E. (Org.). *An outline of the principles of sociology*. 2. ed. New York: Barnes & Noble, 1940. p. iv.

26 Ver PARK, Robert E.; BURGESS, Ernest W.; McKENZIE, Roderick D. *The city*. Chicago: The University of Chicago Press, 1984 (originalmente publicado em 1925). Quem primeiro e melhor difundiu as idéias da "Escola de Chicago" no Brasil foi Donald Pierson; ver PIERSON, Donald. Op. cit. Em português, o leitor pode ter acesso a textos escolhidos dos mestres da "Escola de Chicago" em: PIERSON, Donald (Org.). *Estudos de ecologia humana*: Leituras de Sociologia e Antropologia Social. 2. ed. São Paulo: Martins, 1970; PIERSON, Donald (Org.). *Estudos de organização social*: leituras de Sociologia e Antropologia Social. 2. ed. São Paulo: Martins, 1971. O grande clássico da "Escola de Chicago" a "Bíblia verde", como era chamado, é: PARK, Robert E.; BURGESS, Ernest W. *Introduction to the science of sociology*. 3. ed. Chicago: The University of Chicago Press, 1969 (originalmente publicado em 1921).

vida social dos significados coletivamente partilhados a respeito das ações humanas, mas, ao mesmo tempo, dela se afasta, pelo seu sistemático desapreço pela história, que ao contrário, é fundamental no trabalho de Weber.

O núcleo teórico da "Escola de Chicago", no entanto, está no conceito de *processo social*. Estudar a sociedade, para os sociólogos filiados àquela corrente, significa, antes de mais nada, estudar seus processos: a interação (processo social geral), o contato (processo social primário), a cooperação, a acomodação, a assimilação, a competição e o conflito (ver Capítulo 9). É, desse modo, compreensível que, enfatizando os processos sociais, aquela corrente termine por conceder pouca ou nenhuma importância à abordagem macroestrutural, ou seja, aos traços gerais que supostamente possibilitam a unidade de uma nação. Para aqueles sociólogos, predominantemente voltados ao estudo dos problemas típicos das grandes metrópoles, as sociedades complexas constituem como que colchas de retalhos compostas de uma multiplicidade de "mundos sociais": o das várias categorias profissionais, o dos desocupados de rua, o dos boêmios da noite, o dos moradores dos cortiços, por exemplo. E é dessa teia de "mundos sociais" heterogêneos, com seus padrões de comportamento, valores, normas e atitudes próprios, que são feitas as complexas sociedades urbano-industriais do presente. Já se vê, portanto, que tanto o conceito durkheimiano de "consciência coletiva" quanto a noção marxista de "consciência de classe", sendo rigorosamente macroestruturais, não podem ter lugar na abordagem da "Escola de Chicago".

INTERACIONISMO SIMBÓLICO

O Interacionismo simbólico representa um autêntico *Turning point*, uma verdadeira revolução na história do pensamento sociológico. Derivada diretamente da Escola de Chicago, segundo seu edificador, Herbert Blumer, representa prolongamento das idéias dos representantes daquela escola: "George Herbert Mead, John Dewey, W. L. Thomas, Robert N. Park, William James, Charles Norton Cooley, Florian Znanieck, James Mark Baldwin, Robert Redfield e Louis Wirth.

Para Blumer, o interacionismo simbólico exclui Max Weber, o que é uma injustiça, de vez que o grande pensador alemão foi um interacionista simbólico *avant la lettre*, com sua concepção de ação social (ver p. 79).

Para Blumer, o

> "*interacionismo simbólico repousa em última análise em três simples premissas [. . .] os seres humanos agem com base nos significados que as coisas têm para elas. Tais coisas incluem tudo o que os seres humanos notam no seu mundo – objetos físicos, tais como árvores ou cadeiras; outros*

seres humanos, tais como amigos ou inimigos; instituições, como uma escola ou um governo; ideais, tais como independência individual, ou encontros individuais na via cotidiana. [. . .] o significado de tais coisas é derivado e surge da interação social que alguém tem com seus companheiros. Esses significados são manipulados através de um processo de interpretação usado pela pessoa ao lidar com as coisas que ela encontra".

Para Blumer não são as normas, não é a cultura, não é a personalidade, não são as estruturas sociais que explicam a vida social. Não são as normas que criam os grupos; são os grupos que criam as normas. Segundo essa concepção, os seres humanos não representam papéis, porém, antes, representam nos papéis. O professor que em meio a sua aula conta uma anedota está chamando a atenção para a distinção entre o papel e a sua pessoa, que continua, ao ver seus gestos e ouvir a sua própria voz (ver Geotge Herbert Mead), manipulando seu papel em função das expectativas de comportamento padronizado dos demais atores sociais.

O interacionismo simbólico não é possível sem uma concepção de sociedade como uma realidade intermental. Jamais esquecer que a sociedade não é uma realidade física, embora esta dependa de condições físicas como condição necessária; a sociedade é antes uma realidade intermental.

Começamos representando a sociedade como o quadrilátero "A":

Figura 3.1

A figura do quadrilátero, como já disse Peter L. Berger, sugere que a sociedade é uma prisão, pois toda sociedade, sendo inevitavelmente normativa, é repressiva, daí a necessidade de meios institucionalizados para o alívio das tensões inevitáveis. Ou antes um teatro, mas um teatro mais próximo de *Comedia de l'arte*, na qual os atores estão continuamente atribuindo novos significados a seus atos.

Os atores *a* e *b* estão na sociedade "A":

Figura 3.2

Por isso, reproduzem em suas mentes a mesma estrutura básica da sua sociedade:

Figura 3.3

Mas preservam um núcelo de singularidade em suas mentes; a singularidade inevitável em toda pessoa humana.

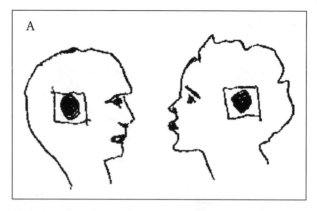

Figura 3.4

Como possuem o mesmo acervo simbólico, podem comunicar-se com fluência:

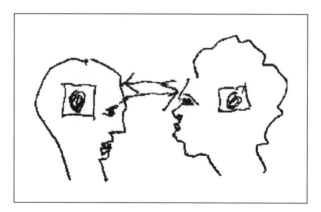

Figura 3.5

Essa comunicação é intermental ou intersubjetiva. Como se pode notar a esta altura, um dos grandes pais do interacionismo simbólico, William I. Thomas, afirma que se os indivíduos definem as situações como reais, elas são reais em suas conseqüências. São, assim, os próprios indivíduos que estão definindo as situações nas quais estão envolvidos.

Podemos distinguir na representação simplificada da sociedade dois campos principais. O primeiro é o campo da realidade objetiva:

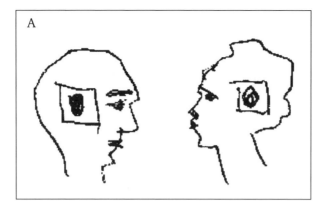

Figura 3.6

O outro campo, o verdadeiro núcelo vivo da sociedade é o campo intermental ou intersubjetivo:

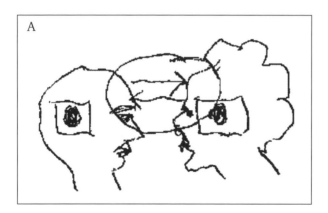

Figura 3.7

É, pois, no nível intermental ou intersubjetivo que toda a interação simbólica se dá.

Críticas ao Conceito de Fato Social

Em que pese ao avanço que o conceito de fato social, como elaborado por Durkheim, representou para a Sociologia à época em que foi formulado, é necessário apontar alguma de suas limitações à luz da Sociologia contemporânea.

A primeira delas está no sistemático descaso pela história que ele representa como concepção do campo de investigação da Sociologia. Como já vimos, toda sociedade é, afinal, uma realidade inevitavelmente histórica, enquanto toda história é, no final de contas, história de alguma sociedade, ou de sociedades em contato. Daí concluir Wright Mills: "Toda Sociologia digna do nome é 'Sociologia histórica'."[27]

Aliada a esta deficiência está a atitude rigorosamente positivista, expressa na idéia de que "os fatos sociais são coisas", ou seja, representam fatos tão objetivos ao sociólogo quanto os fatos naturais o são para o biólogo, o físico, o químico, o cientista da natureza em geral. Como já vimos, o sociólogo, ao contrário do cientista da natureza, não está fora dos fenômenos que estuda, mas, como entendeu Weber, faz parte do próprio objeto de estudo de sua ciência. O sociólogo vive não apenas em sociedade, mas em uma sociedade específica, e as explicações dos fenômenos que ele observa derivam não somente da sua capacidade de perceber objetivamente a realidade à sua volta, mas, em grande medida, da sua participação dos significados compartilhados intersubjetivamente na sociedade que ele estuda. Desse modo, como já observamos, mais do que pura apreensão objetiva dos fenômenos sociais, as explicações do sociólogo resultam, quer ele tenha ou não consciência, de sua compreensão dos fatos dos quais ele, como ser social, participa.

Neste aspecto, a abordagem de Weber, através do conceito de ação social, apresenta possibilidades de captação em profundidade dos fenômenos sociais que a abordagem durkheimiana não possui. Diante de uma sociedade que não seja a sua própria, dificilmente um sociólogo poderá formular explicações para os fenômenos que ele possa observar se não for capaz de compreender, pela participação intermental, os significados das ações que ele estuda.

Outra limitação da concepção durkheimiana do objeto da Sociologia está na supervalorização do todo social em detrimento do indivíduo. Se é inegável que o comportamento individual tem como uma de suas condições mais importantes os fatos que acontecem fora do indivíduo, nas relações sociais à sua volta, não há, por outro lado, como subestimar a importância da experiência subjetiva na vida social. Neste aspecto, e posição dos teóricos da "Escola de Chicago", notadamente George H. Mead, que vêem na sociedade e no indivíduo realidades interdependentes e indissociáveis entre si, parece bem mais compatível com a possibilidade de conhecimento científico da sociedade do que a abordagem durkheimiana. Como bem observou Alex Inkeles:

> "Embora a posição de Durkheim fosse adequada à sua época, é deficiente para a Sociologia contemporânea. Hoje parece claro que a análise so-

---

27 MILLS, C. Wright. *A imaginação sociológica*. 2. ed. Trad. Waltensir Dutra. Rio de Janeiro: Zahar, 1969. p. 159.

ciológica adequada de muitos problemas é impossível ou muito limitada se não fizermos uso explícito de teorias e dados psicológicos."[28]

Criticando a concepção de Sociologia formulada por Durkheim através da delimitação de seu objeto – os fatos sociais – William I. Thomas e Florian Znaniecki defenderam que, ao contrário do que propôs aquele sociólogo, a premissa básica tanto da Sociologia quanto da Psicologia Social é a de que o que provoca um fenômeno social jamais é apenas outro fenômeno social, ou apenas um fenômeno individual, isoladamente, porém é sempre uma combinação de um fenômeno social com um fenômeno individual.[29] Desse modo, a posição de Thomas e Znaniecki constitui, provavelmente, a expressão mais clara da perspectiva pragmática na Sociologia no que diz respeito ao problema da relação entre sociedade e indivíduo, e, portanto, a mais adequada e promissora ao conhecimento científico dos fenômenos sociais como fatos intersubjetivos, e não puramente objetivos, como defendeu Durkheim, de um lado, ou, de outro, estritamente subjetivos, puro desdobramento dos fenômenos da psicologia individual.

Decorrência da supervalorização do todo social em detrimento dos indivíduos, bem como da presumível clareza dos limites entre a Sociologia e a Psicologia, é o equívoco da reificação da sociedade, análoga à reificação da cultura, conforme claramente expressa na idéia de que o fato social apresenta "uma existência própria, independente das manifestações individuais que possa ter" (ver a nota 5 deste capítulo). A noção durkheimiana de "consciência coletiva", o fato social por excelência, como um ser que, resultando da associação e da combinação das consciências individuais, "constitui individualidade psíquica de novo gênero" (ver nota 2 deste capítulo), representa outra evidência inquestionável do equívoco epistemológico da reificação do conceito de sociedade no pensamento de Durkheim.

Tais insuficiências derivam não simplesmente da pretensão de tratar os fenômenos sociais do mesmo modo que o naturalista trata os fenômenos dos quais se ocupa, mas de abordá-los em perspectiva rigorosamente positivista. Como vimos no Capítulo 1, o princípio básico do positivismo é o pressuposto da existência de um limite claramente delimitado entre o observador e os fatos observados. Já a abordagem da "Escola de Chicago" baseia-se no pressuposto de que não é possível identificar fronteiras nítidas entre o indivíduo e a sociedade, de vez que, ao contrário do que ocorre na natureza, não há como entender a vida social sem a existência de idéias e sentimentos partilhados intersubjetivamente. Se não é apropriado à abordagem científica da sociedade reduzi-la à sua dimensão intermental, esta constitui, no entanto, um componente imprescindí-

---

[28] INKELES, Alex. *O que é sociologia?*: uma introdução à disciplina e à profissão. 2. ed. Trad. Dante Moreira Leite. São Paulo: Pioneira, 1969. p. 159.

[29] THOMAS, William I. *On social organization and social personality*. Org. Morris Janowitz. Chicago: The University of Chicago Press, 1966. p. 277.

vel à análise sociológica, já que na vida social os fatos objetivos confundem-se com a experiência intersubjetiva. Como bem expressaram Peter L. Berger e Thomas Luckmann,

> "a relação entre o homem, o produtor, e o mundo social, o produto dele, é e permanece sendo uma relação dialética, isto é, o homem (evidentemente não o homem isolado, mas em coletividade) e seu mundo social atuam reciprocamente um sobre o outro".[30]

Em resumo, podemos concluir com Wright Mills que a Sociologia "trata de problemas de biografia, de história e de seus contatos dentro das estruturas sociais",[31] e que "sem o uso da história e sem o sentido histórico das questões psicológicas, o cientista social não pode, adequadamente, formular os tipos de problemas que devem ser, agora, os pontos cardeais de seus estudos."[32]

HOLISMO *VERSUS* ATOMISMO

Como vimos, tanto Marx quanto Durkheim tomam como ponto de partida, nas suas formulações teóricas, a idéia de que a sociedade e suas instituições predominam necessariamente sobre o indivíduo. Neste aspecto, tanto a concepção durkheimiana quanto a concepção marxista de sociedade e Sociologia vinculam-se à perspectiva holista, em oposição à perspectiva atomista ou individualista, adotada por Weber. Holismo, em Sociologia, é o modo de entender esta ciência como o estudo da sociedade como um todo cujo funcionamento não pode ser explicado a partir dos indivíduos e que, portanto, a análise sociológica deve partir das instituições, e não do comportamento individual. Atomismo, ao contrário, é o ponto de vista de que a vida social somente pode ser adequadamente explicada a partir do indivíduo.

Como vimos, ao entender que "a sociedade não é simples soma de indivíduos",[33] Durkheim caracteriza-se como um adepto de perspectiva holista e, desse modo, descarta toda e qualquer possibilidade de entender os fenômenos sociais a partir do indivíduo. Do mesmo modo que Durkheim, Marx e Engels, quando afirmam que "Na produção social da sua existência, os homens travam relações determinadas, necessárias, *independentes da sua vontade*"[34] (o grifo é nosso), revelam-se, igualmente, adeptos inequívocos da perspectiva holista.

---

30 BERGER, Peter L., LUCKMANN, Thomas. *A construção social da realidade*: tratado de Sociologia do conhecimento. Trad. Floriano de Souza Fernandes. Petrópolis: Vozes, 1973. p. 87.
31 MILLS, C. Wright. Op. cit. p. 156.
32 Ibidem. p. 159.
33 DURKHEIM, Émile. *As regras do método sociológico*. p. 96.
34 Apud ROCHER, Guy. *Sociologia geral*. p. 138. v. 2.

Esta não é a posição de Weber, para quem "A Sociologia interpretativa considera o indivíduo e seu ato como a unidade básica, como seu 'átomo' – se nos permitirem pelo menos uma vez a comparação discutível."[35]

Em face deste dilema, a resposta mais compatível com a complexidade dialética da vida social é a derivada do pensamento de George H. Mead,[36] com base no postulado pragmático de que indivíduo e sociedade constituem realidades indissociáveis entre si, tão bem sintetizada por Berger e Luckmann: "A sociedade é uma realidade objetiva" e o homem "um produto social", mas, ao mesmo tempo, não há como nem por que negar o fato sociologicamente relevante de que a "sociedade é um produto humano".[37] Assim, é "evidente que qualquer análise do mundo social que deixe de lado algum destes três momentos será uma análise distorcida".[38]

REALISMO *VERSUS* NOMINALISMO

A questão da suposta oposição entre a perspectiva atomista e a individualista conduz-nos a outro problema, formulado através das perguntas que se seguem: corresponde o conceito de sociedade a um fato objetivo inequívoco? Ou não será mais do que pura formulação intelectual necessária ao estudo das relações entre os indivíduos, de vez que, em última instância, somente estes é que têm existência real?

Esta questão tem origem no debate entre "realistas" e "nominalistas", ocorrido entre os filósofos europeus dos fins da Idade Média. Para os realistas, os conceitos universais teriam correspondentes reais no mundo objetivo (fora do sujeito), enquanto para os nominalistas tais conceitos não seriam mais do que puras elaborações mentais, nomes (daí a expressão *nominalismo*), instrumentos intelectuais sem os quais não seria possível o conhecimento da realidade.

Transposta para o campo de estudo científico da sociedade humana, esta representa uma questão de inegável importância para a teoria sociológica, pois da filiação do sociólogo a uma dessas duas posições resultam conseqüências significativas ao que se possa entender como o objeto da Sociologia. Ao conceber a consciência coletiva e, portanto, a própria sociedade como "um ser (. . .) que constitui individualidade psíquica de novo gênero", diferente das consciências individuais que deram origem à consciência coletiva, Durkheim revela-se

---

35 WEBER, Max. *Ensaios de sociologia.* (Organização e introdução de Hans H. Gerth e C. Wright Mills.) 2. ed. Trad. Waltensir Dutra. Rio de Janeiro: Zahar, 1971. p. 74.

36 MEAD, George H. *Mind, self, and society from the standpoint of a social behaviorist.* 18. ed. Chicago e Londres: The University of Chicago Press, 1972.

37 BERGER, Peter L., LUCKMANN, Thomas. Op. cit. p. 87.

38 Ibidem. p. 88.

um indisfarçável realista. Para ele, portanto, o conceito de sociedade corresponde a um fenômeno que vai além dos indivíduos, embora estes constituam condição necessária à existência da consciência coletiva (sociedade). O mesmo se pode dizer da concepção materialista-dialética de sociedade, conforme formulada por Marx e Engels. Dessa maneira, tanto Durkheim, apesar de seu idealismo, quanto Marx e Engels, embora materialistas, têm em comum esta característica: fundamentam sua concepção de sociedade em um pressuposto rigorosamente realista.

Para os adeptos da perspectiva nominalista, contudo, o conceito de sociedade não teria um correspondente na realidade objetiva. Para os sociólogos nominalistas, ao contrário das concepções de Durkheim, Marx e Engels, a sociedade é, de fato, *a soma dos indivíduos que a compõem*. O indivíduo, portanto, para esses sociólogos, constitui a única realidade objetiva, concreta, observável. Desse modo, Weber, de acordo com suas palavras ("A Sociologia interpretativa considera o indivíduo e seu ato como a unidade básica"), é o exemplo típico do nominalismo em Sociologia. Sua noção de *tipo ideal* revela de modo inequívoco sua filiação ao nominalismo.

Conforme já vimos, para Weber, os conceitos da ciência não podem ser senão *conceitos de tipo ideal* ou, simplesmente, como se costuma denominar, tipos ideais: conceitos que não encontram correspondentes exatos no mundo empírico. Por exemplo, não existe um capitalismo, como tal, em termos universais; o que existe são expressões nacionais particulares do capitalismo – o capitalismo norte-americano, o capitalismo japonês, o capitalismo brasileiro, cada um marcado por características das quais decorre sua singularidade. Através da identificação dos traços fundamentais desse sistema econômico, podemos formular, no entanto, um conceito que nos permite entender esse fenômeno para além de suas singularidades nacionais, à medida que as várias expressões nacionais do capitalismo se aproximem, ou se afastem daquela formulação intelectual. Os conceitos de tipo ideal são, portanto, instrumentos de simplificação de nossa percepção da realidade, através dos quais podemos explicar o mundo objetivo, apesar de sua aparência inevitavelmente complexa, quando não caótica. Desse modo, os conceitos de tipo ideal pressupõem o postulado (proposição não demonstrável nem evidente por si mesma) de que os conceitos universais não encontram correspondentes na realidade, sendo, assim, conseqüência da perspectiva nominalista na ciência.

Método Funcionalista ou Método Dialético?

A expressão extremada da corrente do equilíbrio é o chamado método funcionalista, ou funcionalismo, como é comumente denominado. Em sua versão radical, conforme elaborada pelo antropólogo Bronislav Malinowski, o funcionalismo parte do pressuposto de que toda sociedade forma um todo composto de partes interdependentes que se completam, de tal modo que, como um organismo, as atividades e instituições sociais não existem por acaso, mas existem porque têm uma função necessária à manutenção do equilíbrio do sistema social. Em sua versão atenuada, de acordo com o sociólogo Robert K. Merton, o funcionalismo admite que nem todas práticas estabelecidas em uma sociedade possuem uma função em relação à manutenção do todo social. Além do mais, segundo essa mesma versão, as atividades e instituições sociais possuem *funções manifestas* (aquelas das quais os indivíduos têm consciência) e *funções latentes* (aquelas que, não estando presentes na consciência dos indivíduos, são, no entanto, as mais importantes para a sociedade). De acordo com esta distinção, a função manifesta do carnaval seria a diversão, enquanto a sua função latente seria possibilitar o alívio das tensões individuais e coletivas decorrentes das frustrações criadas pelas restrições normativas da sociedade, para, desse modo, propiciar a continuidade da obediência às normas por parte dos indivíduos e, em conseqüência, a estabilidade do sistema social. O método funcionalista consiste na identificação das funções das atividades e instituições em relação ao todo de uma sociedade.

A análise funcional tem sido objeto de crítica freqüente por parte dos adeptos da corrente do conflito, notadamente os marxistas. Para estes, os pressupostos da visão funcionalista da sociedade não seriam mais do que pura ideologia, no sentido de visão distorcida da sociedade em razão de interesses de classe disfarçados em teoria científica. Para tais críticos, o único método correto de análise da sociedade seria o método dialético. A idéia de dialética no pensamento marxista consiste no pressuposto de que a essência da sociedade é a transformação e que esta decorre inevitavelmente das contradições inerentes a todo sistema social, principalmente das contradições resultantes das relações de produção e, conseqüentemente, do sistema de classes de uma sociedade. Assim, o chamado método de análise dialética da sociedade consiste na identificação das contradições derivadas dos sistemas econômicos de cada sociedade, em coerência com os princípios básicos da perspectiva marxista.

Uma diferença fundamental entre estas duas abordagens está no fato de que enquanto a análise funcional deixa sistematicamente de lado a história para deter-se apenas nas chamadas *relações sincrônicas* (as que se dão em um dado momento de uma sociedade), a análise dialética fixa-se nas *relações diacrônicas* (as que se dão ao longo do tempo).

Não é exato supor, contudo, que a análise funcional seja necessariamente conservadora e se oponha à abordagem dialética. Conforme observa Florestan Fernandes, "é inegável que o uso da análise funcional na Sociologia Sistemática privilegia a estabilidade da ordem", porém, acrescenta esse sociólogo, "não se pode negar à Ciência Social, entretanto, o interesse de conhecer aspectos da realidade 'sem os quais a sociedade' e a 'vida em sociedade' não poderiam existir".[39] Assim, constatando que "hoje se condena de maneira preconceituosa e dogmática toda espécie de análise funcional", conclui que não é possível "tratar as relações sincrônicas de uma perspectiva dialética".[40] De outro modo, "a análise dialética não é uma tentativa de explicar a transformação da sociedade; é uma tentativa de mistificar".[41]

As constatações de Florestan Fernandes chamam a atenção, mais uma vez, para o fato de que não há como conciliar Sociologia, nem qualquer outra ciência, com dogmatismo de qualquer espécie, e que dogmas e doutrinas só fazem mesmo dificultar a possibilidade de uma visão objetiva da realidade.

NATURALISMO POSITIVISTA E NATURALISMO PRAGMÁTICO

Embora seja bastante freqüente confundir-se positivismo com naturalismo, estas são idéias diferentes.[42] Enquanto o positivismo é definido pela admissão da possibilidade de apreensão dos fatos em seu estado bruto, sem a mediação de idéias prévias (como vimos no Capítulo 1), já o que se usa denominar de naturalismo, como uma orientação sociológica, corresponde à idéia de que é possível a formulação de generalizações universalmente válidas para os fenômenos sociais. Se, por um lado, é verdade que a concepção positivista de Sociologia tende a levar à concepção naturalista desta ciência, por outro lado, nem todo naturalismo é positivista.

Se o naturalismo de Durkheim é claramente positivista, o mesmo não acontece com a espécie de naturalismo da "Escola de Chicago", pelo fato de que esta tem como um de seus postulados fundamentais o princípio do pragmatismo[43] de que não é possível dissociar o que se passa na mente daquilo que acontece no mundo objetivo. Em outras palavras, para o pragmatismo, ao contrário do positivismo, é impossível demarcar os limites entre o que é objetivo e o que é subjetivo. Sendo este um princípio básico da "Escola de Chicago", esta é naturalista, mas não positivista. Deste modo, podemos distinguir dois tipos de naturalismo: um positivista (o de Durkheim) e outro pragmático (o da "Escola de Chicago").

---

39   FERNANDES, Florestan. *A condição de sociólogo*. São Paulo: Hucitec, 1978. p. 106.

40   Ibidem. p. 87.

41   Idem.

42   ABERCROMBIE, Nicholas et al. *The Penguin dictionary of sociology*. Londres: Penguin, 1988. p. 164.

43   Chama-se pragmatismo a corrente filosófica desenvolvida nos Estados Unidos por Charles Sanders Peirce (1839-1914), William James (1845-1910), John Dewey (1859-1952) e o próprio George H. Mead (1863-1931), cujo princípio básico é o de que a veracidade de um conceito depende da sua aplicabilidade à resolução de algum problema prático.

Em que pese a inconsistência da concepção positivista de Sociologia, devemos, contudo, estar alertas para o fato de que se é improvável uma percepção dos fatos isenta de idéias prévias sobre a realidade objetiva, esta constatação não deve servir de pretexto ao sociólogo para que este faça com que as suas idéias sobre a sociedade tenham prioridade sobre a observação dos fenômenos sociais. Quando isto acontece, a Sociologia cede lugar à Filosofia ou à doutrina social.

NATURALISMO *VERSUS* HISTORICISMO

Uma diferença crucial entre as abordagens de Durkheim e de Weber está no fato de que o primeiro é adepto de uma concepção naturalista de Sociologia, enquanto o segundo, como já antecipamos, é um historicista. Na perspectiva naturalista, à Sociologia, para ser ciência, cabe formular generalizações universalmente válidas, do mesmo modo que as ciências da natureza, na medida em que a sociedade compreende regularidades ou padrões passíveis de observação. Já de acordo com a concepção historicista de Sociologia, esta disciplina não pode ter como fim a formulação de generalizações válidas para todas as sociedades, em qualquer tempo e lugar, pelo fato de que as situações sociais, sendo históricas, não se repetem, são únicas. Assim, para os adeptos dessa concepção, ignorar o fato de que nenhuma sociedade e nenhuma situação social são redutíveis a outras significa deixar de lado o que há de distintivo entre os fatos da natureza e os fatos da sociedade humana.

Daí não ser possível a identificação de uma teoria geral da sociedade, mas, apenas, da ação social, nas formulações de Weber. Desse modo, para Weber, a Sociologia é antes uma disciplina auxiliar da História, chegando mesmo a confundir-se com esta, como demonstram os estudos que ele empreendeu sobre um grande número de situações sociais específicas relacionadas com os temas de sua preferência: religião, burocracia e instituições econômicas. Seu conceito de ação social não elimina, portanto, a idéia dominante na sua abordagem: a de que os fenômenos sociais são singulares em decorrência da sua historicidade, não sendo tais fenômenos passíveis de generalizações universalmente válidas, ao modo das ciências do mundo físico. Neste aspecto, Weber e Durkheim são inconciliavelmente opostos. O historicismo de Weber não é senão conseqüência lógica inevitável de seu nominalismo (ver, neste capítulo, a seção "Realismo *versus* nominalismo").

Em que pese a importância da história para a abordagem marxista, esta, contudo, não é historicista, no sentido consagrado do termo, porém, rigorosamente naturalista. A não ser que se entenda historicismo no sentido convencionado pelo filósofo Karl Popper, que entende historicismo como a crença na idéia de que através da história é possível formular leis gerais que permitem a previsão do futuro da sociedade humana. Neste sentido, que não é o usual, a abordagem marxista pode ser considerada historicista. No sentido tradicional da expressão, contudo, esta abordagem é naturalista (apesar de não ser positivista) por pretender a formulação de generalizações (ou leis, como alguns dizem mais ambiciosamente) universalmente válidas, na medida em que vai buscar nos fatores econômicos os determinantes presumivelmente universais da organização e da mudança social.

Examinando este dilema, Gilberto Freyre chegou a uma solução conciliatória. Para ele, o sociólogo não deve pretender voltar-se, ao modo dos cientistas do mundo físico, exclusivamente para a identificação das regularidades universais observáveis da vida social e, a partir daí, à formulação de generalizações sobre a sociedade; nem deve limitar seu interesse apenas ao singular, ao único, na vida social, de acordo com o historicismo radical (que terminaria por levar a Sociologia a confundir-se com a disciplina da História). Como resposta a esta antinomia, Freyre propõe "uma Sociologia mista, ao mesmo tempo interessada no *individual* e no *geral*; na *história* e na *natureza*".[44] Desse modo, esse sociólogo não descarta a importância da identificação de regularidades universais para o conhecimento científico da sociedade, nem nega o alto significado dos fenômenos singulares, históricos, não passíveis de generalização, para a compreensão em profundidade da vida social entre os seres humanos. Observe-se, ainda, que, em sua fomulação, Freyre pretendeu responder a duas questões: a que diz respeito à antinomia holismo *versus* atomismo (individual em oposição a geral) e ao problema de que trata esta seção, revelando-se, desse modo, um pragmático quanto aos pressupostos filosóficos da sua abordagem, à medida que admite que entre o indivíduo e a sociedade não há cisão, porém, em vez disso, continuidade; e que não existe um hiato entre a cultura e a natureza, mas, igualmente, continuidade.

Positivismo *Versus* Intersubjetivismo

Outra diferença fundamental entre as abordagens de Weber e Durkheim está no fato de que o segundo toma como pressuposto da investigação sociológica a idéia de que os fatos sociais (incluindo não apenas as ações, mas também as idéias e os sentimentos humanos) são coisas, isto é, podem ser observados com a mesma objetividade com que o pesquisador dos fenômenos físicos pode estudar os fenômenos com os quais se ocupa. Assim, Durkheim admite uma apreensão imediata dos fatos como eles se apresentam objetivamente, fora do observador, sem a interferência de imagens e conceitos previamente presentes

---

44 FREYRE, Gilberto. *Sociologia*: introdução ao estudo dos seus princípios. 4. ed. Rio de Janeiro: José Olympio, 1967. v. 2, p. 502.

na mente do pesquisador. Sua perspectiva, portanto, é rigorosamente positivista. Segundo o positivismo, como se vê, existe um distinção clara entre o sujeito que observa e a realidade observada. Esta, a característica fundamental do positivismo.

Ao contrário de Durkheim, Weber acentua a intersubjetividade da ação social, ou seja, o fato de que esta requer a partilha intermental dos significados que a norteiam. Deste modo, como antecipamos (ver Capítulo 1), para Weber não é possível a pura *apreensão* dos fatos da sociedade, segundo os mesmos métodos das ciências da natureza, mas, inversamente, o conhecimento científico da sociedade requer a *compreensão*, isto é, a percepção dos significados das ações sociais, através da participação do pesquisador no universo intermental das situações sociais estudadas. Participar não significa necessariamente estar fisicamente presente nas situações sociais estudadas, mas ser capaz de compartilhar os significados norteadores das ações humanas, mesmo em se tratando de situações sociais do passado, desde que existam registros por meio dos quais seja possível chegar à compreensão de tais significados. De outro modo, não poderia Weber ter estudado situações sociais ocorridas em um passado bastante remoto, como, por exemplo, o papel dos mandarins na China da Antigüidade.[45]

Contrário à concepção positivista de Sociologia, Weber entende que o método científico em geral, e não apenas da Sociologia, deve basear-se na construção de conceitos de tipo ideal ou, simplesmente, tipos ideais, como são mais conhecidos, ou seja, conceitos úteis à investigação como representações inevitavelmente simplificadas da realidade objetiva, sem que, portanto, esta, na sua complexidade, corresponda exatamente àqueles conceitos. Como se vê, esta concepção do método científico é rigorosamente inconciliável com a idéia positivista de ciência.

Desta maneira, quaisquer que sejam os pontos de contato entre os conceitos de fato e de ação social, também neste aspecto Weber e Durkheim são inconciliáveis entre si.

Quanto à abordagem marxista, esta se afasta radicalmente do positivismo a partir do postulado básico do materialismo histórico de que a consciência é determinada pela existência concreta dos indivíduos, pelas situações sociais nas quais estes estão inseridos, e não o contrário. Assim, segundo esta corrente, não pode existir um conhecimento puro do mundo objetivo. Ao contrário, todo conhecimento é necessariamente contaminado pela situação social objetiva, notadamente a de classe, dos indivíduos.

Como princípio básico do materialismo histórico, este postulado representa, ao mesmo tempo, a causa de um difícil problema para a própria teoria mar-

---

45 Ver WEBER, Max. Os letrados chineses. In: *Ensaios de Sociologia*. Organizado por Hans H. Gerth e C. Wright Mills. 2. ed. Trad. Waltensir Dutra. Rio de Janeiro: Zahar, 1971. p. 471-501.

xista, pois se todo conhecimento, científico ou não, é necessariamente ideológico, isto é, determinado pelas condições objetivas de existência dos indivíduos em sociedade, resta saber quais os critérios que nos assegurem a possibilidade de correspondência entre as generalizações científicas e a realidade objetiva. Dito de outro modo, sob que condições o nosso conhecimento, sempre determinado pela nossa situação no sistema de produção de uma sociedade, é, ao mesmo tempo, objetivo? Inevitavelmente contaminado pela situação de classe, como pode algum tipo de conhecimento ser confiável? Se o fato de o conhecimento ser determinado pela existência na sociedade representa uma fonte de distorção da realidade (*falsa consciência*), como pode, ao mesmo tempo, a situação objetiva dos indivíduos em sociedade produzir conhecimento confiável?

São questões provocadas pela ciência, mas que escapam à possibilidade de resolução através do método científico. Problemas deste tipo nos mostram o quanto os sociólogos, como os cientistas em geral, pretendendo elaborar explicações diferentes daquelas formuladas pelos filósofos através de procedimentos predominantemente dedutivos, não podem escapar de questões filosóficas, ou, mais precisamente, de problemas epistemológicos que a própria investigação científica inevitavelmente levanta. (*Epistemologia* é a disciplina filosófica que se ocupa da crítica do conhecimento.)

Daí, compreensivelmente, afirmarem Berger e Luckmann que: "A Sociologia deve ser realizada em um contínuo diálogo com a História e a Filosofia, ou perde seu objeto próprio de pesquisa."[46] Estes mesmos problemas nos levam à discussão de outra questão: deriva a organização social de fatores intersubjetivos, das idéias compartilhadas coletivamente, ou resulta de fatores estritamente materiais?

Materialismo ou Idealismo?

Para a perspectiva marxista, como vimos, as formas de organização social e todas as idéias compartilhadas intersubjetivamente, tanto em suas manifestações mais elaboradas – na política, na religião, nas artes, na Filosofia – quanto no plano do senso comum, são, em última instância, puro reflexo das condições materiais, vale dizer, da base econômica da sociedade. Daí a famosa metáfora de Marx, na qual a sociedade é descrita como uma realidade análoga a um edifício cuja parte visível – a *supra-estrutura ideológica* – é constituída das idéias partilhadas coletivamente. Esta supra-estrutura, porém, está erguida sobre a *infra-estrutura econômica*, sem a qual, portanto, o "edifício social" não existiria. Assim, ao cientista social cumpriria buscar entender a parte oculta do "edifício

---

46 BERGER, Peter L.; LUCKMANN, Thomas. Op. cit. p. 247.

social", a sua infra-estrutura econômica, para entender a parte visível, a supra-estrutura ideológica, que, por si mesma, é enganosa.

Para a abordagem durkheimiana, a organização social não é possível sem uma consciência coletiva, a qual, como já vimos, transcende as consciências individuais. A Durkheim não interessa indagar de onde se originam as idéias coletivamente partilhadas, mas, apenas, constatar que elas existem e que sem elas a sociedade não seria possível.

Dessas concepções antagônicas de sociedade nasceu a polêmica entre a abordagem materialista-dialética – a de Marx e Engels – e a abordagem idealista-positivista – a de Durkheim – na Sociologia.

A vida social é muito complexa para caber exclusivamente em qualquer uma destas alternativas teóricas. Persistir nesta polêmica significa repetir uma atitude pouco ou nada científica, somente admissível nos primórdios da Ciência Social. O equívoco da opção exclusiva por qualquer uma destas possibilidades de explicação do social está em reduzir a sociedade a uma única categoria de fatores. É o que se usa denominar *determinismo* ou *reducionismo*. A atitude verdadeiramente científica e, portanto, a Sociologia são inconciliáveis com qualquer tipo de determinismo. A busca de fatores determinantes exclusivos da sociedade – quer no clima, quer na raça, quer no ambiente natural, quer nas relações econômicas, quer em presumíveis características mentais de algum povo – foi uma característica típica da fase pré-científica da Sociologia. Hoje, qualquer sociólogo sabe que, pela sua complexidade, a vida social não pode ser reduzida a uma única categoria de fatores e que a análise multicausal é a mais adequada ao estudo científico da sociedade. As soluções deterministas são próprias das doutrinas sociais anteriores à verdadeira Sociologia como ciência da sociedade.

Foi o que Weber procurou demonstrar em sua crítica ao postulado fundamental do materialismo histórico. Estudando o desenvolvimento histórico do capitalismo moderno, pôde Weber verificar a grande influência (mas não determinação) dos princípios de conduta decorrentes da ética do protestantismo calvinista sobre o processo de formação da burguesia. Como notou Weber, a ênfase da ética calvinista na importância do trabalho como meio de salvação, a rigorosa condenação do consumo de bens supérfluos e a crença na idéia de que o sucesso material representa o principal sinal de que o indivíduo está entre os eleitos de Deus tiveram um papel significativo no processo de acumulação de capital. Daí concluir Weber que este fato demonstra que, em determinadas situações históricas, os fatores ideológicos podem atuar significativamente sobre a infra-estrutura econômica. Com isto, não pretende Weber, por outro lado, que a vida social seja sempre e necessariamente determinada por fatores ditos ideológicos, mas apenas que tanto a infra-estrutura econômica condiciona o universo de crenças, valores e normas de uma sociedade quanto o oposto também pode acontecer: tudo depende das circunstâncias específicas de cada situação social. Portanto, ao criticar o princípio marxista da determinação da ideologia pela infra-estrutura econômica, Weber não defendeu o princípio oposto. Se a posição teórica de Durkheim representa, sem margem alguma para dúvida, o oposto da posição de Marx, Weber é um relativista e, portanto, contrário a qualquer tipo de reducionismo. Esta é a posição mais compatível com o estudo verdadeiramente científico da sociedade. Fora dela, somente as doutrinas sociais reducionistas dos séculos XVIII e XIX, inconciliáveis com o estudo científico da sociedade.

O que a história nos tem mostrado – incluindo a história do século XX – é que na sociedade atuam concomitantemente muitos fatores, não apenas econômicos, mas, igualmente, políticos e religiosos, por exemplo. Representativos desta constatação são, entre outros casos, o papel da religião nas transformações políticas no Irã nos últimos anos, a importância dos padrões tradicionais de organização da família no desenvolvimento peculiar do capitalismo no Japão, o significado das culturas étnicas nas transformações recentes no bloco antes denominado soviético.

Como bem expressou o fundador da Antropologia Cultural, Franz Boas:

"A teoria do determinismo econômico da cultura não é mais adequada que a do determinismo geográfico. É mais atraente porque a vida econômica é uma parte integral da cultura e intimamente relacionada com todas as suas fases, enquanto as condições geográficas constituem sempre um elemento externo. Seguramente, não há razão para denominar todas as fases da cultura como uma supra-estrutura sobre uma base econômica, pois as condições econômicas atuam sempre sobre uma cultura preexistente e dependem, elas mesmas, de outros aspectos da cultura. Não é mais justificável dizer que a estrutura social é determinada pelas formas econômicas do que sustentar o inverso, pois uma estrutura social preexistente há de influir nas condições econômicas e vice-versa, e jamais se observou um povo que não possua estrutura social e não esteja sujeito a condições econômicas. A teoria de que as forças econômicas precederam todas as outras manifestações da vida cultural e exerceram sua influência sobre um grupo sem nenhuma outra característica cultural é insustentável. A vida cultural é sempre economicamente condicionada e a economia é sempre culturalmente condicionada."[47]

---

47 BOAS, Franz. *Cuestiones fundamentales de Antropología Cultural*. Trad. Suzana W. D. Ferdkin. Buenos Aires: Lautaro, 1943. p. 186-187.

QUESTÕES PARA EXERCÍCIO

1. Por que, para Durkheim, nem todo acontecimento humano é um fato social?
2. Em que argumento se baseia Durkheim para afirmar que: "a sociedade não é simples soma de indivíduos"?
3. Quais as características do fato social?
4. Se toda norma partilhada intersubjetivamente é fato social, por que nem todo fato social é norma?
5. Em que os fatos sociais são diferentes dos fatos históricos e como eles se relacionam entre si?
6. Em que, segundo Weber, a ação social é diferente da ação física?
7. Por que Weber denomina de "compreensiva" a sua abordagem?
8. Por que, na abordagem weberiana, o conceito de poder não se limita ao poder político?
9. Em que consiste o conceito weberiano de autoridade e quais os tipos desse fenômeno social?
10. Em que aspectos a abordagem da "Escola de Chicago" é diferente da abordagem durkheimiana?
11. Por que a "Escola de Chicago" pode ser considerada uma perspectiva de síntese?
12. Quais as limitações do conceito de fato social?
13. Qual a diferença entre a abordagem funcionalista e a abordagem dialética?
14. Em que consiste a concepção naturalista de Sociologia?
15. Qual a diferença entre naturalismo e historicismo em Sociologia?
16. Em que consiste a diferença entre a perspectiva holista e a perspectiva atomista em Sociologia?
17. Como é possível distinguir naturalismo positivista de naturalismo pragmático?
18. Em que aspectos a abordagem de Weber se afasta da abordagem de Durkheim?
19. Por que tanto o determinismo materialista (ou economicista) quanto o determinismo idealista são inconciliáveis com uma atitude verdadeiramente científica em relação à sociedade?
20. Em que consiste a argumentação de Franz Boas em sua crítica ao determinismo econômico?

21. Qual a solução de Gilberto Freyre para o debate em torno do dilema naturalismo *versus* historicismo em Sociologia?

22. Qual a posição de William I. Thomas e Florian Znaniecki em relação ao conceito de fato social formulado por Émile Durkheim?

23. Em que consiste a diferença entre a concepção realista e a concepção nominalista de sociedade?

24. Por que podemos afirmar que tanto Durkheim quanto Marx e Engels, apesar de diferenças fundamentais em sua concepção de sociedade, são, no entanto, realistas?

25. Por que podemos afirmar que, ao contrário tanto de Durkheim quanto de Marx e Engels, Weber é um nominalista?

SUGESTÕES DE LEITURA

ARON, Raymond. *As etapas do pensamento sociológico*. Trad. Sérgio Bath. 2. ed. São Paulo: Martins Fontes, 1987. "Karl Marx", p. 129-204; "Durkheim", p. 297-375; "Max Weber", p. 461-557.

CUVILLIER, Armand. *Introdução à sociologia*. Trad. Luiz Damasco Penna e J. B. Damasco Penna. São Paulo: Nacional, 1966. Cap. 3: "A especificidade do social: o ponto de vista propriamente sociológico", p. 41-72.

DURKHEIM, Émile. *As regras do método sociológico*. Trad. Maria Isaura Pereira de Queiroz. 4. ed. São Paulo: Nacional, 1966. Cap. 1: "Que é fato social?", p. 1-12.

MARX, Karl. "A ideologia em geral". In: CARDOSO, Fernando Henrique; IANNI, Octávio (Org.). *Homem e sociedade*: leituras de sociologia geral. 4. ed. São Paulo: Nacional, 1968. p. 304-317.

TIMASHEFF, Nicholas S. *Teoria sociológica*. Trad. Antonio Bulhões. 2. ed. Rio de Janeiro: Zahar, 1965. Cap. 9: "Émile Durkheim", p. 146-161; Cap. 14: "Max Weber", p. 222-248.

VILA NOVA, Sebastião. *Donald Pierson e a escola de Chicago na sociologia brasileira*: entre humanistas e messiânicos. Lisboa: Vega, 1998. Cap. 3: "Chicago e a sociologia nos Estados Unidos" (1883-1935), p. 57-101.

WEBER, Max. *Economia e sociedade*: fundamentos da sociologia compreensiva. Trad. Regis Barbosa e Karen Elsabe Barbosa. Brasília: Editora Universidade de Brasília, 1991. Cap. 1: "Conceitos sociológicos fundamentais", p. 3-35.

4

Controle Social

MEIOS DE CONTROLE SOCIAL: SOCIALIZAÇÃO, PUNIÇÕES E RECOMPENSAS

Controle social é qualquer meio de levar as pessoas a se comportarem de forma socialmente aprovada. Logo, a socialização é o meio básico de controle social, já que é principalmente através da assimilação de valores, crenças e normas que o indivíduo pode comportar-se de modo socialmente aprovado. O controle social é, portanto, eficiente na medida em que os indivíduos não apenas baseiam suas ações no cálculo das recompensas e punições socialmente previstas respectivamente para o cumprimento e a infração das normas sociais, mas também acreditam na legitimidade das regras socialmente impostas. E isto só é possível com a interiorização dos valores e das crenças que fundamentam as normas. Não basta, em outras palavras, o desejo de recompensas nem o medo de punições para que os indivíduos se comportem de maneira socialmente esperada. Punições e recompensas atuam sobre o comportamento do indivíduo na medida em que são dotados de um significado subjetivo para ele. Punições e recompensas somente possuem um sentido para os indivíduos quando partem de grupos com os quais eles se identifiquem e dos quais dependam para satisfazer a necessidade de aceitação social. Essa necessidade, universalmente verificável entre os homens, é a fonte psíquica do desejo de gratificações e do temor de ser punido. É através das reações emocionais favoráveis por parte dos outros que a aceitação grupal se manifesta e se torna real para os indivíduos. Como observa Ralph Linton, "é essa necessidade de reação (...) que fornece ao indivíduo seu principal estímulo para uma conduta socialmente aceitável".[1]

---

1 LINTON, Ralph. *Cultura e personalidade*. Trad. Oscar Mendes. São Paulo: Mestre Jou, 1967. p. 21.

De qualquer modo, gratificações e punições, ou, como se usa denominar em sociologia, sanções positivas e negativas, são os instrumentos universais de controle social, ao lado da socialização. As sanções negativas, em geral mais evidentes que as positivas, tanto podem ser formais e ritualizadas, como as previstas nos códigos legais, quanto informais, como as aplicadas pela própria comunidade através do ostracismo (o "gelo" da linguagem coloquial), do disse-me-disse e de outras formas comunitárias de punição social informal ao comportamento divergente. A socialização e as sanções são, no entanto, instrumentos limitados de controle social. Como lembra Melvin Tumin,

> *"se as normas têm estabilidade e continuidade por causa do processo de socialização e das sanções que impõem conformismo, são também instáveis e descontínuas, em parte porque esse processo e essas sanções nunca atuam perfeitamente, e são sempre desiguais em sua eficiência de família para família, e de uma geração a outra".*[2]

Como quer que seja, é importante enfatizar, sanções positivas, ou negativas, têm maior probabilidade de serem eficientes à medida que as normas às quais se referem estejam associadas a algum significado, de maior ou menor importância para os indivíduos, notadamente aqueles significados partilhados intersubjetivamente.

NORMAS: ALCANCE E APLICAÇÃO

Todo sistema social compreende necessariamente um sistema de símbolos, valores e normas que dá sentido e orienta as ações dos indivíduos na satisfação de suas necessidades. Algumas normas aplicam-se a todos os indivíduos, indiscriminadamente. Estas correspondem aos chamados padrões universais da cultura, segundo a denominação de Ralph Linton.[3] Um grande número, porém, vale apenas para alguns indivíduos de acordo com a sua posição no sistema social total, já que as pessoas possuem obrigações sociais precisamente porque ocupam posições (como veremos detidamente no próximo capítulo). A obrigação, em geral não percebida como tal, de usar os símbolos do mesmo idioma para satisfazer a necessidade de comunicação é aplicável a todos os indivíduos nas sociedades nas quais se fala apenas um idioma, como é o caso do Brasil. Já a obrigação de transmitir os padrões fundamentais de comportamento, assim como as crenças e os valores da sociedade, somente se aplica a algumas catego-

---

2   TUMIN, Melvin M. *Estratificação social*: as formas e funções de desigualdade. Trad. Dante Moreira Leite. São Paulo: Pioneira, 1970. p. 31.

3   LINTON, Ralph. *O homem*: uma introdução à antropologia. 4. ed. Trad. Lavínia Vilela. São Paulo: Martins, 1962. p. 299.

rias de indivíduos, tais como os pais e todos aqueles que ocupam posições de algum modo ligadas à instituição social da educação.

Uma norma válida em determinada situação pode não ser aplicável a uma outra. A obrigação de respeitar a vida do próximo, na maioria das sociedades, se é válida para as situações de paz, não é válida na guerra, quando o indivíduo se depara com o inimigo. Nessa situação, o indivíduo tem não só o direito, mas o dever de eliminar o outro em decorrência do valor social predominante, nessa circunstância, da defesa da pátria. Nas sociedades patriarcais, onde são atribuídos maior prestígio, poder e autoridade aos homens em relação às mulheres, o adultério feminino dá ao homem, mais que o direito, o dever de punir a mulher com a morte (afirmar que esta é uma realidade de fato não significa afirmar que ela seja moralmente legítima). Nessas circunstâncias, o dever de respeitar a vida do próximo não apenas perde a validade, mas passa a valer a norma oposta, já que, nessas sociedades, se o homem não obedece a essa norma – a de punir de forma violenta a infração de uma norma culturalmente percebida como inviolável – ele é passível de punições comunitárias, tais como as expressas pelo sentimento de desonra, mais danosas à sua auto-estima do que as punições prescritas pelos códigos legais.

Normas Explícitas e Implícitas

Alguns princípios de obrigatoriedade são formulados através de normas explícitas, isto é, verbalmente expressas; já outros correspondem a normas implícitas, não formuladas através da palavra. O poder de coerção das normas não depende, no entanto, da sua explicitação verbal. Se isto ocorresse, as normas registradas nos códigos legais seriam necessariamente mais fortes do que as normas comunitárias, isto é, consagradas pelo costume. Uma norma explícita e, mais do que isto, registrada em um código legal pode ter um baixo poder de coerção, como ocorre, por exemplo, com as normas de trânsito, ao menos no Brasil. O poder de coerção de uma norma pode muito bem ser medido pelos sentimentos de culpa que a sua violação desencadeia no transgressor. A existência de um quadro de pessoal burocrático e policial para assegurar o cumprimento das normas legais é uma evidência inequívoca do fato de que a explicitação verbal de uma norma, por si mesma, mesmo na sua forma legal, não é garantia do seu poder de coerção sobre o comportamento dos indivíduos; normas não expressas verbalmente podem ter um alto poder de coerção. Isto acontece precisamente porque as normas implícitas exercem sua pressão sobre os indivíduos através de sentimentos de obrigatoriedade. Muitas vezes agimos de determinada maneira não em cumprimento de alguma norma claramente formulada em termos verbais na nossa consciência, mas impelidos por sentimentos coercitivos de que devemos agir de certo modo e não de outro. Nestes casos, os valores não possuem correspondentes normativos verbalizados. O poder de coerção das normas implícitas tende a ser muito alto precisamente pelo fato de exercerem sua força através de sentimentos de obrigatoriedade muito arraigados na personalidade e dos quais, em geral, os indivíduos não têm consciência muito clara. Isto não quer dizer que às normas explícitas não possam corresponder sentimentos de obrigatoriedade arraigados nos indivíduos, mas que as normas implícitas são registradas na personalidade apenas através desses sentimentos. As normas explícitas de maior poder de coerção são exatamente aquelas que, além de serem registradas a nível consciente na mente dos indivíduos, através de formulações verbais, atuam sobre as pessoas em nível não consciente, por meio de sentimentos de obrigatoriedade. O forte poder coercitivo de algumas normas legais contidas no Código Civil ou no Código Penal, por exemplo, não deriva do caráter legal dessas normas, porém da sua tradição e do seu alto grau de interiorização. A força coercitiva de um princípio normativo como o que proíbe o homicídio deriva não do fato de ele estar registrado no Código Penal e de possuir garantias policiais para o seu cumprimento, mas do fato de esse princípio pertencer à forte tradição ética judaico-cristã presente na nossa cultura. Antes de ser ratificado formalmente em um código legal, ele já estava cristalizado na tradição cultural.

Enquanto as normas explícitas são transmitidas por meio da linguagem verbal, as normas implícitas são passadas de uma geração a outra pelo comportamento padronizado. Percebendo que os adultos à sua volta agem sempre de determinado modo em determinadas situações, a criança termina por desenvolver a idéia e o sentimento correspondentes de que é daquele modo que as pessoas, em situações análogas, *devem* agir. Desse modo, são registradas, sem a mediação dos símbolos verbais, as normas implícitas na mente dos indivíduos.

O Sagrado e o Secular: *Mores* e *Folkways*

Como todos nós podemos observar na nossa própria sociedade, as normas sociais não possuem o mesmo grau de importância para os indivíduos. Se algumas normas são tidas como invioláveis, já outras são vistas como de menor importância e a sua transgressão chega mesmo a ser tolerada. Se para a transgressão de algumas normas são fixadas punições rigorosas, para a violação de outras as penas são leves e pouco danosas ao conforto mental e à situação social objetiva dos indivíduos. Nenhuma norma social é, no entanto, por si mesma mais importante ou mais severa do que outra. Uma norma é mais importante do que outra, em uma sociedade, na medida em que é percebida como tal. Mas é precisamente por serem percebidas como mais importantes que elas, de fato, se tornam mais importantes na sociedade, pois o modo como as pessoas percebem e julgam coletivamente as coisas tende a se refletir na prática das relações sociais, ou, em outras palavras, como já foi observado no Capítulo 2, a sociedade é também e em grande medida aquilo que as pessoas acham que ela é ou deve ser.

Achar que uma norma é inviolável significa, para as pessoas, acreditar que a sua transgressão põe em risco a integração da própria sociedade. Como, por maior que seja a importância atribuída a uma norma, a sua violação é uma possibilidade sempre admitida e temida, para a transgressão de tais normas são reservadas as punições mais severas. Na linguagem da Sociologia, essas normas são denominadas sagradas, desde que William Graham Sumner consagrou essa classificação. Já as normas tidas como de menor importância pelos indivíduos são chamadas seculares, segundo a denominação do mesmo Sumner. Ainda de acordo com esse sociólogo, as normas sagradas são também denominadas de *mores*, enquanto as seculares são chamadas de *folkways*.

As normas de alimentação, excetuando os tabus alimentares, principalmente os religiosos, pertencem ao domínio dos *folkways*. Se uma pessoa decide adotar um regime alimentar contrário às normas culturais de alimentação da sua sociedade, o da macrobiótica, por exemplo, provavelmente não será alvo de punições muito danosas à sua auto-estima. O mesmo não ocorrerá ao judeu ortodoxo que, porventura, viole o tabu que proíbe todos os indivíduos pertencentes a essa categoria social comer carne de porco. Nem ao católico praticante que resolva comer carne na sexta-feira da Paixão. Muito menos o indivíduo que, numa sociedade na qual a família seja institucionalmente monogâmica, viole abertamente o princípio de monogamia será objeto de sanções leves, pois as normas fundamentais de organização das relações na família tendem a ser consideradas sagradas. Por isso, a violação dessas normas tende a ser punida de modo severo e danoso aos sentimentos de auto-estima dos transgressores, embora, nas sociedades do tipo urbano-industrial, com a diminuição do número de funções da família, algumas dessas normas tendam, ao que tudo faz crer, a se tornar progressivamente seculares, ao menos para as subculturas mais próximas do estilo de vida tipicamente urbano.

NORMAS, PADRÕES E EXPECTATIVAS DE COMPORTAMENTO

Na sociedade, normas e padrões de comportamento tendem a estar intimamente associados. Não são, porém, a mesma coisa. A norma é um princípio ideal de obrigatoriedade, expresso verbalmente ou não, e do qual os indivíduos podem estar ou não conscientes. Já os padrões de comportamento são regularidades observáveis de ação associadas a determinadas situações. As normas sociais tendem a se concretizar no comportamento através de ações regulares e, logo, previsíveis (padrões de comportamento). Como já vimos, as normas implícitas são transmitidas através das regularidades percebidas pelos indivíduos no comportamento dos outros. Nem todo padrão de comportamento resulta, no entanto, na interiorização de normas. Algumas regularidades comportamentais, de interesse da Sociologia precisamente por serem originadas de condições sociais, não refletem normas, como é o caso do chamado comportamento anômico (do grego: a + nomos = sem normas), originalmente descrito por Durkheim e, posteriormente, desdobrado por Robert K. Merton, como ainda veremos neste capítulo.

Através da sua concretização em padrões de comportamento, as normas dão origem a expectativas de comportamento, ou seja, formas esperadas de comportamento em virtude da interiorização de regularidades de ação associadas a determinadas situações. Saber, por exemplo, que o outro nos cumprimentará de determinada maneira ao nos encontrar é uma expectativa de comportamento, pois não apenas aguardamos um tipo de ação regular do outro – o cumprimento –, mas associamos essa regularidade a determinada situação – o encontro.

As expectativas de comportamento derivadas das normas, explícitas ou implícitas, constituem as chamadas **expectativas prescritivas** ou **morais**, como no exemplo apresentado. Além das expectativas prescritivas, no entanto, existem as *expectativas preditivas* ou **fatuais**. As expectativas prescritivas dizem respeito ao que os indivíduos **devem** fazer, ao modo como eles **devem** agir; estão, portanto, associadas a **sentimentos de dever-se** decorrentes da interiorização de normas coletivamente partilhadas. Na vida cotidiana, esperamos que as pessoas se vistam de determinada maneira (de acordo com o sexo, a idade e, eventualmente, a profissão que exercem), nos cumprimentem de determinado modo, que, enfim, obedeçam às normas sociais.

Já as expectativas preditivas dizem respeito ao que, de antemão, conhecemos a respeito das pessoas que nos cercam e do modo que elas tendem a comportar-se independentemente das normas sociais. Dizem respeito, portanto, às singularidades e idiossincrasias, ou às peculiaridades de determinadas situações sociais. Por exemplo: um pai espera que seu filho estude o bastante para ter um desempenho satisfatório na escola (expectativa prescritiva), mas sabe, de antemão, que o mais provável é que ele não venha a estudar tanto quanto deveria e, desse modo, venha a ter um mau desempenho nas provas (expectativa preditiva), em razão de alguma peculiaridade de temperamento, ou de algum problema emocional, por exemplo. A autoridade de trânsito espera que uma parte das pessoas que dirigem automóvel em sua jurisdição obedeça aos sinais e às normas de trânsito em geral, de acordo com o código estabelecido com esse objetivo (expectativa prescritiva), mas tem consciência de que outra parte não o fará, por conta de uma deficiente educação nessa área (expectativa preditiva).

Nem sempre, porém, é fácil distinguir, na prática, esses dois tipos de expectativa. No último exemplo, pode ocorrer que as pessoas não obedeçam aos sinais de trânsito não por não estarem devidamente preparadas para dirigir automóvel, mas porque a transgressão de certas normas (como, por exemplo, desrespeitar o sinal vermelho quando não há algum policial nas proximidades) constitui um padrão cultural consolidado, tendo, assim, o poder de coerção de uma norma. Neste caso, estamos diante de um exemplo de conflito entre a norma legal (lei promulgada) e a norma consuetudinária (norma costumeira), que freqüentemente é dotada de maior poder de coerção do que a primeira. A noção comumente exposta através da expressão "todo mundo faz assim" revela a idéia de que, se as pessoas agem de determinado modo, então é assim que **deve ser**, está correto, é normal (de acordo com a norma).

As expectativas de comportamento, tanto as prescritivas quanto as preditivas, são elementos fundamentais no processo subjetivo de definição das situações, no sentido atribuído por William I. Thomas a essa expressão, através de seu célebre teorema (ver Capítulo 2, seção "A dimensão intermental da sociedade"). É predominantemente com base no que esperamos das pessoas com as quais nos relacionamos, quer direta quer indiretamente, assim como no que supomos que os outros esperam de nós que definimos as situações sociais nas quais estamos inseridos em nosso cotidiano. Já se vê, assim, mais uma vez, a importância do teorema de Thomas ("Se os indivíduos definem as situações como reais, elas são reais em suas conseqüências") e, por conseguinte, da dimensão intermental da sociedade humana para a compreensão científica da vida social de nossa espécie.

As expectativas de comportamento também constituem instrumento de controle social. Na medida em que tenho consciência de que o outro, presente ou não, possui certas expectativas sociais de comportamento em relação a mim, se prezo as possíveis reações do outro, minhas ações são controladas pelo outro.

As expectativas de comportamento são ainda um instrumento imprescindível à fluência do convívio social. Graças a elas podemos agir em sociedade com um mínimo de dispêndio da nossa energia mental. Não precisamos raciocinar sobre cada uma das situações com as quais nos deparamos na nossa vida cotidiana, pois a socialização nos permite interiorizar os modelos de comportamento previsível para a maioria das pessoas que nos cercam, de acordo com a posição social de cada uma delas. As expectativas de comportamento nos permitem fazer previsões relativas sobre o comportamento do outro na grande maioria das situações sociais que vivemos no nosso dia-a-dia. Isto ocorre mesmo quando não conhecemos, como uma pessoa singular, o outro com o qual nos relacionamos ou quando o conhecemos de modo superficial, pois, na vida social, somos condicionados pela socialização a perceber as posições do outro e a nos comportarmos de acordo com essas posições. Só quando identificamos a posição social do outro, em uma situação social qualquer, é que podemos ter expectativas de comportamento em relação a ele, fazer previsões a respeito das suas ações prováveis e presumir o que ele espera de mim.

Controle Social, Anomia, Mudança e Contato Cultural

Existem situações generalizadas na sociedade nas quais os indivíduos são privados de orientações normativas consistentes para a sua ação, o senso de identidade grupal decresce, a coesão social é enfraquecida e o controle social, em conseqüência, se torna pouco eficiente. Essas são as chamadas situações de anomia, ou situações anômicas, em que as normas já não possuam, para os indivíduos, um significado que as justifique, em virtude da ausência dos valores aos quais elas estão geralmente associadas. Isto tende a acontecer quando mudanças na prática das relações sociais tornam obsoletos os valores que davam sentido a formas tradicionais de organização social. Em tais situações, as normas tradicionais em vigor, quando preservadas, tendo surgido em um tempo e um sistema de organização social ultrapassados, já não se harmonizam com as novas condições de adaptação sociocultural entre indivíduos, grupos e categorias sociais, isto é, com a prática das relações sociais. Isso ocorre quando o universo de crenças, normas, valores e sentimentos partilhados intersubjetivamente pelos indivíduos estão dissociados dos modos padronizados de agir. Modos de pensar e de sentir – para usar da fórmula de Durkheim para identificação dos fatos sociais –, preservados pela tradição na consciência coletiva, já não se conciliam, nas situações de anomia, com os novos modos de agir impostos pelas transformações nas condições de adaptação social. A anomia, em conseqüência, tanto é uma condição social objetiva quanto uma condição subjetiva,[4] mas é antes um reflexo da primeira sobre os indivíduos.[5] Em outras palavras, a desorganização social característica das situações anômicas se reproduz na personalidade de quem está exposto às contradições próprias dessas circunstâncias. Por esta razão, alguns sociólogos salientam a dimensão subjetiva da anomia, como MacIver, para quem "a anomia é um estado de espírito no qual o senso de coesão social – mola principal da moral – está quebrado ou fatalmente enfraquecido".[6]

As sociedades submetidas a rápidas transformações e as expostas a contatos intensos com a cultura de outras sociedades são mais suscetíveis à anomia. Os contatos intensivos com as culturas de outras sociedades tendem a gerar situações anômicas diferentes, tantos nas suas causas quanto na sua caracterização, do tipo de anomia descrito acima. Nestes casos, as normas, os valores, as crenças e as atitudes importados podem ser inconciliáveis às condições intersubjetivas nas quais os indivíduos foram socializados. Acontece, porém, que as sociedades que se transformam com maior rapidez são precisamente as que es-

---

4 MERTON, Robert K. *Sociologia*: teoria e estrutura. Trad. Miguel Maillet. São Paulo: Mestre Jou, 1970. p. 239.

5 A interpretação, um tanto livre, do conceito durkheimiano de anomia exposta nesta seção, em que pesem a bibliografia citada a respeito e as inevitáveis influências dos autores citados, é de nossa inteira responsabilidade.

6 Apud MERTON, R. K. Op. cit. p. 236.

tão em maior contato com a cultura de outras sociedades, quer diretamente, quer através dos meios de comunicação de massa, pois o contato cultural tem se revelado o mais freqüente fator de mudança social.[7] Desse modo, na situação anômica típica, o conflito não ocorre apenas entre as condições emergentes impostas pela prática das relações sociais e as normas, os valores e as crenças tradicionais, por um lado, mas, também, por outro lado, entre estes e os seus potenciais substitutos modernos importados. Em tais contextos, se torna difícil para o indivíduo orientar suas ações por alguma norma e se sentir como um membro do grupo.

ANOMIA, METAS CULTURAIS E MEIOS INSTITUCIONALIZADOS

Para Robert K. Merton, em sua tentativa de desdobramento do pensamento de Durkheim,[8] a anomia ocorre "quando há uma disjunção aguda entre as normas e metas culturais e as capacidades socialmente estruturadas dos membros do grupo em agir de acordo com as primeiras".[9] Admite, no entanto, que "não se conclui que este seja o único processo que favoreça a condição social da anomia".[10] Este mesmo sociólogo observa que, em todas as culturas e sociedades, dois elementos são de imediata importância como condicionantes do comportamento humano: as metas culturais e os meios institucionalizados. As metas culturais consistem em "objetivos culturalmente definidos, de propósitos e interesses, mantidos como objetivos legítimos para todos, ou para membros diversamente localizados da sociedade".[11] São aqueles objetivos que, mesmo parecendo ao próprio indivíduo como se fossem derivados de motivos absolutamente pessoais, na realidade são culturais e foram transmitidos aos seus portadores pela socialização. O "sucesso na vida" expresso através de bens materiais é um exemplo de meta cultural na nossa sociedade. A busca e a realização dessas metas são, no entanto, socialmente reguladas pelos meios institucionalizados. Para cada meta cultural existem procedimentos permissíveis para a sua busca.[12] Quando uma sociedade estimula a interiorização de determinadas metas culturais, sem proporcionar aos indivíduos condições efetivas de alcan-

---

7 FOSTER, George M. *As culturas tradicionais e o impacto da tecnologia*. Trad. João Távora. Rio de Janeiro e São Paulo: Fundo de Cultura, [s.d.] p. 33 ss.

8 DURKHEIM, Émile. *O suicídio*: estudo de sociologia. Trad. Luz Cary, Margarida Garrido e J. Vasconcelos Esteves. Lisboa: Presença: Martins Fontes, 1973.

9 MERTON, R. K. Op. cit. p. 237.

10 Idem.

11 Ibidem. p. 205.

12 Idem.

çá-las, o comportamento anômico passa a ser uma tendência acentuada, pois os regulamentos ou meios institucionalizados perdem o sentido enquanto prescrições de comportamento legítimo para a busca daquelas metas. Nessas circunstâncias, em lugar da conformidade às normas, passa a predominar a propensão a formas anômicas de comportamento, tais como a inovação, o ritualismo, o retraimento e a rebeldia, de acordo com a consagrada classificação dos modos de adaptação do indivíduo às metas culturais e aos meios institucionalizados. Convencionando o sinal + como significando "aceitação", o sinal – como "rejeição" e o sinal ± como "rejeição de metas culturais e de meios institucionalizados e, ao mesmo tempo, a sua substituição por outras metas culturais e outros meios institucionalizados", Merton propõe a sua tipologia de acordo com o quadro que segue:

TIPOLOGIA DE MODOS DE ADAPTAÇÃO INDIVIDUAL[13]

Modos de adaptação	Metas Culturais	Meios institucionalizados
I. Conformidade	+	+
II. Inovação	+	–
III. Ritualismo	–	+
IV. Retraimento	–	–
V. Rebeldia	±	±

Como se pode inferir, a conformidade é a forma de adaptação "normal" dos indivíduos em sociedades estáveis e altamente organizadas. A inovação correspondente à busca de metas culturais interiorizadas pelos indivíduos através de meios socialmente não permitidos, como, por exemplo, a manutenção de alto padrão de consumo de bens simbólicos – roupas, automóvel, casa etc. – por meio da fraude, do roubo, de dívidas contraídas sem intenção de pagamento etc. O ritualismo é a forma de adaptação pela qual os indivíduos reproduzem mecanicamente as formas de comportamento socialmente aceitas, sem que as metas culturais da sua sociedade representem valores subjetivamente significativos como estímulo ao seu desempenho social, como pode ocorrer com o alto executivo que, tendo perdido o encanto pelas vantagens que a sua posição lhe proporciona, não consegue deixar de cumprir as "regras do jogo", simulando um comportamento que não corresponde às suas atitudes. O retraimento é a forma de adaptação provavelmente menos freqüente, em oposição à conformidade, que é a forma mais comum. O retraimento é o comportamento próprio das pessoas que estão fisicamente na sociedade, mas *não pertencem* à sociedade, por terem renunciado aos objetivos culturais e aos meios institucionalizados para a procura: vagabundos, alcoólatras crônicos, viciados em drogas etc. Final-

---

13 Ibidem. p. 213.

mente, a rebeldia é o modo de adaptação através do qual a insatisfação e a discordância radical em relação às metas culturais e aos meios institucionalizados conduzem os indivíduos não só à rejeição dos objetivos culturais e das normas dominantes da sua sociedade, mas também à proposta de novas metas culturais e de novos meios alternativos para a sua consecução. Um exemplo bem significativo dessa forma de adaptação é o movimento *hippie*, difundido no mundo ocidental a partir da década de sessenta. Mais do que uma subcultura, as normas, os valores, as crenças, as atitudes e os sentimentos característicos do estilo *hippie* de vida constituem uma contracultura, isto é, não apenas uma parte da cultura urbano-burguesa industrial, de algum modo integrada a esta última, porém uma parte que se opõe ao modo de vida dominante nessa cultura.

QUESTÕES PARA EXERCÍCIO

1. Por que a socialização constitui o instrumento básico de controle social?
2. Por que as normas explícitas não são necessariamente mais coercitivas do que as normas implícitas?
3. Qual a diferença entre *folkways* e *mores*?
4. Quais as relações entre normas, padrões e expectativas de comportamento?
5. O que caracteriza as situações de anomia?
6. Que condições favorecem as situações anômicas?
7. De acordo com Merton, qual a importância das metas culturais e dos meios institucionalizados como condicionantes do comportamento humano?
8. Segundo a conceituação de Merton, qual a diferença entre conformidade e ritualismo?
9. De acordo com Merton, em que consiste a diferença entre inovação e rebeldia?
10. Segundo a classificação de Merton, qual a diferença entre ritualismo e retraimento?
11. Que são expectativas de comportamento prescritivas ou morais?
12. Que são expectativas de comportamento preditivas ou fatuais?
13. Que relações podem existir entre expectativas de comportamento prescritivas e expectativas de comportamento preditivas?
14. Qual a relação entre expectativas de comportamento e definições de situação?

SUGESTÕES DE LEITURA

BERRY, David. *Idéias centrais em sociologia*: uma introdução. Trad. Alba Zaluar Guimarães. Rio de Janeiro: Zahar, 1976. Cap. 2: "A ordem moral da vida social", p. 36-55.

BOTTOMORE, T. B. *Introdução à sociologia*. Trad. Waltensir Dutra. 3. ed. Rio de Janeiro: Zahar, 1970. Cap. 12: "Os costumes e a opinião pública", p. 181-188.

CHINOY, Ely. *Sociedade*: uma introdução à sociologia. Trad. Octávio Mendes Cajado. 8. ed. São Paulo: Cultrix, 1982. Cap. 18: "A conformidade e o controle social", p. 625-643.

MERTON, Robert K. *Sociologia*: teoria e estrutura. Trad. Miguel Maillet. São Paulo: Mestre Jou, 1970. Cap. 6: "Estrutura social e anomia", p. 203-234.

SOUTO, Cláudio; SOUTO, Solange. *A explicação sociológica*: uma introdução à sociologia. São Paulo: Editora Pedagógica Universitária, 1985. Cap. 12: "A norma social", p. 229-258.

TÖNNIES, Ferdinand. "Normas sociais: características gerais". In: CARDOSO, Fernando Henrique; IANNI, Octávio (Org.). *Homem e sociedade*: leituras básicas de sociologia geral. 4. ed. São Paulo: Nacional, 1968. p. 92-97.

Parte III

 # O Indivíduo na Sociedade

5

Status e Papel

STATUS: O HOMEM COMO OCUPANTE DE POSIÇÕES

Toda sociedade compreende um sistema de **status** ou posições. **Status** é a localização do indivíduo na hierarquia social, de acordo com a sua participação na distribuição desigual da riqueza, do prestígio e do poder. Quando nos referimos a poder, em Sociologia, não limitamos o significado dessa expressão ao seu sentido estritamente político. O poder político é apenas uma expressão do poder na sociedade. Não é todo o poder. Além da forma ratificada e legitimada de poder pelo Estado, que é o poder político, muitas outras expressões de poder se manifestam em todos os níveis das relações sociais. Onde quer que exista desigualdade de **status**, tende a haver alguma forma de manifestação de poder. A definição mais geral de poder, em Sociologia, é a de Max Weber: "Poder significa toda probabilidade de impor a própria vontade numa relação social, mesmo contra resistências, seja qual for o fundamento dessa probabilidade."[1]

É próprio da condição social do homem ocupar posições com direitos e deveres preestabelecidos independentemente dos indivíduos. Onde quer que esteja o indivíduo na sociedade, ele estará ocupando alguma posição. Se a Sociologia implica uma concepção não só da sociedade, mas também do próprio homem, não é exagero afirmar, como uma das características específicas da nossa condição social que o homem é um animal que ocupa posições. É comum, na linguagem cotidiana, o emprego do termo **status** mais ou menos como si-

---

1 WEBER, Max. *Economia e sociedade:* fundamentos da sociologia compreensiva. Trad. Regis Barbosa e Karen Elsabe Barbosa. Brasília: Universidade de Brasília, 1991. v. 1, p. 33.

nônimo de prestígio, como quando se diz que "fulano tem *status*" porque ocupa alguma posição. Contudo, todas as pessoas ocupam inevitavelmente posições na sociedade, quer sejam superiores ou inferiores. E é neste sentido que, ao contrário do emprego vulgar freqüente desse termo, todas as pessoas têm *status* e não apenas os indivíduos detentores de muito prestígio, riqueza e poder, porque todas as pessoas, estando em sociedade, ocupam necessariamente algum lugar, por sua própria escolha ou não, na hierarquia social. Para a Sociologia, tanto o grande empresário quanto o vendedor ambulante de rua ocupam *status*.

Todo indivíduo ocupa várias posições, quer sucessiva, quer cumulativamente. Um determinado indivíduo ocupará, por exemplo, no seu grupo familiar, o *status* de filho; na universidade, o de estudante de um curso superior; na nação, o de cidadão; na empresa onde trabalha, o de datilógrafo etc. Mas as pessoas mudam de *status*: hoje um indivíduo é solteiro, amanhã será casado; hoje é adolescente, amanhã será adulto; hoje é estudante universitário, amanhã será advogado etc.

Os *status* são fatos sociais, no exato sentido dado por Durkheim a este termo, pois a cada posição corresponde um complexo de "maneiras de agir, de pensar e de sentir exteriores ao indivíduo, dotadas de um poder de coerção em virtude do qual se lhe impõem".[2] Os *status*, embora ocupados pelos indivíduos, existem como uma realidade independente dos seus ocupantes. Compreendendo direitos e deveres, eles são coercitivos, isto é, exercem algum tipo de pressão sobre o comportamento das pessoas que os ocupam. Os indivíduos não são os *status*. Os indivíduos participam da quantidade de riqueza, de prestígio e de poder que os seus *status* lhes proporcionam. Mas riqueza, prestígio e poder pertencem ao *status* e não a quem o ocupa. Se um indivíduo deixa de ocupar uma posição qualquer, deixa de participar do prestígio, do poder e da riqueza socialmente conferidos ao *status*. Prestígio, no entanto, é diferente de estima. O prestígio pertence ao *status*; a estima decorre do desempenho do indivíduo em determinado *status*. Ao *status* de médico, por exemplo, é socialmente concedido certo grau de prestígio. Quem quer que ocupe essa posição desfrutará desse prestígio. Já a estima dependerá do modo pessoal como o indivíduo cumpre os deveres próprios dessa posição.

Status Atribuído e Adquirido

Algumas posições são ocupadas por escolha pessoal, enquanto outras o são involuntariamente. As posições ocupadas em razão de uma opção individual

---

2 DURKHEIM, Émile. *As regras do método sociológico*. 4. ed. Trad. Maria Isaura Pereira de Queiroz. São Paulo: Nacional, 1966. p. 3.

são os chamados **status** adquiridos. As posições ocupadas independentemente da vontade dos indivíduos são os **status** atribuídos. À condição de sexo, por exemplo, corresponde uma forma própria de participação na distribuição social da riqueza, do prestígio e do poder, em cada sociedade. O mesmo acontece em relação à idade. Ser homem ou mulher, adolescente ou adulto, não é somente uma condição biológica, mas também uma condição social. O grau e o tipo de participação na distribuição social da riqueza, do prestígio e do poder conferidos a qualquer pessoa com base no sexo ou na idade não são inerentes a essas condições naturais, porém decorrem, antes de mais nada, da convenção cultural. Se nas sociedades tradicionais tendem a ser altos o prestígio e o poder conferidos às pessoas idosas, já nas sociedades modernas do tipo urbano-industrial, prestígio e poder tendem a diminuir à medida que avança a idade. Homem, mulher, criança, adolescente, adulto e ancião são, portanto, exemplos universais de **status** atribuído. Outras características naturais podem ser tomadas como base à atribuição de **status**, como, entre outras, a cor e a força física. Esta última pode ser, em sociedades tribais, um forte motivo à atribuição de prestígio e de poder. Características orgânicas excepcionais e mesmo patológicas chegam a ser motivo à atribuição social de poder e de prestígio, como acontece com as manifestações de transe e de catalepsia em um grande número de sociedades tribais.[3] Como, a propósito dos *shamans* (curandeiros) da Sibéria, observa a antropóloga Ruth Benedict,

> *"segundo a maneira de ver desses povos, eles (os indivíduos que tiveram alguma experiência de transe ou de catalepsia) são indivíduos que por submissão à vontade dos espíritos se curaram de uma doença grave – uma crise de ataques – e adquiriram por este meio um grande poder sobrenatural e vigor e saúde incomparáveis"*.[4]

Além das características biológicas, os **status** atribuídos podem ainda se basear em características estritamente sociais, como, notadamente, a riqueza e o parentesco.

Se os **status** adquiridos não são uma conseqüência dos **status** originalmente atribuídos às pessoas, as possibilidades de aquisição de novos **status**, tais como os **status** ocupacionais, são bastante condicionados pelos **status** atribuídos com base no sexo, na idade, na cor, no parentesco e na riqueza. Apesar da crescente abertura do mercado de trabalho às mulheres, possibilitando a estas a ocupação de **status** profissionais aos quais antes e convencionalmente apenas os homens tinham acesso, a ocupação de muitas posições profissionais, mesmo nas sociedades predominantemente urbanas, nas quais esse fenômeno é uma tendência progressiva, é feita de modo discriminatório.

---

3 BENEDICT, Ruth. *Padrões de cultura*. Trad. Alberto Candeias. Lisboa: Livros do Brasil, [s.d.]

4 Ibidem. p. 176.

Status Específico, Principal e Geral

Status específico é a denominação para cada uma das posições que o indivíduo ocupa simultaneamene. O número de ***status*** específicos ocupados pelos indivíduos tende a aumentar com a complexidade social. No ambiente social urbano, por exemplo, os indivíduos tendem a ocupar maior número de ***status*** específicos do que nas sociedades tradicionais rurais típicas.

Dentre os ***status*** específicos do indivíduo, um tende a se destacar: o ***status*** principal. ***Status*** principal é aquele que, dentre os ***status*** específicos ocupados pelo indivíduo, lhe dá mais prestígio, poder e riqueza, em dado momento da sua existência. Nas sociedades contemporâneas do tipo urbano-industrial, o ***status*** principal dos indivíduos tende a ser o seu ***status*** ocupacional ou profissional. O ***status*** principal de um indivíduo do sexo masculino, de quarenta anos, que seja engenheiro e casado será, muito provável, o de engenheiro. Já nas sociedades tribais, onde a posição de cada pessoa no sistema de produção corresponde, em geral, à sua condição de sexo e de idade, o ***status*** principal dos indivíduos correspondem, igualmente, a algum dos seus ***status*** atribuídos básicos. Nas sociedades tradicionais aristocráticas, o ***status*** principal das pessoas tende a corresponder ao ***status*** atribuído com base no parentesco. Para algumas pessoas, mesmo no tipo da sociedade a qual pertencemos, o ***status*** atribuído em decorrência da riqueza constitui o seu ***status*** principal. Assim, o ***status*** principal tanto pode ser adquirido quanto atribuído.

A participação dos indivíduos na distribuição social da riqueza, do prestígio e do poder não resulta apenas de um único ***status*** específico isolado, mesmo em se tratando do ***status*** principal. Essa participação e a avaliação social decorrente são conseqüência do peso socialmene atribuído ao conjunto dos ***status*** ocupados pelo indivíduo ou, como se usa denominar em Sociologia, ***status*** geral. ***Status*** geral é a localização do indivíduo na hierarquia social, resultante da combinação das prerrogativas que os seus ***status*** específicos lhe conferem. Se compararmos duas pessoas com a mesma idade, o mesmo estado civil e a mesma profissão, mas diferentes quanto ao sexo, o ***status*** geral de cada uma dessas pessoas será diferente, mesmo se ambas tiverem o mesmo nível de competência profissional, pelo fato de que a sua avaliação social e as prerrogativas conseqüentes serão diversas por conta do peso relativo do ***status*** atribuído com base no sexo.

Papel: O Homem Como Ator Social

A cada ***status*** ocupado pelo indivíduo corresponde um papel social. Papel é o conjunto de expectativas de comportamento padronizado em relação a cada uma das posições (***status***) existentes em uma sociedade,[5] ou, em outras pala-

---
5   Cf. DAHRENDORF, Ralf. *Homo sociologicus*. Trad. Manfredo Berger. Rio de Janeiro: Tempo Brasileiro, 1969. p. 54.

vras, o comportamento esperado dos indivíduos em determinados **status**. O indivíduo desempenha tantos papéis quantos sejam os **status** que ele ocupe. O papel é, portanto, a expressão comportamental do **status**, a sua concretização em ações.

Afirmar que o indivíduo desempenha papéis implica dizer que ele é um ator social. Do mesmo modo que é sociologicamente apropriado afirmar que o homem é um animal que ocupa posições, tem fundamento sociológico dizer que o homem é um ator social. Esta metáfora poderá parecer, à primeira vista, compreender a estranha afirmação de que a hipocrisia é a principal qualidade humana e que o comportamento da nossa espécie não comporta a liberdade. Se atentarmos para o fato evidente de que o homem, através da socialização, é treinado para se comportar de acordo com as exigências culturais das posições que ele ocupa e que, em conseqüência, o seu comportamento é tão variado, quando não contraditório, quanto aquelas exigências, não hesitaremos em admitir que, de fato, a vida social obriga o homem a "representar" em todos os momentos do seu dia-a-dia e que ele chega mesmo, com muita freqüência, a esconder de boa-fé os seus verdadeiros sentimentos e a afetar sentimentos que, de fato, não possui, somente para respeitar as conveniências sociais e atender às expectativas alheias e, desse modo, poder viver normalmente (segundo normas) na sua sociedade: a afetar ostensivamente sentimento de dor no velório de alguém cuja morte realmente não sentiu; a fingir alegria em uma festa que não lhe agrada; a simular seriedade em uma situação que lhe parece cômica etc. É freqüente afirmar, na linguagem do senso comum, que não são dignas de confiança as pessoas que "têm muitas caras", como se diz popularmente. Se "ter muitas caras" significa simplesmente se comportar de modo diferente em diferentes situações, e não ser desleal, esta suposição é destituída de fundamento sociológico porque, precisamente pelo fato de homem ser socializado para se comportar de acordo com as exigências de suas diferentes posições sociais, "ter muitas caras" é uma imposição inevitável do caráter cultural das relações sociais. As exigências próprias de cada uma das posições que o homem ocupa simultaneamente conferem ao comportamento humano uma plasticidade de modo algum verificável em nenhuma outra espécie animal. Mas quando afirmamos que o tipo de vida social próprio do homem o obriga a "ter muitas caras", a representar, esta afirmação não significa que a Sociologia deva ser tomada como uma justificativa ou, muito menos, uma exaltação da falsidade e da impostura. Falsidade, impostura e hipocrisia implicam juízos de valor, e a Sociologia, como ciência que é, não tem o direito de julgar o comportamento, mas apenas de descrevê-lo e explicá-lo. Este exemplo é apenas uma tentativa de demonstrar que as expectativas de comportamento são um meio tão forte de controle social que mesmo o mais sincero e honesto dos homens, vez por outra, é obrigado a afetar sentimentos e até mesmo emoções que, de fato, não possui, somente para atender a essas expectativas e, dessa maneira, obter reações favoráveis por parte do outro.

Quanto à crítica baseada no argumento de que, se o homem é um ator que representa papéis que ele não inventa, no seu comportamento não cabe a liberdade, é preciso explicar que a Sociologia não pode, precisamente por ser ciência, pretender a compreensão de todas as manifestações do comportamento humano. De fato, como observa o mais destacado codificador da teoria dos papéis, Ralf Dahrendorf, "a suposição de que todos os homens se comportam em todas as ocasiões de acordo com seus papéis é demonstravelmente falsa", pois, "uma vez ou outra, todo mundo viola as expectativas associadas com suas posições".[6] A Sociologia pode apenas pretender constatar e tentar explicar aquilo que, no comportamento humano e nas relações sociais, apresenta alguma regularidade, algum padrão. E, na realidade, é possível estudar o comportamento humano e a sociedade porque eles possuem regularidades observáveis. A Sociologia não ignora nem nega a liberdade humana, porém se rende à constatação de que não tem condições de incluí-la no seu âmbito de estudo, pois a liberdade pertence ao domínio do imprevisível, do que, nas ações humanas, não é padronizado. A Sociologia, portanto, não estuda a pessoa no que ela tem de único, mas apenas no que ela tem de padronizado. A noção de papel, que é o principal instrumento teórico-conceitual de que dispõe a Sociologia para o estudo do comportamento humano, não compreende toda a riqueza e complexidade da pessoa.

Cada pessoa é única porque cada personalidade resulta de uma combinação única de experiências. Dessa combinação singular de experiências para cada indivíduo é que deriva o modo pessoal e imprevisível de ser de cada homem. A essa área de imprevisibilidade pertence a liberdade humana. E a ciência não dispõe de meios para estudar o único e o imprevisível; a ciência se limita, ao contrário, ao estudo do que é geral e previsível, enfim, do que se repete.

Nenhuma pessoa, todavia, é absolutamente única. A formação da personalidade compreende experiências que, embora combinadas de modo singular em cada indivíduo, são culturalmente semelhantes às experiências de muitos indivíduos na sociedade. Sem experiências culturais semelhantes na socialização, seria impossível a adaptação da personalidade à sociedade. Dessas experiências culturalmente padronizadas deriva a parte previsível, repetitiva da personalidade humana, a parte social, expressa através do desempenho de papéis, e esta é a parte do comportamento humano que interessa à Sociologia. Podemos, por conseguinte, afirmar que a Sociologia não estuda a pessoa, mas o ator social.[7]

---

6 DAHRENDORF, Ralf. *Ensaios de teoria da sociedade*. Trad. Regina Lúcia M. Morel. Rio de Janeiro e São Paulo: Zahar: Editora da Universidade de São Paulo, 1974. p. 111.

7 A discussão exaustiva da questão das relações entre a pessoa e o papel e das possíveis implicações éticas desse conceito ainda está nos ensaios "Homo sociologicus" e, principalmente, "A sociologia e a natureza humana", de Ralf Dahrendorf. Do primeiro existem duas traduções para o português, uma publicada em forma de livro (ver referência da nota 5) e outra como capítulo do livro *Ensaios de teoria da sociedade* (ver referência da nota 6), que inclui também o segundo ensaio. Ver ainda BERGER, Peter L. *Perspectivas sociológicas*: uma visão humanística. 4. ed. Trad. Donaldson M. Garschagen. Petrópolis: Vozes, 1978. Cap. 6, p. 137-166.

De qualquer modo, a denominação do comportamento esperado dos indivíduos, de acordo com cada uma das suas posições, como papel e a designação de ator aplicada ao homem são metáforas sociológicas, e é desta maneira que devem ser entendidas.

Os papéis sociais podem ser atribuídos ou adquiridos, específicos, principal e geral, do mesmo modo que os **status**, já que resultam destes.

Papel e *Self*

Um elemento subjetivo imprescindível ao desempenho de papéis é o que George Herbert Mead denominou de *self*.[8] Podemos definir o *self* como a capacidade humana, somente desenvolvida pela socialização, de se ver a si próprio através dos olhos alheios ou, simplesmente, de perceber e sentir o próprio ego como objeto, além de sujeito. Quando me relaciono com alguém, posso orientar minhas ações e reações pela maneira como, conscientemente ou não, eu presumo que o outro me vê, ou seja, pela imagem que eu suponho que o outro tem de mim. Esta capacidade, tipicamente humana, não é inata, segundo Mead, porém, aprendida, desenvolvida pela socialização. O processo de formação e desenvolvimento do *self* compreende três fases: a da imitação, a da representação e a do jogo. Na fase da imitação, a criança reproduz padrões que ela percebe no comportamento dos adultos sem que a eles associe um sentido simbólico preciso. Na fase da representação, a criança reproduz conjuntos de padrões de comportamento integrados em papéis associados, em geral, aos outros significativos: pai, mãe, tio etc. Outros significativos são os outros imediatos de cujas reações emocionais favoráveis precisamos. Nesta fase, a criança não incorpora os papéis à sua vida mental, mas, de fato, os representa como algo externo, objetivo. Na fase do jogo, a criança já terá desenvolvido o *self* e, portanto, será capaz de perceber a si mesma através dos outros com os quais se relaciona, ou seja, de se colocar subjetivamente no lugar dos outros nas situações que ela experimenta e de orientar as suas ações por essa capacidade. Com o desenvolvimento da fase do jogo e com o surgimento do *self*, o indivíduo terá igualmente desenvolvido o senso do outro generalizado, imprescindível à representação so-

---

8 Não há tradução para o português, no Brasil, de MEAD, George H. *Mind, self and society from the standpoint of a social behaviorist*. Chicago e Londres: The University of Chicago Press, 1934, do qual existem edições posteriores. Nessa obra está exposta a teoria do *self*. Duas sínteses de bom nível didático podem ser encontradas em língua portuguesa: PIERSON, Donald. *Teoria e pesquisa em Sociologia*. 18. ed. revista. São Paulo: Melhoramentos, 1981, Cap. 20: "O que torna 'humano' o indivíduo", p. 281-298; DAVIS, Kingsley. *A sociedade humana*. Trad. M. P. Moreira Filho. Rio de Janeiro: Fundo de Cultura, 1964, v. 1, p. 246-257. Ver ainda: BERGER, Peter L.; LUCKMANN, Thomas. *A construção social da realidade*: tratado de Sociologia do conhecimento. Trad. Floriano de Souza Fernandes. Petrópolis: Vozes, 1973.

cial. Outro generalizado é o outro não personalizado cujas expectativas de comportamento levamos em conta ao agirmos em sociedade.

Papéis, Grupos e Instituições

Nenhum papel social existe isoladamente. Todo papel social está relacionado a outros papéis, já que as expectativas de comportamento padronizado que definem um dado papel partem necessariamente de pessoas que desempenham papéis complementares em relação ao papel considerado. Só existe o papel de fiel porque existe o de sacerdote; o de filho porque há o de pai; o de professor porque há o de aluno e *vice-versa*. Todo papel, portanto, depende de um certo número de papéis complementares específicos. Nenhum papel está relacionado a qualquer outro papel, muito menos a todos os papéis existentes em uma sociedade, mas apenas a determinados papéis. O papel de pai está associado ao papel de filho, mas, em geral, nada tem a ver, ao menos diretamente, com o papel de aluno ou o de professor, por exemplo, mesmo que o mesmo indivíduo que desempenha o primeiro também desempenhe um desses outros papéis.

Cada um dos complexos de papéis interdependentes pertence a instituições e grupos determinados. O papel de esposa pertence ao mesmo complexo de papéis constituído pela família, tanto como grupo quanto como instituição (o conceito de grupo será analisado no próximo capítulo e o de instituição no Capítulo 8).

As expectativas de comportamento padronizado referentes a dada posição social partem das pessoas que ocupam as demais posições pertencentes a um mesmo complexo: família, escola, empresa, igreja etc. Mas isto nem sempre acontece. Pode ocorrer que um papel seja definido também pelas expectativas de pessoas que ocupam alguma posição em um complexo de papéis externo em relação a alguma instituição ou grupo considerado. As expectativas de comportamento em relação a alguém que ocupe a posição de professora primária partem de algumas pessoas que pertencem ao mesmo grupo, a escola: da diretora e dos alunos, notadamente. Mas, além das expectativas das pessoas que desempenham esses papéis, as expectativas dos pais dos alunos, que não pertencem ao complexo de posições e papéis da escola, são muito importantes para o desempenho efetivo do papel de professora. Este é um exemplo de um caso, não muito comum, no qual o desempenho de um papel é também definido por expectativas derivadas de um papel externo em relação ao complexo de posições ao qual ele pertence.

Do ponto de vista sociológico, as pessoas são portadoras de expectativas de comportamento socialmente padronizado apenas enquanto ocupantes de posições. Tais expectativas aplicam-se às pessoas, como já vimos, apenas enquanto elas, do mesmo modo, ocupam posições. Como professor, tenho expectativas em relação às pessoas que ocupam a posição de aluno precisamente porque ocupo aquela posição. Se deixo de ser professor de determinada turma, já não há por que ter expectativas de comportamento socialmente padronizado em relação às pessoas que pertencem a ela. Se, em um dado contexto de posições, sou professor e, em outro, sou amigo de uma mesma pessoa, nossas expectativas mútuas de comportamento tendem a diferir de um contexto para o outro, mesmo admitindo que esses papéis se contaminam reciprocamente (como veremos na próxima secção deste capítulo, ao analisar o conceito de conflito de papel).

Conflitos de Papel

As expectativas de comportamento referentes a determinada posição nem sempre se harmonizam entre si. Muitas vezes, essas expectativas são contraditórias. A direção da escola pode esperar que a professora seja liberal, tolerante e nada repressiva no seu relacionamento com os alunos, enquanto um número predominante de pais influentes esperam que ela seja enérgica e autoritária. Neste caso, a professora estará submetida a um conflito dentro do papel (*intra-role-conflict*). Conflito dentro do papel é o que resulta da contradição entre expectativas referentes a uma mesma posição.

Pode também acontecer que as expectativas referentes a duas ou mais posições ocupadas por um mesmo indivíduo sejam incompatíveis. Como dona de casa, esposa e mãe, uma mulher estará submetida às expectativas referentes ao cuidado com a casa, à gestão dos negócios domésticos, ao cuidado com os filhos etc., enquanto como aluna de um curso universitário, terá de se dedicar aos estudos e tarefas escolares, estar presente com pontualidade e assiduidade às aulas, entre outras expectativas. O atendimento aos dois feixes de expectativas poderá com muita probabilidade ser bastante dificultado pela própria escassez de tempo e de energia disponíveis para tal. Neste caso, esta pessoa estará submetida a um conflito entre papéis (*inter-role-conflict*). Conflito entre papéis é o que resulta da contradição entre expectativas referentes a duas ou mais posições ocupadas por um mesmo indivíduo. No exemplo dado, se a pessoa atende adequadamente às expectativas de comportamento referentes à posição de dona de casa, deixará de desempenhar de modo conveniente o papel de estudante de curso superior e vice-versa. Outros conflitos mais graves entre papéis existem na nossa sociedade, como, por exemplo, o do indivíduo que, na sua vida profissional, deva ser individualista e competitivo, mas, como cristão, deva ser altruísta e cooperativo, segundo as expectativas respectivamente referentes aos dois domínios de relações sociais.

Quando ocorre um conflito, quer seja dentro do papel, quer seja entre papéis, a sua resolução tende a ser feita com base na consideração, consciente ou não, por parte do ator social a ele submetido, do peso relativo das punições previstas para o não-atendimento das expectativas de cuja contradição deriva o conflito. As expectativas para cuja transgressão são previstas sanções negativas mais pesadas tendem a prevalecer sobre as outras na resolução dos conflitos de papel. Entre ser um bom aluno em um curso noturno, correndo o risco de perder o emprego, ou ser um bom funcionário em detrimento do bom desempenho como estudante, um indivíduo submetido a esse conflito entre papéis muito provavelmente se inclinará a realizar a segunda alternativa, já que, em casos como este, as punições financeiras tendem a ser mais pesadas do que as que afetam apenas a auto-estima das pessoas.

Papéis, Expectativas e Normas

As expectativas de comportamento, em última instância, se reduzem a normas, o que equivale a dizer que elas funcionam como direitos e deveres para os atores sociais. As expectativas de comportamento do aluno em relação ao professor são, ao mesmo tempo, deveres para o professor e direitos para o aluno; inversamente, as expectativas de comportamento do professor em relação ao aluno são deveres para o aluno e direitos para o professor. Dito de outro modo, não é de modo abstrato que os indivíduos obedecem às normas de sociedade, mas, necessariamente, através da ocupação de posições e do conseqüente desempenho de papéis. Ocupando posições é que o homem usufrui de direitos e contrai deveres, os quais se manifestam através de expectativas de comportamento padronizado.

Status, Papel, Grupo e Categoria Social

É bastante generalizada na Sociologia a idéia de que os indivíduos ocupam tantas posições quantos sejam os grupos dos quais eles participem, o que equivale a dizer que desempenham um igual número de papéis.[9] Esta generalização merece, no entanto, uma análise mais detida. Alguns fatos indicam que os indivíduos ocupam posições e desempenham papéis em número superior ao dos grupos aos quais pertencem. Os **status** atribuídos de homem ou de mulher, por exemplo, não correspondem a nenhum grupo, em sentido sociologicamente estrito, ao qual pertençam os indivíduos, mas a uma categoria social, a de homem ou a de mulher (o conceito de categoria social será estudado no próximo capítulo). Não se pode dizer, em sentido rigorosamente sociológico, que uma

---

9 Cf. FICHTER, Joseph H. *Sociologia*. Trad. Hebe Guimarães Leme. São Paulo: Editora Pedagógica e Universitária, 1975.

pessoa pertença ao grupo constituído por todas as mulheres na sua sociedade, porém, que pertence à categoria das mulheres, o que, sociologicamente, é bastante diferente. O mesmo se pode afirmar com relação aos **status** atribuídos com base na idade. Este fato, repita-se, nos leva à conclusão clara de que as pessoas tendem a ocupar mais posições e, em conseqüência, desempenhar mais papéis do que o número dos grupos dos quais participam (a compreensão desta idéia ficará provavelmente mais clara com a compreensão dos conceitos de grupo e de categoria social, analisados no Capítulo 6).

QUESTÕES PARA EXERCÍCIO

1. Por que é sociologicamente apropriado afirmar que o homem é um animal que ocupa posições em uma hierarquia culturalmente convencionada?
2. Qual a diferença entre *status* atribuído e status adquirido?
3. Quais os critérios universais para a atribuição de *status*?
4. Por que o *status* principal tanto pode ser atribuído quanto adquirido?
5. Qual a relação entre *status* e papel social?
6. Por que é pertinente afirmar que a Sociologia se interessa antes pelo ator social do que pela pessoa?
7. De que modo os papéis sociais condicionam o comportamento humano?
8. Qual a relação entre papel e *self*?
9. Qual a diferença entre conflito dentro do papel e conflito entre papéis?
10. Quais as relações entre papéis, expectativas de comportamento e normas?

SUGESTÕES DE LEITURA

BERRY, David. *Idéias centrais em sociologia*: uma introdução. Trad. Alba Zaluar Guimarães. Rio de Janeiro: Zahar, 1976. Cap. 4: "Desempenho de papéis", p. 77-107.

DAHRENDORF, Ralf. *Homo sociologicus*: ensaio sobre a história, o significado e a crítica da categoria de papel social. Trad. Manfredo Berger. Rio de Janeiro: Tempo Brasileiro, 1969, p. 35-115; ou, do mesmo autor: *Ensaios de teoria da sociedade*. Trad. Regina Lúcia M. Morel. Rio de Janeiro, São Paulo: Zahar: Edusp, 1974. Cap. 2: "Homo sociologicus", p. 107-126.

FICHTER, Joseph H. *Sociologia*. Trad. Hebe Guimarães Leme. São Paulo: Herder, 1967. Cap. 2: "Status social", p. 59-71; Cap. 9: "Papel social", p. 243-256.

MENDRAS, Henri. *Princípios de sociologia*. Trad. Patrick Davos. Rio de Janeiro: Zahar, 1969. Cap. 4: "Posição, papel e 'status'", p. 88-103.

PIERSON, Donald. *Teoria e pesquisa em sociologia*. 18. ed. São Paulo: Melhoramentos, 1981. Cap. 20: "O que torna 'humano' o indivíduo", p. 281-298.

6

 Grupos, Agregados e Categorias

Grupos, Agregados e Categorias Como Meios de Participação Social

A participação dos indivíduos na sociedade não se processa sem intermediações, de forma imediata, porém, ao contrário, se faz através das posições que ele ocupa, dos papéis que ele desempenha, dos grupos e dos agregados dos quais participa, das categorias, das camadas e das subculturas às quais pertence. Todo o processo de socialização é feito precisamente no sentido de preparar o indivíduo não simplesmente para participar da sociedade, mas, necessariamente, para dela participar através dessas unidades sociais. Sem elas, a participação social não seria possível. O indivíduo não é socializado apenas para viver em sociedade, porém, de modo mais preciso, para ocupar posições, desempenhar papéis, viver em determinados grupos, tomar parte em agregados e participar de categorias, camadas e subculturas específicas.

Grupos: Suas Características

Um grupo, do ponto de vista da Sociologia, não é simplesmente um conjunto de indivíduos. Indivíduos em contato são uma condição necessária, mas não suficiente à formação e à caracterização dos grupos sociais. Objetivos e interesses comuns também não bastam. Os grupos sociais existem quando em determinado conjunto de pessoas existem relações estáveis, em razão de objetivos e interesses comuns, assim como sentimentos de identidade grupal desenvolvidos através do contato contínuo. Indivíduos em contato contínuo, objetivos e interesses comuns são, portanto, condições necessárias à formação dos grupos. Estabilidade nas relações interpessoais e sentimentos partilhados de pertencer a uma mesma unidade social são as condições suficientes. Quando algumas pessoas estão associadas de modo estável entre si e partilham tais sentimentos, o grupo, como uma unidade social, existe, mesmo quando, momentaneamente, os seus componentes individuais não estejam fisicamente próximos uns dos outros. O grupo, portanto, é, sobretudo, uma realidade intermental. Se, por algumas horas, dias ou semanas, os indivíduos que formam a turma de um curso se separam fisicamente, a permanência da consciência de que o grupo existe como uma unidade social distinta e os sentimentos de pertencer a ele fazem com que o grupo tenha continuidade.

Grupo de Participação e de Não-participação

Do mesmo modo que as nossas ações em sociedade são orientadas pelas posições que ocupamos, os grupos também constituem uma importante referência para os nossos atos. Não temos apenas consciência e sentimentos de pertencer a alguns grupos na nossa sociedade, mas, também, de não pertencer a outros. Nossas atitudes e nosso comportamento em relação às pessoas que identificamos como pertencendo aos mesmos grupos dos quais participamos tendem a ser substancialmente diversos das nossas predisposições mentais e ações em relação a quem pertence a outros grupos. O período de observação e provação a que universalmente são submetidos os "novatos" em qualquer grupo é uma evidência de importância dessa discriminação na orientação do nosso comportamento. Daí a importância dos conceitos de grupo de participação e de não-participação para a análise sociológica do comportamento humano. O primeiro tipo, aquele com o qual o indivíduo se identifica e ao qual sente efetivamente pertencer em razão do convívio contínuo, tem sido, na literatura sociológica de língua portuguesa, também denominado de "nosso grupo"; o segundo tipo tem sido chamado, na mesma literatura, de "grupo fora" e "extragrupo", como traduções das expressões inglesas *we-group* e *in-group*, para o primeiro tipo, e *other-group* e *out-group*, para o segundo, de acordo com a classificação de William Graham Sumner.

Grupos de Referência

Vários são os elementos de que nos valemos como referência para nossas ações cotidianas na sociedade. Além do **status** que ocupamos e dos papéis que desempenhamos, assim como do **status** e dos papéis dos outros que nos rodeiam, os grupos representam, igualmente, referências imprescindíveis ao comportamento humano. Daí o conceito de **grupo de referência**. Grupos de referência, como a expressão denota, são aqueles que norteiam nossa experiência social.

Os grupos de referência podem ser: **normativos**, aqueles cujas expectativas prescritivas orientam nossas ações; e **comparativos**, aqueles que nos servem como parâmetro para avaliar nossa situação na sociedade. O médico que dirige o hospital em uma pequena cidade interiorana, por exemplo, poderá ter uma auto-imagem satisfatoriamente positiva se tiver como grupo de referência profissional os outros médicos de sua própria comunidade; mas poderá ter uma auto-imagem desconfortavelmente negativa se tomar como grupo de referência os médicos bem-sucedidos das grandes cidades de seu país. O operário qualificado, mais bem remunerado do que os não qualificados, poderá ter uma avaliação positiva de sua situação social se adotar como grupo de referência os operários de sua cidade ou de seu país, mas poderá sentir-se frustrado se tomar como grupo de referência outros profissionais, de nível superior, os quais, mesmo que não tenham remuneração tão mais elevada do que a sua, desfrutem de mais prestígio social.

Da auto-avaliação da situação social com base nos grupos de referência comparativos decorrem os sentimentos de **privação relativa**. Sentimentos de privação relativa são aqueles derivada impressão, por parte dos indivíduos, de que não estão recebendo da sociedade aquilo a que têm direito, em termos de riqueza, prestígio, ou poder. Diz-se que a privação é relativa precisamente por depender dos grupos de referência que os indivíduos tomem como parâmetro para avaliar sua situação na sociedade, conforme ilustram os exemplos apresentados.

Os grupos de referência podem, ainda, ser classificados como **positivos**, ou **negativos**. Grupos de referência positivos são aqueles a cujas expectativas de comportamento os indivíduos procuram atender; enquanto os grupos de referência negativos são aqueles a cujas expectativas de comportamento as pessoas procuram opor-se.

É compreensível que os grupos de referência positivos de um indivíduo razoavelmente integrado na sua sociedade sejam precisamente os seus grupos de participação. É fato óbvio que os indivíduos dependam emocionalmente das respostas favoráveis dos membros dos seus próprios grupos – família, empresa, amigos etc. – ao seu comportamento. Muitas vezes, no entanto, os indivíduos vão tomar as referências positivas ao seu comportamento em grupos aos quais não pertecem. O adolescente que se identifica com um grupo de rapazes mais velhos do que ele, ao qual não pertence, de sua rua, provavelmente tudo fará para se comportar como se efetivamente já pertencesse a ele. Assim, terá como grupo de referência positivo um grupo do qual não participa de fato e conseqüentemente fará, mesmo sem ter consciência do sentido das suas ações, por onde atender às expectativas desse grupo, como se a ele já pertencesse, no seu comportamento, nas suas opiniões etc. Esse tipo de comportamento, muito freqüente nas sociedades complexas, tem a função de possibilitar a socialização prévia ou antecipatória necessária à admissão em novos grupos, como argumenta Merton, pois, se os indivíduos "se investem dos valores de um extragrupo ao qual aspiram, encontram mais pronta aceitação por aquele grupo e se ajustam mais facilmente ao mesmo".[1]

Do mesmo modo, é notório que os grupos de referência negativos dos indivíduos sejam predominantemente os seus grupos de não-participação, sobretudo se estes são percebidos como uma ameaça a algum dos seus grupos de participação. Mas é também freqüente que as pessoas tenham nos próprios grupos de participação as referências negativas ao seu comportamento. O mesmo adolescente do exemplo anterior muito provavelmente não somente fará por onde atender às expectativas do grupo de rapazes da sua rua ao qual não pertence, mas, também, tentará não corresponder às expectativas da sua família, se estas forem conflitantes com as do primeiro grupo. Neste caso, a família, que é grupo de participação do adolescente, terá, para ele, se transformado em grupo de referência negativo.

Estas situações, nas quais os indivíduos orientam seu comportamento pelas expectativas de grupos dos quais não participam, ou procuram negar, através dos seus atos, as expectativas dos seus próprios grupos, tendem a ser transitórias, pois são, em geral, bastante desconfortáveis à vida mental, pelo inevitável conflito que elas representam para os indivíduos. Para as pessoas razoavelmente integradas na sociedade, o comum é que os grupos de referência positivos correspondam aos seus grupos de participação. É nas sociedades complexas, nas quais as possibilidades de os indivíduos mudarem de grupo são maiores, que a não-correspondência dos grupos de referência positivos em relação aos grupos de participação tende a ocorrer com mais freqüência. Já nas sociedades tradicionais e simples, o comportamento orientado por grupos de referência ao qual as pessoas não pertencem tende a ser raro.

Vale chamar a atenção para a notória relação entre os grupos que os indivíduos adotam como parâmetro para avaliar sua situação na sociedade, ou como referência normativa – positiva, ou negativa – para suas decisões e o modo como definem as situações por eles vividas, no sentido definido por William I. Thomas. Vê-se, assim, mais uma vez, a importância central do conceito de definição da situação social (ver Capítulo 2, seção "A dimensão intermental da sociedade"), ou seja, do teorema de Thomas como instrumento de análise, compreensão e explicação científica das relações entre os seres humanos.

Na Sociologia, muitas vezes a expressão "grupo de referência" é empregada com o sentido de "categoria de referência". Quando o indivíduo orienta o

---

1 MERTON, Robert K. *Sociologia*: teoria e estrutura. Trad. Miguel Maillet. São Paulo: Mestre Jou, 1970. p. 347.

seu comportamento pelas expectativas de todas as pessoas que pertencem, por exemplo, a determinada religião, está se comportando de acordo com uma categoria social e não um grupo. Já se o indivíduo se comporta em conformidade com as expectativas dos membros de uma congregação religiosa à qual pertence, aí se trata de grupo de referência (o conceito de categoria social é analisado neste mesmo capítulo). Ralf Dahrendorf, ampliando a noção de grupo, acha que "entre todos os grupos de referência sob cujo âmbito de influência nos encontramos como portadores de posições sociais, é de interesse especial a sociedade global com seu sistema jurídico".[2]

GRUPOS PRIMÁRIOS E SECUNDÁRIOS

Apesar das características comuns a todos os grupos sociais, eles comportam algumas diferenças significativas. São realidades sociais bastante diversas, por exemplo, a família a qual pertencemos e a empresa na qual trabalhamos, como diversos são os nossos sentimentos em relação a um ou a outro desses dois grupos. O primeiro é um exemplo de grupo primário. O segundo pertence ao tipo classificado como grupo secundário. Esta classificação é usualmente atribuída ao sociólogo norte-americano Charles Cooley, embora, de fato, ele não seja o seu autor. A ele pertence a identificação e a descrição dos grupos primários, depois desdobrada por outros nessa classificação.

Grupos primários e secundários se diferenciam pelas condições físicas de sua existência e pelo tipo de relação social predominante entre os seus membros. As condições físicas necessárias à formação dos grupos primários são: *a*) exigüidade; *b*) proximidade entre os seus componentes; e *c*) permanência das relações. Dito de outro modo, o grupo primário, do ponto de vista físico, é composto de um pequeno número de pessoas, e, entre elas, os contatos são muito freqüentes, o que possibilita maior proximidade entre elas e maior permanência nas suas relações. As relações sociais nos grupos primários se caracterizam pela intimidade, informalidade e espontaneidade. Neles as características de cada indivíduo como pessoa prevalecem sobre as exigências sociais próprias das suas posições.

Uma outra característica – talvez a mais importante – dos grupos primários está no fato de que as relações entre seus componentes individuais constituem o próprio fim do grupo e não um meio para alcançar algum outro objetivo. O objetivo fundamental de um casal de namorados, que é um exemplo típico de grupo primário, é o próprio relacionamento entre os namorados. Tudo o mais, o próprio casamento inclusive, não passa de meio para concretizar esse fim.

---

2 DAHRENDORF, Ralf. *Homo sociologicus*. Trad. Manfredo Berger. Rio de Janeiro: Tempo Brasileiro, 1969. p. 72.

Quando, após o casamento, passam a constituir uma família, o relacionamento entre os esposos e os filhos continuará sendo o objetivo fundamental do grupo. Adquirir uma casa, dar uma boa educação aos filhos, por exemplo, são metas que, embora de modo nem sempre claramente consciente, visam à concretização do mesmo fim: o relacionamento entre os membros do grupo familial. E se esse objetivo cede lugar a algum outro, se as relações entre os membros do grupo familial se transformam em meio para alcançar outros fins, inevitavelmente, o grupo deixará de ser primário e, por conseguinte, diminuirá o seu nível de coesão. O mesmo pode-se dizer de um grupo de amigos.

Os grupos secundários são precisamente o oposto dos grupos denominados primários, quer no que se refere às condições físicas, quer no que diz respeito ao tipo de relação social predominante entre os seus componentes. Ao contrário dos grupos primários, os grupos secundários são compostos de um grande número de participantes, os quais não estão todos necessariamente próximos, do ponto de vista físico, entre si. Ademais, como o contato entre os seus membros não é muito freqüente, as relações entre eles não têm o mesmo grau de permanência típico dos grupos primários.

Enquanto nos grupos primários as relações entre os seus componentes individuais são um fim em si mesmas, nos grupos secundários essas relações são apenas um meio para atingir algum objetivo. Uma turma de algum curso universitário é um exemplo de grupo secundário. Uma universidade também o é. Tanto no primeiro quanto no segundo caso, os indivíduos se relacionam em função de objetivos comuns. Nestes grupos, os contatos entre os indivíduos são predominantemente categóricos, isto é, baseados nas posições que as pessoas ocupam, e não simpáticos, como acontece nos grupos primários, ou seja, baseados nas peculiaridades pessoais.

Os grupos secundários não excluem, contudo, os grupos primários. Ao contrário, tendem, de algum modo, a estimular o seu surgimento. Uma turma de um curso superior, por exemplo, tende a compreender alguns grupos primários: amigos, namorados etc. Mesmo abrigando grupos primários, grupos como universidade, empresa, entre outros exemplos, não perdem o seu caráter secundário. Os grupos secundários são, também, comumente denominados associações. As associações organizadas formalmente, tais como empresas, universidades e hospitais, entre outras, são usualmente denominadas organizações formais.

A classificação dos grupos originada de Cooley, embora útil, deve ser compreendida com todas as suas limitações e deficiências. Em primeiro lugar, a noção de exigüidade, tomada como uma das condições físicas necessárias ao desenvolvimento de relações primárias, comporta uma grande margem de subjetividade na sua compreensão. Podemos melhor entender o que é um grupo primário pelos seus exemplos concretos – família, grupo infantil de recreação, namorados, amigos – do que pelas características enunciadas para a sua identificação. Que é um pequeno grupo? A partir de quantos componentes um grupo deve ser considerado secundário? Em segundo lugar, por mais pessoal que seja alguma relação social, ela comporta sempre algum grau de formalidade e algum tipo de convenção pelo próprio fato de ser social, pois a vida social, sendo moldada pela cultura, é, por excelência, o domínio do convencional. Por mais íntimas que sejam as relações entre as pessoas, elas inevitavelmente desempenharão papéis. Logo, atendendo a alguma expectativa de comportamento socialmente padronizado para as suas posições, serão, de alguma maneira, impessoais no seu convívio, mesmo nos grupos primários.

Por outro lado, a espontaneidade é também mais uma questão de grau do que de gênero, pelas mesmas razões. Desse modo, a classificação dos grupos em primários e secundários, consagrada na Sociologia, é, antes de mais nada, uma identificação dos pontos extremos de uma possível escala das relações sociais. Em um dos pólos, o conhecimento íntimo das pessoas permite que as suas características singulares e as expectativas daí decorrentes sobrepujem as posições e os papéis; no outro extremo, a superficialidade do conhecimento interpessoal faz com que as expectativas impessoais para as posições predominem sobre as expectativas referentes às singularidades percebidas nas pessoas.

AGREGADOS

Agregados são unidades sociais cuja existência depende da proximidade física entre os seus componentes individuais. Desfeita a proximidade física entre os seus membros, o agregado já não existe. E nisto diferem dos grupos. Um auditório, por exemplo, possui essa característica e, portanto, é um agregado. Outra característica da maioria dos agregados é o seu caráter passageiro, no que também diferem dos grupos. A superficialidade de comunicação e do contato entre os membros do agregado é ainda uma outra característica desse tipo de unidade social. Em alguns agregados, a comunicação é predominantemente emocional e a reação dos seus participantes aos estímulos ambientais tende a ser imediata e irrefletida. Desse modo, os agregados são unidades sociais de baixíssimo grau de coesão e de organização.

Os principais tipos de agregado são o auditório, a manifestação pública, a turba, o agregado residencial e o funcional. Nos três primeiros tipos, as posições e os papéis dos indivíduos são neutralizados pela extrema superficialidade da comunicação e do contato, e o controle social decresce, já que as pessoas se sentem momentaneamente liberadas das exigências próprias das suas posições. Em outras palavras, no auditório, na manifestação pública e, principalmente, na turba, as expectativas de comportamento padronizado tendem a se anular como mecanismos de controle social. Logo, nestes três tipos de agregado, a comunicação e o contato tendem a ser predominantemente emocionais e a reação dos seus participantes aos estímulos ambientais tende a ser imediata e irrefletida. As relações entre os membros do agregado não são categóricas, isto é, não se baseiam nas posições e papéis, como, de modo predominante, ocorre nos grupos secundários, nem, muito menos, se fundamentam nas características pessoais dos indivíduos, como acontece nos grupos primários. Nessas situações sociais, a comunicação não se faz de indivíduo a indivíduo, porém, do indivíduo com o agregado como um todo. São bastante conhecidas as reações das pessoas nos auditórios: se alguns aplaudem, todos tendem a aplaudir; se alguns vaiam, todos tendem a se comportar do mesmo modo.

O auditório é um tipo de agregado no qual as pessoas se reúnem temporariamente em função de um objeto comum de atenção, seja um filme, um concerto, uma conferência, uma peça teatral etc. Na manifestação pública, como a expressão denota, é o interesse em expressar alguma idéia que motiva a reunião temporária das pessoas. Uma procissão é um exemplo de manifestação pública. A manifestação pública é um agregado pacífico, ao contrário da turba, que se caracteriza precisamente pelo comportamento agressivo dos seus participantes. Pessoas que tentam a todo custo sair de uma sala de espetáculos, em razão de um incêndio, fazem uma turba, como, do mesmo modo, as pessoas que, conjuntamente, apedrejam um edifício, por um motivo comum.

Agregados residenciais, como a expressão bem o diz, são aqueles compostos por indivíduos que têm em comum a vizinhança. Nem todo conjunto de famílias unidas pela vizinhança corresponde, porém, a agregado residencial. Se predomina a cooperação entre as pessoas que moram próximas entre si; se o companheirismo entre elas não é superficial; se o controle social se faz de pessoa a pessoa, de forma direta, ao contrário do que acontece no ambiente social das grandes cidades, onde ele é predominantemente impessoal, então, não se trata, nesse caso, de agregado residencial, mas de comunidade. O conjunto de indivíduos que moram em um edifício de apartamento corresponde, de modo geral, ao exemplo puro de agregado residencial, já que esse tipo de moradia, tipicamente citadina, não apenas atende à necessidade da forma urbana de ocupação do espaço, mas, também, predispõe os indivíduos a uma forma de convívio caracterizada pelo desinteresse pelo outro e, conseqüentemente, pela impessoalidade nas relações sociais.

Agregados funcionais são os compostos por indivíduos residentes em uma área comum cujos limites são estabelecidos através do artifício da lei. Município, distrito, zona eleitoral, bairro, paróquia são exemplos de agregado funcional.

Os agregados não excluem os grupos primários. Um auditório pode conter muitos grupos primários – casais, amigos, por exemplo –, mas, como um todo, não deixa de ser um agregado.

Categorias

As categorias sociais são constituídas por indivíduos que possuam uma ou mais características em comum, porém separados fisicamente. Tomemos como exemplo uma categoria religiosa: os indivíduos que tenham em comum a característica de estarem filiados à religião católica, no Brasil, estão, obviamente, dispersos em todo o território brasileiro. Outro exemplo são as categorias etárias: as pessoas que estejam situadas dentro de uma mesma faixa de idade, em determinada sociedade, estão normalmente separadas no espaço.

Por si mesmas, as categorias sociais não existem como unidades sociais. Grupos e agregados são unidades sociais inequívocas. Não se pode ter dúvidas a respeito da sua existência. Já as categorias sociais são elaborações intelectuais. Isto não quer dizer que os indivíduos que compõem uma categoria social não existam de fato, nem que as características que a definam não sejam observáveis. Que as características dos membros de uma categoria social sejam observáveis é, aliás, uma exigência metodológica para a sua formulação. Afirmar que as categorias sociais não existem por si mesmas como unidades sociais e que elas são antes elaborações intelectuais significa que o conjunto dos indivíduos que a ela pertencem não forma necessariamente uma coletividade autoconsciente.

Por esta razão, o estabelecimento das características definidoras de uma categoria social qualquer depende sempre do arbítrio de quem a elabora, de acordo com algum fim teórico ou, o que é mais freqüente, de pesquisa. Mesmo categorias sociais cuja elaboração é aparentemente muito simples são, na realidade, bastante complexas e dependentes, em última instância, da opinião de quem as formula. As categorias religiosas são um bom exemplo dos problemas que a elaboração de categorias sociais envolve. Retomemos o exemplo da categoria dos católicos no Brasil. Neste caso, a especificação das características do católico não é um processo tão simples quanto pode parecer à primeira vista e depende dos objetivos próprios de cada pesquisa onde a categoria seja necessária. Católico, para os propósitos de determinada pesquisa, pode ser simplesmente todo e qualquer indivíduo que se declare como tal. Para outra pesquisa, católicos serão apenas os indivíduos que, além de batizados, assistam a missa semanalmente e façam a comunhão ao menos uma vez ao ano. Em uma outra pesquisa, serão considerados como pertencentes à categoria dos católicos os indivíduos que, além de possuírem essas características, sendo casados, eduquem os seus filhos segundo os princípios dessa religião.

As classes sociais são categorias muito complexas. Como veremos mais detidamente no Capítulo 7, sobre estratificação social, as classes sociais não são apenas categorias de renda. Outras características, tais como o tipo e o grau de consumo, a escolaridade, a profissão, o tipo e o nível das aspirações, devem ser levadas em conta na elaboração dessa espécie de categoria. Se a definição de uma categoria social com base em apenas uma característica encerra problemas metodológicos, maiores eles tendem a ser na formulação de uma categoria complexa como classe social.

UM EXEMPLO

A análise da situação social de um concerto musical é um bom exercício de identificação de grupos, agregados e categorias. A orquestra é um grupo. Se for uma orquestra sinfônica, será, muito provavelmente, um grupo secundário. Se for um pequeno conjunto de câmara, será um grupo primário. Já a platéia constitui um agregado do tipo auditório. As pessoas, presentes ou não ao concerto, que gostam de música erudita ou de algum compositor em particular fazem uma categoria social: o público. Convenciona-se, na terminologia sociológica, denominar de "público" (não confundir com auditório, que é agregado) as categorias sociais compostas de indivíduos que possuem algum interesse ou gosto em comum: os adeptos de um candidato a algum cargo político, os apreciadores de algum artista etc.

QUESTÕES PARA EXERCÍCIO

1. Quais as características básicas dos grupos sociais?
2. Por que os grupos constituem uma realidade antes intermental do que física?
3. Qual a importância dos grupos de participação e de não-participação como referência subjetiva para as ações humanas?
4. Por que os grupos de referência positivos tanto podem corresponder a grupos de participação quanto a grupos de não-participação?
5. Por que os grupos de referência negativos tanto podem corresponder a grupos de não-participação quanto a grupos de participação?
6. Quais as diferenças entre grupos primários e grupos secundários?
7. Quais as diferenças básicas entre grupos e agregados?
8. Por que razão nem todo conjunto de famílias unidas pela vizinhança corresponde a agregado?
9. Em que aspectos as categorias sociais diferem dos grupos e dos agregados?
10. Por que razão afirma-se que as categorias não existem por si mesmas como unidades sociais?

11. Qual a diferença entre grupos de referência normativos e grupos de referência comparativos?

12. Qual a relação entre grupos de referência comparativos e sentimentos de privação relativa?

13. Quais as relações entre os grupos de referência dos indivíduos e as definições das situações por eles vividas na sociedade?

SUGESTÕES DE LEITURA

BROOM, Leonard; SELZNICK, Philip. *Elementos de sociologia*. Trad. Márcia Bandeira de Mello Leite Nunes. Rio de Janeiro, São Paulo: Livros Técnicos e Científicos, 1979. Cap. 2, seção 5: "A estrutura de grupo da sociedade", p. 53-59.

CHINOY, Ely. *Sociedade*: uma introdução à sociologia. Trad. Octávio Mendes Cajado. 8. ed. São Paulo: Cultrix, 1982. Cap. 6: "O grupo primário", p. 177-199.

DAVIS, Kingsley. *A sociedade humana*. Trad. M. P. Moreira Filho. Rio de Janeiro: Fundo de Cultura, 1964. Cap. 11: "Grupos primário e secundário", v. 2, p. 11-32.

FICHTER, Joseph H. *Sociologia*. Trad. Hebe Guimarães Leme. São Paulo: Editora Pedagógica e Universitária, 1975. Cap. 3: "Categorias sociais", p. 85-100; Cap. 4: "Agregados sociais", p. 113-125; Cap. 5: "Grupos e associações", p. 138-151.

HORTON, Paul B.; HUNT, Chester L. *Sociologia*. Trad. Auriphebo Berrance Simões. São Paulo: McGraw-Hill do Brasil, 1980. Cap. 8: "Grupos sociais", p. 127-143.

7

 Estratificação Social

A QUESTÃO DA DESIGUALDADE SOCIAL

Muito dificilmente poderá alguém discordar de que a desigualdade social constitui um dos fatos mais inquietantes da sociedade humana, principalmente aquele tipo de desigualdade que separa os indivíduos em amplos contingentes caracterizados por uma localização semelhante no sistema econômico e por um modo de vida comum, conhecidos, na maioria das sociedades contemporâneas, como classes sociais.

Por que existem classes sociais? Por que, na maioria das sociedades conhecidas, os seres humanos são separados em coletividades distintas, como unidades sociais, de acordo com a sua participação na distribuição desigual da riqueza, do prestígio e do poder? Por que a distribuição desigual dos bens socialmente valorizados é aceita pela maioria dos indivíduos como um fato "normal"? Por que os seres humanos aceitam como normais sistemas de distribuição desigual da riqueza, do prestígio e do poder, dos quais são vítimas? O que faz com que os indivíduos pertençam a uma camada e não a outra na hierarquia social? Por que os sistemas de distribuição de bens socialmente valorizados e as hierarquias a eles relacionadas se mantêm estáveis, apesar de freqüentemente injustos e moralmente condenáveis? Quais os limites entre as camadas sociais? São questões que têm secularmente provocado a reflexão dos seres humanos. Muitas foram as respostas produzidas pela especulação filosófica desde a Antigüidade – das que atribuem as causas das desigualdades sociais a diferenças biológicas supostamente inatas entre os indivíduos até as que as explicam como resultado da vontade divina.

Todas as sociedades possuem explicações – mais ou menos próximas da realidade dos fatos, ostensivamente mitológicas ou pretensamente realistas – sobre o porquê das relações entre indivíduos, grupos e categorias sociais nelas consagradas como "normais". A partir dos fins do século XVIII e, sobretudo, do século XIX, com o advento da revolução industrial e a instauração de um tipo de organização política baseada nos ideais igualitaristas, proclamados pela burguesia ascendente e consolidados pela Revolução Francesa, um novo modo de ver o problema das desigualdades sociais, diverso das perspectivas tradicionalmente difundidas pela Filosofia e pela Teologia, surge no pensamento ocidental. Segundo esse modo crescentemente secularizado de encarar a questão das desigualdades sociais, é na própria sociedade, e não em presumíveis fatores biológicos, ou no plano sobrenatural, que se deve buscar a origem de tais desigualdades.

Estratificação e Desigualdade Social

Além das posições e dos papéis, dos grupos, dos agregados, das categorias e das subculturas, o sistema de estratificação é um outro meio através do qual os indivíduos participam da sociedade. Estratificação social é o processo, ou o estado de localização hierárquica dos indivíduos em setores relativamente homogêneos da população quanto aos interesses, ao estilo de vida e às oportunidades de vida, segundo a sua participação na distribuição desigual de recompensas socialmente valorizadas (riqueza, poder e prestígio).[1]

A localização dos indivíduos em classes, como acontece na nossa sociedade, é apenas um tipo de estratificação social. Existem outros sistemas de estratificação, como o baseado em castas, a exemplo da Índia tradicional, e o baseado em estamentos, tal como na sociedade feudal da Europa, durante a Idade Média.

Não se pode afirmar, como defendem alguns, que todas as sociedades conheçam a estratificação social.[2] Embora alguns sociólogos sejam da opinião de que estratificação e desigualdade social sejam a mesma coisa,[3] existem evidên-

---

[1] Cf. TUMIN, Melvin M. *Estratificação social*: as formas e funções da desigualdade. Trad. Dante Moreira Leite. São Paulo: Pioneira, 1970. p. 27-28.

[2] TUMIN, Melvin M. Op. cit. p. 33-34. Embora este sociólogo afirme a universalidade da estratificação ao asseverar que "a estratificação está presente também nas sociedades não letradas", é pouco convincente ao admitir que entre os boximanes "não se encontram os estratos sociais no sentido comum do termo". Constatar que nessa sociedade "existem desigualdades socialmente atribuídas entre homens e mulheres, entre adultos e crianças" não significa constatar a existência de um sistema de estratificação, porém um sistema de diferenciação de posições e papéis.

[3] Ver TUMIN, Melvin M. Op. cit. p. 27, e DAVIS, Kingsley; MOORE, Wilbert. Alguns princípios de estratificação. In: VELHO, Otávio Guilherme C. A.; PALMEIRA, Moacir G. S.; BERTELLI, Antonio R. (Org.). *Estrutura de classes e estratificação social*. 5. ed. Rio de Janeiro: Zahar, 1974. p. 114-132.

cias de que todas as sociedades conhecem alguma forma de desigualdade, mas nem todas as sociedades conhecem a estratificação. Onde quer que exista sociedade, existe necessariamente algum tipo de desigualdade social entre os indivíduos quanto aos seus direitos e deveres, de acordo com as posições que eles ocupam. Desigualdade de direitos e deveres e diferenciação de posições, porém, não significam o mesmo que estratificação social. A estratificação é apenas um tipo complexo de desigualdade. Nas sociedades tribais mais rudimentares, a estratificação é muito rara.[4] Isto se dá, provavelmente, em razão do baixo grau de desenvolvimento tecnológico dessas sociedades, que torna impossível a produção de bens além do necessário à sobrevivência, ou seja, de excedentes de produção. Como observam Ogburn e Nimkoff, nessas sociedades "não há gente rica ou pobre porque a propriedade é demasiado limitada para criar diferenças de riqueza significativas".[5] O aperfeiçoamento dos instrumentos de transformação da natureza, de modo a permitir um nível de produção de bens além do suficiente à sobrevivência, possibilita a acumulação de excedentes, a especialização, o desenvolvimento do comércio, a concentração de riqueza e, em conseqüência, a formação de estratos sociais.

Embora o desenvolvimento da cultura material favoreça o surgimento e o desenvolvimento da estratificação na sociedade, algumas sociedades tribais possuem sistemas de estratificação bem definidos.[6] Segundo Ogburn e Nimkoff a "África apresenta sociedades estratificadas que podem rivalizar com as dos povos de cultura escrita".[7]

A estratificação social só existe quando surgem amplos setores da população detentores de interesses, formas de participação na produção de bens econômicos, qualidade e volume de consumo, estilo de vida e, finalmente, oportunidades de vida relativamente homogêneos, de modo a formarem unidades sociais identificáveis como tais e dispostas em uma hierarquia culturalmente convencionada. Enquanto não surgem tais unidades – camadas ou estratos –, existe desigualdade, mas não há estratificação. Nas sociedades tribais mais elementares, nas quais o baixo nível de produção impõe a distribuição igualitária dos bens como condição necessária à sobrevivência da própria coletividade como um todo, a diferenciação social é simples porque se baseia apenas em um pequeno número de posições cujos direitos e deveres são, em geral, atribuídos segundo o sexo e a idade. Nessas sociedades, a divisão do trabalho e o sistema de posições, extremamente simples, tendem a se basear de modo predominante na atribuição de acordo com o sexo e a idade dos indivíduos. Nesse tipo de so-

---

[4] Cf. OGBURN, William F.; NIMKOFF, Meyer. *Sociologia*. 6. ed. Trad. José Bugeda Sanchiz. Madri: Aguilar. p. 191.

[5] Cf. OGBURN, William F.; NIMKOFF, Meyer. Op. cit. p. 191.

[6] Idem. p. 192.

[7] Idem.

ciedade, conseqüentemente, prestígio e poder tendem a ser mais importantes do que a posse da riqueza no processo de diferenciação social. Em tais sociedades, existem apenas *desigualdades de status* – em geral, atribuídos – mas não há estratificação.

Nas sociedades complexas, cada camada social compreende alguma forma de diferenciação interna, já que cada estrato possui seu próprio sistema de *status*. Nas sociedades estratificadas em classes, por exemplo, cada classe social compreende um certo número de *status* ocupacionais. Uma classe, é claro, não é constituída de pessoas que pertencem a uma única categoria profissional; cada classe compreende várias ocupações. Ao mesmo tempo, nenhuma classe é composta por indivíduos que têm o mesmo nível de renda; cada classe compreende uma faixa de renda, cujos limites não são facilmente delineáveis. Além do mais, nenhuma classe compreende indivíduos com o mesmo grau de escolaridade; apesar de relativamente homogênea quanto a este aspecto, a classe média, pelo menos, compreende indivíduos com diferentes níveis de instrução.

Se uma classe abriga diferenças quanto à ocupação, ao nível de renda e ao grau de escolaridade dos indivíduos que a compõem, o que, então, nos permite considerar uma multiplicidade de indivíduos diferentes quanto a tais aspectos como pertencendo a uma mesma unidade social?

Dois são os critérios básicos para a identificação da localização de classe dos indivíduos: *a*) as *oportunidades de vida* e *b*) o *estilo de vida*. (Como veremos neste mesmo capítulo, o emprego destes critérios para definir classes sociais constitui adaptação das idéias de Weber a este respeito.) As oportunidades de vida derivam da situação do indivíduo no mercado e compreendem o acesso a bens e serviços: moradia, instrução, serviços médicos, lazer, por exemplo. Já o estilo de vida diz respeito aos padrões de comportamento, às crenças, aos valores, às atitudes, às aspirações próprias de cada classe social. Mais difícil de ser percebido pelo pesquisador do que as oportunidades de vida, o estilo de vida diz respeito, portanto, à subcultura (no sentido já definido para este termo no Capítulo 2) própria de cada classe.

Desta maneira, se uma multiplicidade de indivíduos pertence a diferentes categorias ocupacionais, estão situados em diferentes níveis de renda e de escolaridade, mas possuem oportunidades de vida análogas e estilo de vida semelhante, pertencem a uma mesma classe (nas sociedades estratificadas em classe).

Cada classe, portanto, possui um sistema de *status* próprio. Isto não quer dizer que estratificação e sistema de *status* sejam uma mesma realidade, mas que, embora diferentes, estão relacionados entre si por dizerem respeito à distribuição desigual da riqueza, do prestígio e do poder.

Se compararmos este tipo complexo de desigualdade – em estratos, quer sejam classes, castas, ou estamentos – com o tipo simples de desigualdade baseada apenas em *status*, constatada nas sociedades tribais, poderemos notar que, nestas últimas, não existe nada comparável ao que denominamos de classe no tipo de sociedade em que vivemos. É que, naquelas sociedades, não existem amplos contingentes humanos que, apesar de compostos por indivíduos com profissões diversas, entre outras características, podem ser considerados como pertencentes a uma mesma unidade social, a partir das oportunidades de vida e do estilo de vida. Como naquelas sociedades os *status* são geralmente atribuídos, o que existe é a desigualdade de direitos e deveres entre homens e mulheres; crianças, adolescentes e adultos. Além do mais, sendo a posse da riqueza um fator de menor importância para a desigualdade, pelo fato de que o baixo nível de desenvolvimento tecnológico não permite a produção de excedentes econômicos naquelas sociedades, as oportunidades de vida são, na prática, as mesmas para todos os indivíduos. Ao mesmo tempo, sendo a cultura de tais sociedades bastante homogênea, não existem diferenças significativas de estilo de vida entre os seus membros individuais.

Desse modo, se a desigualdade – notadamente a de *status* – é um fenômeno universal, a estratificação não o é.

Estratificação, Crenças, Valores e Normas

A estratificação social não se reduz ao processo ou estado de distribuição desigual de recompensas socialmente valorizadas. Todo sistema de estratificação compreende necessariamente crenças, valores e normas que explicam, legitimam e regulamentam essa distribuição. Como tudo o que ocorre na sociedade, esse processo de distribuição de recompensas é institucionalizado, isto é, regulado por normas e legitimado por valores, com base em crenças coletivamente partilhadas. Crenças, valores e normas não são a causa da estratificação, mas nenhum sistema de estratificação se mantém sem o apoio dos elementos intersubjetivos que o explicam, justificam e regulamentam.

Um sistema de estratificação, por exemplo, como o da Índia tradicional, baseado em castas, não poderia se manter sem a existência de um complexo de idéias coletivas direta ou indiretamente relacionado com ele. A crença na reencarnação e, sobretudo, na idéia de que, em cada reencarnação, a situação social dos indivíduos representa um prêmio ou uma punição resultante do seu comportamento em uma existência anterior eram fundamentais à continuidade daquele sistema de estratificação. Outra idéia que contribuiu para a manutenção desse sistema foi a de que cada um dos grandes ramos de atividades socialmente necessárias – a intelectual e sacerdotal, a guerreira, a mercantil, a artesanal e a agrícola – correspondia à expressão, no mundo, de diferentes partes do corpo da divindade suprema e de que, qualquer que fosse a parte na qual o indivíduo estivesse localizado no sistema de divisão do trabalho, estaria, com a sua profissão, manifestando a vontade divina. Estas são as crenças que fundamentam o valor supremo para aquele tipo de estratificação: o de que é justo, bom e correto que as pessoas participem da riqueza, do prestígio e do poder desigualmente distribuídos na sociedade de acordo com o seu nascimento, não podendo mudar de posição social durante toda a sua existência. Participando dessas crenças e desse valor, o que poderia se esperar dos indivíduos, qualquer que fosse a sua localização no sistema de estratificação, senão a conformidade às normas estabelecidas para o funcionamento desse sistema? Este exemplo dá bem a medida da importância das crenças, dos valores, das normas e das atitudes na manutenção dos sistemas de estratificação social.

O mesmo se pode dizer da forma de estratificação social em classes nas sociedades urbano-industriais contemporâneas. Como entender esse sistema de estratificação sem a crença de que é bom para o indivíduo e para a coletividade que cada um aja livremente no sentido de obter as vantagens econômicas que a sociedade pode oferecer, sem a orientação da autoridade do Estado, ou seja, de que não há choque entre os interesses individuais e os da coletividade, mas, ao contrário, é através dos primeiros que estes são assegurados? Como entender esse sistema de estratificação sem os valores do individualismo e da competição?

Mobilidade Social, Sociedades Abertas e Fechadas

Mobilidade social é a locomoção dos indivíduos no sistema de posições da sua sociedade. A mobilidade social pode ser horizontal ou vertical. Há mobilidade horizontal quando o indivíduo muda de *status* mas permanece na mesma camada social. A mobilidade vertical ocorre quando, ao mudar de *status*, o indivíduo muda de camada social. A mobilidade vertical pode ser ascendente ou descendente. Como denota o adjetivo, mobilidade vertical ascendente é a que ocorre quando o indivíduo, ao mudar de *status*, sobe na hierarquia de camadas da sua sociedade, sendo mobilidade vertical descendente precisamente o oposto.

Há mobilidade horizontal quando o indivíduo muda de *status* sem que tal mudança acarrete mudanças significativas nas suas oportunidades de vida e no seu estilo de vida. Se um indivíduo muda de emprego, ou mesmo de ocupação, mas não altera substancialmente as suas oportunidades de vida, mesmo que essa mudança tenha resultado em aumento ou diminuição de seus ganhos pecuniários, houve aí mobilidade horizontal.

A alteração no estilo de vida não é menos importante do que as mudanças nas oportunidades de vida. Pertencer a uma classe significa não apenas pertencer a determinada categoria profissional e usufruir certo nível de renda, mas, igualmente, *ser aceito como um igual* pelos membros de uma classe qualquer. Um indivíduo muito pobre que, subitamente, receba uma grande herança em dinheiro, ou ganhe um valioso prêmio da loteria, embora tendo aumentado sobremodo os seus ganhos pecuniários, não ascende imediatamente a uma classe superior à sua pelo fato de que, embora tenha alterado substancialmente as suas oportunidades de vida, não pôde alterar o seu estilo de vida de modo a poder ser aceito pela classe correspondente ao volume da sua riqueza.

As possibilidades de mudança de *status* variam de sociedade para sociedade. Nas sociedades tradicionais aristocráticas, essas possibilidades são muito reduzidas. Já as sociedades secularizadas, isto é, de organização social predominantemente racional, utilitária e nas quais a tradição é de menor importância, tendem a dar mais oportunidades de mudança de *status* aos seus membros. Estas são chamadas de sociedades abertas, enquanto as primeiras são denominadas sociedades fechadas. A Índia tradicional, estratificada em castas, é o exemplo mais notável de sociedade fechada. As sociedades estratificadas em classe constituem o exemplo mais próximo de sociedade aberta. É de se notar que não existe sociedade aberta em sentido absoluto. Por maiores que sejam as possibilidades de mobilidade social vertical ascendente oferecidas aos indivíduos em uma sociedade, a mudança de *status* tende a ser, de algum modo, seletiva. Uma das razões para que isto ocorra está no próprio fato de que a mobilidade social é, como tudo na sociedade, regulada por normas. Os indivíduos, todos nós sabemos, não mudam de *status* apenas segundo o seu desejo, mas também de acordo com as normas sociais referentes a essa área da vida social.

O principal obstáculo à mobilidade vertical ascendente, porém, está no fato de que, em última instância, este processo é controlado pelos que estão no topo da pirâmide social, como bem expressou Wright Mills:

> *"O poder de influência dos homens comuns é circunscrito pelo mundo do dia-a-dia em que vivem, e mesmo nesses círculos de emprego, família e vizinhança freqüentemente parecem impelidos por forças que não podem compreender nem governar. As 'grandes mudanças' estão além de seu controle, mas nem por isso lhes afetam menos a conduta e as perspectivas. A estrutura mesma da sociedade moderna limita-os a projetos que não são seus... Mas nem todos os homens são comuns, nesse sentido. (...) Não são produtos de seus empregos – criam e eliminam empregos para milhares de outros (...)."*[8]

A educação escolar tem sido o canal de mobilidade social mais procurado pelas pessoas nas sociedades secularizadas do presente. E, de fato, em socieda-

---

8 MILLS, C. Wright. *A elite do poder*. 3. ed. Trad. Waltensir Dutra. Rio de Janeiro: Zahar, 1975. p. 11.

des nas quais os princípios da racionalidade e da utilidade são mais importantes do que a tradição, a qualificação profissional tem constituído um eficiente canal de mobilidade social. A educação escolar, no entanto, só funciona como canal de mobilidade social quando existe um mercado de trabalho carente de profissionais qualificados. Quando tal não acontece, a educação tem sido, antes, uma fonte de frustrações de aspirações de ascensão social. Ademais, é freqüente que, em sociedades ainda não inteiramente secularizadas, mas já não inteiramente tradicionais, formas seculares de aproveitamento das habilidades e conhecimentos dos indivíduos coexistam com formas tradicionais de manutenção de prerrogativas sociais, como, por exemplo, através do parantesco.

As mudanças estruturais da sociedade tendem a alterar o sistema de estratificação, possibilitando a uns a ascensão e levando outros a descer na hierarquia social. Assim aconteceu no Brasil com o declínio da economia agrícola baseada na mão-de-obra escrava e o desenvolvimento paralelo de atividades mercantis e incipientemente industriais urbanas, quando as novas exigências da economia emergente possibilitaram a formação de um operariado e de uma classe média citadina. A essa acanhada classe média pertenciam, originalmente, tanto indivíduos oriundos da aristocracia rural em decadência quanto antigos componentes dos estratos inferiores, estes beneficiados pelas transformações sociais.[9]

Mobilidade social e mobilidade espacial – migração –, embora diferentes, tendem a estar, de alguma maneira, relacionadas entre si. Quando grandes contingentes populacionais se deslocam de um país para outro ou de uma para outra região em um mesmo país é, geralmente, porque as condições sociais da sua localização no sistema de estratificação social são insatisfatórias e existe a possibilidade, real ou apenas percebida, de ascensão social nas áreas procuradas. É o caso, no Brasil, do extraordinário êxodo de camponeses para as grandes cidades e, particularmente, de nordestinos para os grandes centros urbanos da região Sudeste, expulsos pela extrema precariedade de oportunidades de vida nas suas regiões de origem. Embora relacionada ao menos com aspirações de ascensão social, a mobilidade espacial nem sempre possibilita a ascensão social real, como é o caso do exemplo anterior.

Um importante indicador do grau de mobilidade social é a mobilidade entre gerações. Em outras palavras, não importa apenas saber quais as possibilidades reais que uma sociedade oferece para a ascensão social dos operários, por exemplo, mas, também, conhecer as oportunidades que ela oferece aos seus filhos. Essa forma de mobilidade tende a ser mais freqüente do que a que se limita à existência dos indivíduos.

---

9 Cf. COSTA PINTO, L. A. *Sociologia e desenvolvimento*. 3. ed. Rio de Janeiro: Civilização Brasileira, 1970. p. 225 ss.

Castas

A estratificação, como já vimos, não se apresenta do mesmo modo em todas as sociedades onde ela existe. A estratificação pode ser através de castas, de estamentos ou de classes.

O que caracteriza um sistema de estratificação em castas é que, nele, a localização dos indivíduos na hierarquia social é necessariamente herdada, de modo que é absolutamente interditada a mobilidade social. Quando falamos em castas, é à Índia tradicional que automaticamente nos reportamos, o que é compreensível, pois é nessa sociedade que encontramos o tipo puro de estratificação em castas. O sistema de castas foi, ao menos legalmente, abolido na Índia a partir da Constituição promulgada, naquele país, em 26 de novembro de 1949. Mesmo com o processo de secularização da sociedade hindu, o sistema tradicional de castas ainda se mantém, ao lado do moderno sistema de classes.

Na realidade, embora a Índia tradicional seja o exemplo mais evidente desse tipo de estratificação, outros exemplos podem ser encontrados, mesmo nas sociedades do presente. Onde quer que existam indivíduos localizados hereditariamente no sistema de posições sociais de modo a transmitir aos seus descendentes a mesma localização, aí encontramos castas. Isto pode ocorrer quando os indivíduos ocupam um lugar excepcionalmente privilegiado no sistema de distribuição de recompensas ou quando estão em posição muito desvantajosa. No primeiro caso, os indivíduos perpetuam a sua situação e a dos seus descendentes no sistema de estratificação porque podem controlar esse próprio sistema, enquanto no segundo caso os indivíduos e seus descendentes permanecem na sua posição porque não têm sequer possibilidade de se locomover na hierarquia da sua sociedade, por mais que se esforcem nesse sentido.

À primeira vista, as castas parecem inconciliáveis com a estratificação em classes. Mas se castas são amplas categorias sociais endogâmicas (nas quais só é permitido o casamento entre pessoas da mesma categoria), cuja posição na hierarquia de riqueza, prestígio e poder é transmitida pela hereditariedade, podem existir paralela e funcionalmente com um sistema de classes. Deste modo, é pertinente admitir que onde quer que existam indivíduos localizados hereditariamente no sistema de posições sociais, de modo que também transmitam a seus descendentes a mesma posição no sistema de estratificação, aí encontramos castas. Isto pode ocorrer quando os indivíduos ocupam um lugar excepcionalmente privilegiado, ou quando se encontram em situação extremamente desvantajosa no sistema de distribuição de bens socialmente valorizados. É o caso de muitos camponeses, mas, também, de trabalhadores urbanos, no Brasil. É, também, um fenômeno típico das sociedades subdesenvolvidas, relacionado que está com a alta concentração de renda, típica de tais sociedades.

Estamentos

A forma de estratificação em estamentos é típica das sociedades aristocráticas, como, por exemplo, a Europa durante a Idade Média e toda a Idade Moderna. As características fundamentais desse sistema de estratificação consistem em que: ***a***) o prestígio tem um peso significativamente maior do que a riqueza na localização dos indivíduos na hierarquia social (a riqueza, por si mesma, não confere prestígio, nem poder a quem não é nobre; o nobre, mesmo empobrecido, não perde o prestígio recebido por herança); ***b***) a localização do indivíduo na hierarquia social é não somente uma realidade econômica de fato, mas, principalmente, de direito (o nobre é considerado superior não por possuir a terra – principal fonte de riqueza em uma sociedade de economia predominantemente agrícola –, mas por ter nascido nobre; o plebeu é considerado inferior não por não possuir terra nem outros bens de grande monta, mas, simplesmente, por ter nascido plebeu). Em outras palavras, os direitos e os deveres atribuídos aos membros de cada estamento são definidos por lei. As prerrogativas e obrigações do nobre, por exemplo, existem na prática das relações sociais e, também, na lei. Não podemos afirmar que a forma feudal de organização social tenha sido transplantada para o Brasil no período colonial, mas é clara a existência de uma estratificação tipicamente estamental naquele período da história brasileira. Duas eram as camadas fundamentais no sistema de produção do Brasil colonial: a elite aristocratizada possuidora do mais importante meio de produção em uma sociedade de economia agrícola, a terra, e os escravos, que constituíam a quase totalidade da mão-de-obra necessária à produção. Entre essas duas camadas, um inexpressivo contingente humano composto de artesãos, prestadores de serviço, pequenos comerciantes etc. A situação social do escravo era rigorosamente definida pela lei: o escravo era coisa, propriedade juridicamente assegurada do seu senhor. A situação da aristocracia latifundiária era, do mesmo modo, desde a constituição das capitanias, fixada juridicamente pela simples oposição ao seu contrário no sistema de estratificação, os escravos.

O declínio da organização estamental da sociedade européia se dá com a ascensão de uma categoria social dedicada às atividades comerciais e financeiras desenvolvidas nas cidades: a burguesia. Apesar da sua inegável força econômica, a burguesia era uma categoria social politicamente fraca, precisamente em razão das limitações legais a que estava submetido o estamento ao qual ela pertencia: o Terceiro Estado. Como sabemos, a França, até o século XVIII, estava dividida em três grandes estamentos ou estados: a nobreza, o alto clero e o chamado Terceiro Estado. Ao Terceiro Estado pertenciam todas as demais categorias ocupacionais que não estivessem entre as dos dois primeiros estamentos, a saber, camponeses, artesãos, comerciantes, banqueiros etc. Era, como se vê, um estamento extremamente heterogêneo na sua composição. Dentro dele, a burguesia se tornou uma categoria bastante insatisfeita, à medida que tomou consciência da força econômica que ela de fato representava para a França, bem como do seu desprestígio político, fruto de uma forma de organização social na qual a posição dos indivíduos na hierarquia social e, em conseqüência, os seus direitos e deveres são estabelecidos legalmente. Alguns burgueses tentavam, a todo custo, se fazer passar por fidalgos, inclusive comprando títulos de nobreza, como o "burguês fidalgo" descrito por Molière. A insatisfação da burguesia associada à consciência da força econômica que ela significava para a sociedade e à desarticulação política da nobreza tornaram possível a transformação radical daquela sociedade através da revolução de 1789: a Revolução Francesa. É de se entender, portanto, que uma das principais medidas decorrentes dessa revolução tenha sido precisamente a extinção da diferenciação legal dos indivíduos através da proclamação da igualdade dos cidadãos perante a lei. Só desse modo pôde a burguesia fazer valer os seus interesses e se afirmar politicamente. Com a extinção do sistema estamental de estratificação e a ascensão política da burguesia, nasce a sociedade de classes.

As sociedades estratificadas em estamentos não são tão fechadas quanto as sociedades de castas nem tão abertas quanto as sociedades de classe. Como observa Octavio Ianni, "o sistema de direitos e deveres que fundamentava as relações e a hierarquia dos estamentos criava algumas possibilidades de mobilidade social vertical", pois "havia, por exemplo, a possibilidade de nobilitação de funcionários administrativos, em caso de prestação de serviços relevantes ao senhor".[10]

Classes

A estratificação social em classes é típica das sociedades secularizadas urbano-industriais do presente. Como já vimos na segunda seção deste capítulo, ela se baseia no valor que afirma o direito de todos os indivíduos de usufruírem de todas as vantagens econômicas e sociais em geral que a sociedade pode oferecer, de acordo com os méritos de cada um e independentemente da sua condição social de nascimento. Esse é um valor claramente burguês, antiaristocrático, em sentido rigorosamente histórico.

As sociedades estratificadas em classes são as que mais se aproximam do tipo de sociedade chamada aberta. Como nota Pitirin Sorokin, as classes sociais são legalmente abertas, mas, de fato, semifechadas,[11] isto é, do ponto de vista estrito da lei, nas sociedades de classe, todos os indivíduos podem ter livre acesso a qualquer camada social, mas, na prática, as possibilidades reais de ascensão social não são as mesmas para todas as pessoas. E mesmo do ponto de

---

10   IANNI, Octavio (Org.). *Teorias da estratificação*. 2. ed. São Paulo: Nacional, 1973. p. 167.

11   SOROKIN, Pitirin A. O que é uma classe social? In: VELHO, Otávio Guilherme C. A. et al. Op. cit. p. 84.

vista estritamente jurídico, de acordo com o mesmo Sorokin, embora o proletariado, por exemplo, seja teoricamente igual às outras classes segundo a lei, de fato, "seus direitos civis e políticos têm sido limitados em muitos países, mediante a exigência de propriedade para o privilégio de votar, exercer funções etc."[12] A antiga restrição do direito de voto às pessoas alfabetizadas, hoje extinta, era no Brasil um exemplo de diferenciação estritamente legal entre os indivíduos numa sociedade de classes.

TIPO DE ESTRATIFICAÇÃO	CARACTERÍSTICAS	TIPO DE SOCIEDADE	EXEMPLOS
Em *castas*	Hereditariedade das posições sociais	Fechada	Índia tradicional
Em *estamentos*	Desigualdade de fato e de direito	Semifechada	Europa feudal; Brasil colonial e monárquico
Em *classes*	Desigualdade de fato mas não de direito	Aberta	Sociedades urbano-industriais

Figura 7.1 *Formas de estratificação social.*

Nas sociedades de classe, a identificação da localização dos indivíduos na hierarquia social não é tão clara quanto nas sociedades estratificadas em castas e em estamentos. Ao contrário do que ocorre nestas sociedades, não são evidentes os limites entre as diferentes camadas nas sociedades de classe. Se é relativamente fácil identificar os extremos da pirâmide social, o mesmo não acontece em relação aos limites entre as camadas. Por outro lado, a composição da estratificação – número de camadas, categorias ocupacionais de cada classe etc. – varia de sociedade para sociedade e de época para época numa mesma sociedade. Se nas sociedades industriais avançadas a classe média tende a ser extensa e diferenciada em subcamadas, nas sociedades tradicionais em vias de desenvolvimento, a classe média tende a ser significativamente reduzida em comparação com a base da pirâmide social.

É de se entender, portanto, que, nas sociedades industriais avançadas, a classe média seja politicamente influente, o que não decorre apenas da sua extensão, mas, sobretudo, do seu nível de informação e da proximidade da sua localização em relação à elite política e econômica. De qualquer modo, ao que tudo faz crer, o modelo ternário de estratificação social é o mais adequado ao

---

12 Idem. A demonstração de Sorokin é calcada em G. Briefs.

estudo da estrutura de classes, quaisquer que sejam as subdivisões possíveis de cada uma das três grandes camadas sociais.

Diante das dificuldades metodológicas de identificação das fronteiras entre as classes, o modo mais adequado de usar o conceito de classe é como categoria social, como vimos no capítulo anterior. Assim, do ponto de vista da pesquisa, uma classe social é um conjunto de indivíduos portadores de características comuns no que se refere à renda familiar, à profissão, à escolaridade, ao tipo e ao nível de consumo etc. Somente através dessa convenção é possível identificar as classes sociais. O estabelecimento dos limites de renda, educação escolar, consumo etc., para cada classe, deve ser feito com precisão quantitativa, a fim de que a noção de classe seja realmente transformada em categoria social e, desse modo, possa ser utilizada na pesquisa. A fixação desses limites, contudo, depende sempre e em última instância do arbítrio de quem formula a categoria social. A partir de que nível de renda os indivíduos pertencem a uma determinada classe social é uma questão cuja resposta, por mais rigorosos que sejam os critérios teóricos ou empíricos adotados para a sua formulação, depende do julgamento do pesquisador. Como a obtenção de dados a respeito da renda das pessoas envolve problemas metodológicos, de tal sorte que não se pode confiar no que os indivíduos declaram a respeito, é comum na pesquisa social localizar os indivíduos na hierarquia social de acordo com o consumo de determinados bens e serviços, tais como os bens de consumo durável (geladeira, televisão, máquina de lavar roupa, automóvel etc.), bem como o nível de escolaridade. A cada um desses itens convenciona-se a atribuição de determinado número de pontos que, somados, indicam a localização de classe dos indivíduos.

As características do estilo de vida próprio de cada classe não são tão facilmente identificáveis ou muito menos passíveis de mensuração quanto a maioria das características referentes às oportunidades de vida. O conjunto de características que compreendem o estilo de vida tende a corresponder, como já vimos, a subculturas de classe. Renda, profissão, escolaridade, tipo e nível de consumo não bastam para delimitar as classes de uma sociedade. Não é demais repetir que valores, crenças, símbolos, normas, atitudes, aspirações e visão do mundo, por exemplo, são características sociologicamente relevantes à identificação da localização de classe dos indivíduos. Cada classe tende a possuir padrões culturais próprios no que diz respeito às relações de parentesco, à educação, à definição dos papéis de homem e de mulher, à recreação, à religião etc. É no mínimo insuficiente qualquer formulação a respeito de classe social que ponha de lado essa dimensão. E são esses elementos definidores das subculturas de classe que, pela sua sutileza, demandam formas de captação nem sempre codificáveis e mensuráveis com facilidade.

A noção de classe tanto quanto a de casta e de estamento são, de qualquer modo, conceitos de tipo ideal, ou simplesmente, tipos ideais, no sentido em que Weber definiu esse tipo de conceito. Tipos ideais são conceitos que não encontram correspondentes exatos na realidade, mas que são úteis à pesquisa enquanto orientam a identificação dos fenômenos através da captação dos seus traços mais gerais. Desse modo, os sociólogos não dispõem de critérios que lhes possibilitem afirmar que, como categorias sociais, as classes existam como coletividades reais. As classes constituem, antes, elaborações intelectuais, embora baseadas em indicadores observáveis (nível de renda e de instrução escolar, tipo de ocupação, consumo de determinados bens e serviços, estilo de vida, por exemplo). São, portanto, coletividades nominais (ver o Capítulo 3, seção "Realismo *versus* nominalismo", e o Capítulo 6, seção "Categorias"), no sentido de que seus membros existem e suas características podem ser observadas, mas elas não existem como unidades sociais diretamente observáveis como tais (podemos observar as características dos operários, ou dos grandes empresários, mas não podemos, jamais, observar a classe operária, nem a burguesia empresarial). A formulação de categorias correspondentes a classes sociais compreende, ainda, alguns problemas de difícil solução. Como, por exemplo, colocar lado a lado, na classe operária, o cortador de cana da zona da mata de Pernambuco e o metalúrgico de São Paulo, se cada um deles está situado em pontos tão diferentes na escala de renda e possuem aspirações tão diversas?

MARX E ENGELS *VERSUS* DAVIS E MOORE: DUAS EXPLICAÇÕES

Por que existe estratificação social? Existem, na Sociologia, duas tentativas principais de resposta a esta pergunta. A do materialismo dialético, formulado por Marx e Engels, no século passado, de um lado, e, de outro, a funcionalista, elaborada por Wilbert Moore e Kingsley Davis, após a Segunda Guerra Mundial.

A teoria materialista dialética da estratificação se confunde com a própria teoria marxista da organização da sociedade como um todo, já que, para esta corrente, as relações de classe constituem o fato básico na explicação da sociedade humana. Na concepção de Marx e Engels, a distribuição desigual da riqueza e a conseqüente diferenciação da sociedade em classes nascem do estado de desenvolvimento das forças produtivas (tecnologia disponível, conhecimento e especialização técnica da mão-de-obra) em combinação com as relações dos homens com os meios de produção (terra, máquinas, matérias-primas, fábricas, por exemplo). Da associação dessas duas ordens de fatores nasceriam a dominação das classes detentoras dos meios de produção em relação às demais classes sociais e, conseqüentemente, a distribuição desigual da riqueza. Nesta teoria, as classes sociais estariam no centro de toda a organização da sociedade, já que, para Marx e Engels, as relações de produção entre os homens seriam a infra-estrutura sobre a qual se ergueria toda a superestrutura das suas idéias a respeito de si mesmos e da sociedade. Na concepção materialista dialética da estratificação, as relações de classe abrigariam, de forma manifesta ou latente, o inevitável conflito de interesses entre as classes e, dessa maneira, o equilíbrio do sistema de estratificação e, logicamente, da própria sociedade seria necessariamente precário. A ordem social, nesse quadro de interesses inconciliáveis de classe, resultaria, em última instância, da dominação das classes detentoras dos meios de produção sobre o restante da sociedade, sendo o próprio Estado um instrumento da dominação da elite econômica.

A concepção de Moore e Davis, publicada nos Estados Unidos na década de quarenta,[13] enquadra-se dentro de uma concepção geral da sociedade, oposta à concepção materialista dialética: o funcionalismo. Para esta escola, que representa a expressão mais exacerbada da corrente do equilíbrio (ver Capítulo 3), todos os padrões de organização social existem à medida que tenham uma função. E se têm alguma função são necessários à sociedade. Desse modo, todas as partes do sistema social concorreriam para a sua organização. Essa concepção da sociedade deriva claramente de Durkheim, para quem "a função de algum fato social deve ser sempre buscada na relação que mantém com algum fim social".[14] Para Davis e Moore, se a estratificação social existe em todas as sociedades, como eles acreditam, é porque ela tem uma função, vale dizer, é necessária à organização social. E de acordo com o ponto de vista destes sociólogos, a função da distribuição desigual da riqueza, do prestígio e do poder é motivar os indivíduos para ocuparem as posições mais importantes para a sociedade e que demandam treinamento mais árduo e aptidões especiais. Quanto maior a importância de uma posição para a sociedade e maior a escassez de indivíduos dotados de talento e disposição para se submeter ao treinamento necessário à sua ocupação, melhores as recompensas socialmente atribuídas a ela. Se, por exemplo, as aptidões e habilidades requeridas para o preenchimento de uma posição são facilmente encontráveis entre os indivíduos, mesmo que ela seja importante para a sociedade, não é bem gratificada. Se, por outro lado, além de socialmente importante, uma posição requer talentos especiais e treinamento árduo e demorado para a sua ocupação, ela será bem recompensada. Se o talento necessário à ocupação de uma posição é abundante entre os membros de uma sociedade, mas o treinamento requerido ao seu preenchimento é prolongado e custoso, tendem a ser melhores as recompensas reservadas a uma tal posição.

Tanto a explicação do materialismo histórico quanto a do funcionalismo não são teorias rigorosamente científicas, já que derivam, antes, de formulações

---

13 DAVIS, Kingsley; MOORE, Wilbert. Some principles of stratification. *American Sociological Review*, nº 10, p. 242-249, Apr. 1945.

14 DURKHEIM, Émile. *As regras do método sociológico*. Trad. Maria Isaura Pereira de Queiroz. 4. ed. São Paulo: Nacional, 1966. p. 102.

especulativas, mais próximas, portanto, da Filosofia do que da ciência. Ambas podem servir à investigação sociológica como *hipóteses de trabalho*, ou seja, conjuntos de pressupostos que orientam a pesquisa sem que seja obrigatória a sua demonstração (postulados). Qualquer discussão de uma ou de outra teoria deve começar por este fato: o seu caráter mais especulativo que rigorosamente científico. A concepção materialista-dialética, mais ambiciosa do que a funcionalista, não se limita à explicação da estratificação nas sociedades do passado e do presente, porém pretende prever as transformações futuras nas formas de distribuição social da riqueza e do poder. Dessa maneira, essa concepção, mais do que uma Filosofia Social, é uma Filosofia da História. Se a ciência é conhecimento de fatos observáveis, o futuro está, a rigor, ao menos a longo prazo, fora do âmbito da ciência, já que o futuro pertence ao domínio dos fatos não observáveis. Este aspecto da concepção marxista da sociedade foi extensamente analisado por Karl Popper, para quem "essas profecias históricas de largo alcance estão inteiramente fora do âmbito do método científico".[15]

A teoria funcionalista da estratificação, conforme formulada por Davis e Moore, foi objeto de meticulosa crítica por parte de Melvin Tumin.[16] Os pontos mais significativos da crítica de Tumin se referem ao fato de que as gratificações podem ser manipuladas por quem ocupa as mais altas posições na sociedade, pois "aqueles que mais se beneficiam com o sistema geralmente farão todo o possível para manter seus privilégios..."[17] No que diz respeito aos talentos, é preciso notar que eles dependem, no seu desenvolvimento, do próprio sistema de estratificação, pois, como argumenta Tumin, é provável que "grande parte do talento individual fique para sempre adormecida, e que um dos fatores mais importantes, entre os que dificultam ou impedem a descoberta de talento é a falta de oportunidade para a grande maioria de pessoas do mundo todo, e que vive sob limitadas condições materiais e espirituais".[18]

Como postulados ou hipóteses de trabalho, as duas teorias podem ser úteis à análise de situações específicas, mas não à totalidade das situações sociais, pois, como conclui o sociólogo inglês T. B. Bottomore, "nenhuma dessas duas teorias tem a universalidade que pretende".[19]

---

15   POPPER, Karl R. *A sociedade aberta e seus inimigos*. Trad. Milton Amado. Belo Horizonte: Itatiaia; São Paulo: Edusp, 1974. v. 2, p. 17.

16   TUMIN, Melvin M. Some principles of stratification: a critical analysis. *American Sociological Review*, v. 18, nº 4, p. 387-394, 1953. Os mesmos reparos de Tumin, neste artigo, à teoria de Davis e Moore estão reproduzidos no Capítulo 12 do seu *Estratificação social*, já traduzido para o português (ver nota 1).

17   TUMIN, Melvin M. *Estratificação social*, p. 152.

18   Idem.

19   BOTTOMORE, T. B. *Introdução à sociologia*. Trad. Waltensir Dutra. 3. ed. Rio de Janeiro: Zahar, 1970. p. 174.

Sociedade de Classes e Moda

A estratificação social é um dos fatos sociologicamente mais relevantes pelo modo como ele afeta a vida de todas as pessoas, de tal modo que muito dificilmente poderá um sociólogo estudar adequadamente qualquer fenômeno sem relacioná-lo com este aspecto da vida social. Poderá um sociólogo, por exemplo, estudar as transformações no papel da mulher na sociedade brasileira sem relacioná-lo com a localização da mulher no sistema de classes? Poderá um sociólogo estudar as aspirações profissionais dos adolescentes sem procurar identificar as relações deste fenômeno com a estrutura de classes? Seguramente, não. Do contrário, não estará fazendo pesquisa sociológica, pois as expectativas de comportamento em relação à mulher variam consideravelmente de uma classe social para outra, o mesmo acontecendo com as aspirações dos adolescentes, ou de qualquer outra categoria social.

A moda no vestuário constitui um bom exemplo do quanto a estratificação social afeta todos os domínios da sociedade. Nas sociedades estratificadas em castas e estamentos, o vestuário tem como função básica simbolizar a localização do indivíduo na hierarquia social. Já nas sociedades estratificadas em classe, esta função, apesar de existir, é de menor importância do que naquele tipo de sociedade em razão da idéia da igualdade legal, embora não econômica, de fato, dos cidadãos. Deste modo, neste tipo de sociedade, nenhuma classe tem o direito ao uso exclusivo de algum tipo de roupa que simbolize a sua localização social. No entanto, as classes superiores, em qualquer sistema de estratificação social, têm necessidade de símbolos exclusivos que possibilitem a identificação dos seus membros como superiores. Assim, nas sociedades de classes, as elites criam a moda no vestuário para fazerem-se diferentes das classes subalternas. Como, porém, estes sinais só têm função simbólica à medida que são expostos às demais classes, não havendo nenhuma norma, legal ou costumeira, que impeça os membros das classes inferiores de se vestirem da mesma maneira que a elite, a moda termina por espalhar-se, graças aos meios de comunicação de massa, por todas as classes sociais, de tal modo que, ao ser adotada pelas classes inferiores, ela já não serve como símbolo da suposta superioridade da elite. A moda, portanto, é um fenômeno típico das sociedades estratificadas em classes, não sendo, por outro lado, concebível nas sociedades estratificadas em castas ou em estamentos.

Weber: Riqueza, Prestígio e Poder

A distinção entre classe e estamento, bem como o emprego dos conceitos de riqueza, prestígio e poder como critérios para a localização dos indivíduos no sistema de estratificação social derivam de Weber. Partindo da constatação de duas espécies de estratificação coexistentes em uma mesma sociedade, uma decorrente da distribuição da riqueza e outra da distribuição do prestígio ou honraria, Weber distingue duas ordens, com suas correspondentes hierarquias: a *ordem econômica* e a *ordem social*. A ordem econômica diz respeito à distribuição da riqueza, isto é, "à forma pela qual bens e serviços econômicos são distribuídos e utilizados".[20] Já a ordem social se refere "à forma pela qual a honra se distribui numa comunidade entre grupos participantes dessa distribuição".[21]

Embora distintas e autônomas, ordem social e ordem econômica são interdependentes, "pois a ordem social é, obviamente, condicionada em alto grau pela ordem econômica, e por sua vez reage a ela".[22] À ordem econômica corresponde a estratificação em classes; à ordem social corresponde a estratificação em estamentos ou *grupos de* status, como também são denominados.

Um comentador desta classificação de Weber, James Littlejohn, observa que um estamento pode compreender indivíduos com diferentes situações de classe, enquanto, por outro lado, uma classe pode compreender diferentes estamentos.[23] Os estamentos dizem respeito às pessoas que se consideram como iguais na escala de prestígio ou honraria em uma sociedade. Quanto às classes, segundo Weber, delas podemos falar quando:

> *"(1) determinadas pessoas possuem em comum um componente causal específico de suas oportunidades de vida, à medida que (2) esse componente é representado sob as condições do mercado de produtos ou do mercado de trabalho."*[24]

Deste modo, situação de classe será "oportunidade típica de um suprimento de bens, condições exteriores de vida e experiências pessoais",[25] o que equivale a dizer que "a 'situação de classe' é, nesse sentido, em última análise, uma situação de mercado".[26] Em síntese:

> *"pode-se, assim, dizer que as 'classes' são estratificadas de acordo com suas relações com a produção e aquisição de bens, enquanto os 'grupos de status' (estamentos) são estratificados de acordo com os princípios de seu consumo de bens tal como é representado por 'estilos de vida' especiais".*[27]

---

20 WEBER, Max. Classe, "status", partido. In: VELHO, Otávio Guilherme C. A.; PALMEIRA, Moacir G. S.; BERTELLI, Antonio R. (Org.). Op. cit. p. 62.
21 Idem.
22 Idem.
23 LITTLEJOHN, James. *Estratificação social*: uma introdução. Trad. Ricardo Gomes Lima. 2. ed. São Paulo: Nacional, 1973. p. 24.
24 Ibidem. p. 63.
25 Idem.
26 Ibidem. p. 65.
27 LITTLEJOHN, James. Op. cit. p. 80.

Em conseqüência, enquanto a situação de classe é identificável pelas oportunidades de vida, já a localização no sistema de estamentos, vale dizer, de distribuição social do prestígio, é definida pelo estilo de vida.

Embora o conceito weberiano de situação de classe como resultante da situação no mercado aproxime-se da conceituação marxista para o mesmo fenômeno, elas se distanciam em um importante aspecto: o de que, para Weber, "as classes não são comunidades",[28] isto é, coletividades autoconscientes da sua situação objetiva em relação às demais classes em dada sociedade, embora possam representar "bases possíveis e freqüentes de ação comunal".[29] Inversamente, "em contraste com as classes, os 'grupos de *status*' constituem normalmente comunidades", embora "freqüentemente de tipo amorfo".[30] Embora constate a existência simultânea e interdependente de duas espécies de estratificação, Weber chama a atenção para a predominância da estratificação em classes na sociedade capitalista, quando nota que "hoje em dia a situação de classe é de longe o fator predominante, pois, logicamente, a possibilidade de um estilo de vida que se espera dos membros de um grupo de *status* (estamento) é normalmente condicionada economicamente".[31]

Finalmente, Weber chama a atenção para o fato de que tanto as classes quanto os estamentos e os partidos são, de qualquer modo, "fenômeno de distribuição de poder em uma comunidade".[32] Deste modo, em consonância com o que já vimos do pensamento de Weber (Capítulo 3), o bem social básico, ao qual tanto a participação na distribuição da riqueza quanto a participação na distribuição do prestígio ou honraria conduzem, é o poder, ou seja, a possibilidade de impor aos outros a própria vontade.

O mais significativo na distinção weberiana entre estratificação em classes e estratificação em estamentos está no fato de que ela chama a atenção para um aspecto importante nas sociedades complexas do presente: a de que não há correspondência necessária entre localização na hierarquia social de riqueza e a localização na hierarquia social de prestígio. Uma ocupação pode estar situada num ponto alto da hierarquia social de prestígio e, ao mesmo tempo, corresponder a uma situação pouco favorável na hierarquia social de riqueza. Ao *status* do médico corresponde uma boa situação na distribuição do prestígio no Brasil (o que, provavelmente, é evidenciado pelo alto índice de procura dos cursos de medicina, entre nós) e, ao mesmo tempo, a uma localização pouco gratificante no sistema de distribuição da riqueza (o que é comprovado pelo fato de

---

28 Ibidem. p. 63.
29 Idem.
30 Ibidem. p. 70.
31 Ibidem. p. 76.
32 Ibidem. p. 62.

que os médicos são, na sua maioria, assalariados mal remunerados). Ao contrário, um comerciante de subúrbio pode usufruir de pouco prestígio ou deferência social, enquanto tem uma boa situação na escala de renda. Assim, o médico estará situado abaixo do comerciante do nosso exemplo na escala de renda, mas estará em posição superior a este último na escala de prestígio. Vê-se, portanto, que o emprego conjugado dos critérios de oportunidades de vida e estilo de vida para a identificação das classes sociais é uma adaptação das idéias de Weber, para quem tais critérios dizem respeito a diferentes espécies de estratificação e, portanto, de localização dos indivíduos na hierarquia social.

O mais compatível, porém, com a formulação de Weber e a própria complexidade das sociedades urbano-industriais do presente é admitir que a estratificação em tais sociedades é antes uma questão de predominância do que de gênero, isto é, nas sociedades de classes, como já notamos, outros sistemas de estratificação coexistem com o sistema dominante, seja o de estamentos (pois o prestígio é um bem universalmente prezado por dizer respeito à própria necessidade de reconhecimento social), seja até mesmo o sistema de castas (principalmente nas sociedades que apresentam alta concentração de renda).

QUESTÕES PARA EXERCÍCIO

1. Por que razão estratificação e desigualdade são fenômenos diferentes?
2. Qual a relação entre os sistemas de estratificação e o nível intermental da sociedade?
3. Qual a diferença entre mobilidade vertical e mobilidade horizontal?
4. Qual a relação entre mudança e mobilidade social?
5. Quais as diferenças entre as formas de estratificação em castas, estamentos e classes?
6. Por que a moda é um fenômeno típico das sociedades estratificadas em classes?
7. O que caracteriza a teoria marxista da estratificação social?
8. Em que consiste a teoria funcionalista da estratificação social?
9. Em que aspectos o conceito weberiano de classe se aproxima e se afasta do conceito marxista de classe?
10. Qual a relação entre estilo de vida e estratificação social?
11. Qual a relação entre oportunidades de vida e estratificação social?
12. Qual a relação, segundo Weber, entre oportunidades de vida e estilo de vida na sociedade capitalista?

13. Por que as classes devem ser consideradas categorias sociais?
14. Por que as classes são coletividades nominais, e não coletividades reais?
15. Por que as classes são tipos ideais, no sentido weberiano dessa expressão?

SUGESTÕES DE LEITURA

DAVIS, Kingsley; MOORE, Wilbert. Alguns princípios de estratificação. In: VELHO, Octávio Guilherme C. A.; PALMEIRA, Moacir G. S.; BERTELLI, Antonio R. (Org.). *Estrutura de classes e estratificação social*. 5. ed. Rio de Janeiro: Zahar, 1974. p. 61-83.

LITTLEJOHN, James. *Estratificação social*: uma introdução. Trad. Ricardo Gomes Lima. Rio de Janeiro: Zahar, 1976. Cap. 4: "Sociedade de castas", p. 81-109.

MAYER, Kurt B. *Classe e sociedade*. Trad. Hélio Pólvora. Rio de Janeiro: Bloch, 1967. Cap. 1: "Diferenciação social e estratificação social", p. 11-18; Cap. 2: "Desenvolvimento histórico da estratificação social", p. 19-34.

TUMIN, Melvin M. *Estratificação social*: as formas e funções da desigualdade. Trad. Dante Moreira Leite. São Paulo: Pioneira, 1970. Cap. 2: "Cinco características básicas", p. 27-36.

VILA NOVA, Sebastião. *Desigualdade, classe e sociedade*: uma introdução aos princípios e problemas da estratificação social. São Paulo: Atlas, 1982. Cap. 3: "Classe e estrutura de classes", p. 56-75.

WEBER, Max. Classe, status, partido. In: VELHO, Octávio Guilherme C. A.; PALMEIRA, Moacir G. S.; BERTELLI, Antonio R. (Org.). Op. cit. p. 61-83.

Parte IV

 # Estática e Dinâmica Social

8

Instituições Sociais

INSTITUIÇÕES, ASSOCIAÇÕES E GRUPOS PRIMÁRIOS

Remonta à criação da própria Sociologia a sua divisão, através de Auguste Comte, em estática e dinâmica social. A dinâmica diz respeito ao estudo dos processos e, sobretudo, da mudança social. A estática se refere ao estudo dos componentes da sociedade necessários à sua estabilidade. Dentre estes componentes, ressaltam as instituições, para as quais convergem as normas, os valores, as crenças, as posições e os papéis.

Já no prefácio à segunda edição do seu *As regras do método sociológico*, Émile Durkheim entendia a sociologia "como a ciência das instituições, de sua gênese e de seu funcionamento".[1] Se Durkheim definia a instituição como "toda a crença, todo o comportamento instituído pela coletividade",[2] é evidente que, para ele, a noção de instituição termina por se confundir com o seu conceito de fato social (ver o Capítulo 3). Para a Sociologia contemporânea, as instituições compreendem fatos sociais, porém não são a mesma coisa que eles.

Que queremos dizer quando afirmamos, por exemplo, que a família é uma instituição? Que significa dizer que a educação, a religião, o governo, a economia ou a recreação são instituições sociais?

---

1 DURKHEIM, Émile. *As regras do método sociológico*. Trad. Maria Isaura Pereira de Queiroz. 4. ed. São Paulo: Nacional, 1966. p. XXXI.

2 Idem.

Já observamos que toda sociedade compreende necessariamente um sistema de valores, normas e símbolos partilhados intersubjetivamente, necessários à sua estabilidade. Vimos, também, que, além de valores, símbolos e normas, a sociedade compreende igualmente um sistema de posições e papéis. A satisfação das necessidades humanas, como já vimos, é orientada por valores e regulada por normas. Se certo número de valores e de normas vale para todas as situações sociais, grande parte se refere a determinadas posições, assim como a campos específicos de necessidades e de atividades humanas: o familial, o político, o econômico, o religioso, o educacional e o recreativo. Cada um dos subconjuntos de valores e normas referentes a esses campos de atividade é uma instituição. Instituições sociais são conjuntos de valores, crenças, normas, posições e papéis referentes a campos específicos de atividade e de necessidades humanas. As normas e os valores compreendidos por cada instituição orientam e regulamentam a satisfação das necessidades humanas. Em outras palavras, as instituições estabelecem o modo socialmente aceito de satisfazer a determinadas necessidades e realizar certas atividades. O conjunto de valores e normas referentes à família, por exemplo, orienta e regulamenta a procriação, a satisfação das necessidades sexuais e afetivas, a proteção de crianças e adolescentes, bem como a transmissão de valores, crenças e normas às novas gerações. As instituições educacionais fixam também o modo aceito como correto para a transmissão das idéias necessárias à integração do indivíduo na sociedade, incluindo, além de normas, de crenças e de valores, conhecimentos e técnicas.

Na linguagem do senso comum, é usual o emprego da expressão "instituição" como sinônimo de grupo secundário, associação ou de organização formal. Em Sociologia, usa-se, como já vimos, o termo *associação* com o mesmo significado de grupo secundário. Já o conceito de organização formal refere-se àqueles grupos secundários nos quais as relações interpessoais são, ao menos originalmente, contratuais, tal como, por exemplo, uma empresa ou uma universidade (ver o Capítulo 6). É freqüente, na linguagem cotidiana e mesmo jornalística, falar-se em uma universidade, por exemplo, como uma instituição educacional, numa associação beneficente como uma instituição filantrópica, num clube como uma instituição recreativa etc. Mas tal emprego do termo "instituição" não está de acordo com a convenção terminológica em uso na Sociologia. As instituições dizem respeito inclusive às associações e organizações formais, mas não se confundem com estas. Se afirmo, por exemplo, que "a universidade brasileira atravessa muitas transformações", não estarei obviamente me referindo a nenhuma universidade do Brasil considerada isoladamente e nem mesmo ao conjunto das universidades brasileiras, a não ser, neste último caso, de modo indireto. Se eu estiver empregando a palavra "universidade" no sentido de instituição, estarei antes me referindo a alguma coisa comum às universidades brasileiras, a saber, valores, normas, crenças, posições e papéis referentes à educação escolar em nível superior. Estarei, portanto, afirmando que os padrões de organização das relações nessa área de atividades e necessidades estão se modificando. Quando afirmo que "a família brasileira é, hoje, diferente da família no Brasil colonial e monárquico", não me refiro, analogamente, a nenhuma família brasileira considerada em particular, porém, a algo compartilhado pelas famílias no Brasil de hoje ou do passado: padrões de organização das relações de parentesco. Para a Sociologia, portanto, a palavra "família" tanto pode significar grupo primário quanto instituição. De qualquer modo, grupos primários e secundários são a expressão das instituições. Até mesmo as posições e os papéis são expressões das instituições, pois, como já vimos, posições e papéis pertencem necessariamente não só a grupos, mas, também, a sistemas institucionais.

O conceito de instituição, porém, não corresponde a algo diretamente observável na sociedade, de vez que, do mesmo modo que a cultura de um povo qualquer e as categorias sociais, o que denominamos instituições são meras ficções conceituais, elaborações intelectuais, embora formuladas com base na realidade observável. Somente por meio dos grupos – quer primários, quer secundários – e dos agregados podemos observar indiretamente as instituições sociais, pois tanto os grupos quanto os agregados são coletividades reais, independentemente do fato de as estudarmos, ou não. Não podemos observar diretamente o que chamamos de família brasileira, como instituição social, mas, seguramente, nos é possível observar um número estatisticamente representativo de famílias, considerando o universo social estudado, como grupos primários concretos, que nos permitam identificar valores, normas, crenças e atitudes padronizados, por meio dos quais possamos delinear os padrões culturais dominantes na organização das relações de parentesco no Brasil ou, em outras palavras, a instituição da família em nossa sociedade.

Não nos é possível observar diretamente nenhuma instituição religiosa em sociedade alguma, mas podemos observar o comportamento das pessoas durante o culto (agregado) em um número significativo de igrejas, bem como o modo como as pessoas filiadas a alguma religião se relacionam em grupos organizados com fins beneficentes, ou de catequese, por exemplo, para daí chegarmos a captar os padrões culturais dominantes entre os seres humanos em busca da organização de suas relações com o mundo sobrenatural ou, dito de modo mais preciso, metaempírico.

Universalidade, Origem e Interdependência das Instituições

Algumas instituições são universais, isto é, existem, segundo as evidências etnográficas disponíveis, em todas as sociedades, desde as tribais até as complexas sociedades urbano-industriais. Outras são específicas de determinadas sociedades. As instituições universais são o eixo de certos conjuntos de atividades relativas à satisfação de necessidades humanas específicas, e, por isto, são também denominadas instituições axiais. As instituições próprias de cada sociedade são, em geral, complementares em relação às instituições axiais. Família, governo, economia, educação, religião e recreação são instituições universais.

As tentativas de resposta à questão do porquê da universalidade dessas instituições dificilmente deixam de cair em especulações e, conseqüentemente, em conjecturas e demonstrações não fundamentadas em fatos. Assim, como em outros domínios da organização social, o melhor é, portanto, contentar-se com a constatação de que algumas instituições existem em todas as sociedades e com as possibilidades de explicação do seu funcionamento e das suas relações com outros domínios de sociedade, a partir das evidências empíricas. O mesmo problema ocorre com a questão referente à origem das instituições sociais em geral. É no mínimo bastante difícil, do ponto de vista metodológico, demonstrar com rigor científico que a origem das instituições sociais está nas relações de produção ou, dito de outro modo, que as instituições são parte da superestrutura ideológica erguida sobre a infra-estrutura das relações de produção, para usarmos das conhecidas metáforas do marxismo. Tais afirmativas são, antes, postulados, isto é, proposições não demonstradas e que podem funcionar como ponto de partida ou hipóteses de trabalho à pesquisa social. Por outro lado, constatar que todas as atividades humanas, inclusive as econômicas, são institucionalizadas, isto é, orientadas por valores e reguladas por normas, não significa afirmar que as instituições são a causa de todos os fenômenos sociais. É sempre tentador buscar relações de causa e efeito para todos os fatos constatados na sociedade, e, de fato, descobrir tais relações é a finalidade última de toda investigação científica. A ciência, porém, não se resume à identificação das relações de causa e efeito entre os fenômenos. Descrição e classificação dos fatos constatados são outras dentre as atividades próprias do trabalho científico. Desse modo, nessa questão, o mais recomendável, de acordo com os critérios da ciência, é proceder da mesma maneira que com relação às possíveis causas da universalidade de algumas instituições. Conjecturas e especulações são necessárias e, até mesmo, imprescindíveis à atividade científica, mas apenas como meio à formulação de hipóteses verificáveis empiricamente, isto é, através da observação de fatos, e jamais como explicação da realidade. O que os fatos nos permitem afirmar é que as atividades do homem com o fim de satisfazer a suas necessidades são universalmente explicadas por crenças, legitimadas por valores e reguladas por normas aplicáveis a posições e papéis específicos, e a cada complexo desses elementos conveciona-se denominar de instituição.

Afirmar que algumas instituições são universais não significa, no entanto, que elas existam do mesmo modo em todas as sociedades. Embora universais, família, governo, educação, economia, religião e recreação se apresentam de formas bastante diferentes de sociedade para sociedade.

Família

A família, como instituição, refere-se universalmente à orientação e à regulamentação das relações de parentesco, da procriação, das relações sexuais e da transmissão dos componentes intermentais básicos da sociedade. Na nossa sociedade, o namoro e o noivado são instituições complementares em relação à instituição da família. São muito variadas as formas de organização da família e diversos os critérios sociológicos para a sua classificação. Dentre os cientistas sociais, são os antropólogos que têm estudado com maior profundidade as relações de parentesco e as formas de organização da família, o que é explicável pela grande importância dessas relações na organização das sociedades tribais. Os principais tipos de família são a monogâmica (união de um homem com uma mulher), a poligínica (união de um homem com duas ou mais mulheres) e a poliândrica (união de uma mulher com dois ou mais homens). Enquanto nas sociedades de tradição religiosa judaico-cristã a família é monogâmica, nas sociedades baseadas na ética religiosa muçulmana a família normal é a poligínica. Conforme observa Ralph Linton, "a única forma de casamento reconhecida e permitida em todos os sistemas sociais é a monogamia", pois ela "coexiste com todas as outras, embora seja relativamente pequeno o número de sociedades que lhe dão preferência".[3] Além da monogamia, da poliginia e da poliandria, há ainda o chamado casamento grupal, mais raro do que aquelas formas de casamento.

As formas de organização da família refletem as imposições da coletividade para a sua própria sobrevivência. Nas sociedades tradicionais agrárias, o tipo predominante de família é a extensa ou patriarcal, que compreende várias gerações de parentes por consagüinidade, por casamento ou por agregação. É comum, em muitas sociedades, como no Brasil colonial, por exemplo, que esse tipo de família seja, ao mesmo tempo, unidade de consumo e de produção, ou seja, que os principais bens necessários à família – alimentos, vestuário, calçado etc. – sejam produzidos por ela própria. O tamanho ideal da família patriarcal é grande. Em muitas sociedades, a família patriarcal está relacionada à necessidade de braços para o trabalho agrícola. Já nas sociedades do tipo urbano-industrial do presente, a família patriarcal não se harmoniza com as exigências próprias do estilo de vida desses sistemas sociais. Nessas sociedades predomina a família nuclear, composta do casal e dos filhos. Ao contrário do que ocorre nas sociedades tradicionais, nas sociedades urbano-industriais, a família é apenas unidade de consumo e o seu tamanho ideal é compreensivelmente pequeno. Se no ambiente social rural a família de orientação (a que é composta por todos os nossos parentes, por consangüinidade ou não) é um grupo de referência muito significativo para os indivíduos, já no ambiente social urbano a importância da família de orientação como grupo de referência é consideravelmente menor do que a da família de procriação (a que é composta apenas pelos nossos parentes imediatos: filhos, esposa, ou marido). Nas sociedades tradicionais agrárias, a família concentrava grande número de funções,

---

3   LINTON, Ralph. *O homem*: uma introdução à antropologia. 4. ed. Trad. Lavínia Vilela. São Paulo: Martins, 1962. p. 211.

enquanto nas sociedades secularizadas do presente a família tem perdido muitas das funções que antes eram a ela atribuídas. As funções afetivas da família, desse modo, passaram a ter uma importância bem maior do que na família do tipo patriarcal.

Essa comparação das características da família patriarcal com as da família nuclear nos mostra o quanto todas as instituições de uma sociedade são interdependentes. Embora possamos tratar conceitualmente as instituições como entidades isoladas, elas são, na realidade, interdependentes. Aquilo que ocorre em um campo institucional tende a se refletir nos demais. Por isto, apesar da possibilidade de abordá-las isoladamente, o que caracteriza plenamente a perspectiva sociológica é precisamente a busca dos nexos porventura existentes entre as várias instituições. Esta tem sido uma característica fundamental da Sociologia, como se pode concluir da abordagem dos seus grandes mestres. Quando Max Weber, por exemplo, procura demonstrar que o comedimento no consumo e a valorização do trabalho como meios de salvação extraterrena, próprios da ética do calvinismo, tiveram influência decisiva no desenvolvimento do capitalismo,[4] está exatamente buscando identificar algumas das ligações entre dois domínios institucionais aparentemente dissociados entre si: a religião e a economia. Quando Karl Marx estabelece que todas as manifestações intelectuais decorrem necessariamente das relações de produção, está do mesmo modo tentando identificar aquilo que podemos chamar de relações inter-institucionais.[5] Quando Gilberto Freyre analisa a formação da sociedade brasileira a partir da associação entre família patriarcal, monocultura, latifúndio e trabalho escravo, está igualmente buscando os nexos porventura existentes entre diferentes campos institucionais, no caso, o familial e o econômico.[6] Esta, repita-se, tem sido uma característica básica das abordagens sociológicas mais representativas e fecundas.

Instituições Econômicas

As atividades econômicas são institucionalizadas à medida que são explicadas por crenças, legitimadas por valores e reguladas por normas. Assim, em todas as sociedades, para a produção, a circulação, a distribuição e a troca de bens escassos, existem crenças, valores, normas, posições e papéis determinados. O capitalismo, por exemplo, não existe apenas como um conjunto de práticas econômicas, mas, também, como um complexo de crenças, valores e nor-

---

4 WEBER, Max. *A ética protestante e o espírito do capitalismo*. Trad. M. Irene de Q. F. Szmrecsányi e Tamás J. M. K. Szmrecsányi. São Paulo: Pioneira, 1967. passim.

5 MARX, Karl. *O capital*. Trad. Reginaldo Sant'Ana. Rio de Janeiro: Civilização Brasileira, 1968.

6 FREYRE, Gilberto. *Casa grande e senzala*. 9. ed. Rio de Janeiro: José Olympio, 1958.

mas sociais, ou seja, como uma instituição, o mesmo se podendo afirmar dos modos feudal e escravista de produção. Cada modo de produção é, portanto, uma instituição. Conceber os modos de produção também como instituições não significa pretender que eles se reduzam a idéias coletivamente partilhadas, nem que a sua origem esteja no nível intersubjetivo das relações sociais, mas apenas constatar que as relações de produção, como todas as outras relações na sociedade, são explicadas, legitimadas e reguladas por crenças, valores e atitudes, respectivamente.

A importância de cada instituição social é relativa, de acordo com o nível de complexidade social, que, por seu turno, decorre do grau de complexidade e diversificação da divisão do trabalho. Nas sociedades tribais, por exemplo, as instituições econômicas são menos importantes do que as instituições da família e da religião, pelo fato de que, naquelas sociedades, as possibilidades tecnológicas de produção de bens econômicos, sendo bastante reduzidas, não permitem o surgimento do comércio, da compra da força de trabalho de alguns seres humanos por outros, de uma divisão do trabalho social mais complexa do que a que se baseia estritamente no sexo e na idade.

Inversamente, nas sociedades urbano-industriais do presente, as instituições econômicas apresentam grau de importância bem mais elevado do que nas sociedades tribais, resultado do desenvolvimento de uma maior capacidade de transformação tecnológica da natureza, visando à produção de bens econômicos, assim como de uma divisão mais diversificada e complexa do trabalho social, enquanto, por outro lado, nesse mesmo tipo de sociedade, a importância das relações de parentesco e, portanto, da família tende a decrescer.

Instituições Políticas

As instituições políticas não são exclusivas das sociedades letradas. Caciques, chefes tribais de todo tipo, conselhos de anciãos com a atribuição e o poder de julgar e deliberar são evidências da existência de instituições políticas em sociedades tribais. A finalidade explícita das instituições políticas é o controle social formal. Por isto, nas sociedades tribais mais elementares, demograficamente reduzidas, culturalmente mais homogêneas e estáveis do que as sociedades complexas e nas quais, por conseguinte, a responsabilidade do controle social é distribuída de forma mais igualitária entre os indivíduos, o poder político nem sempre existe de modo evidente.[7] Entre os habitantes da Terra do Fogo, por exemplo, não existem governantes estáveis, porém temporários e

---

7 OGBURN, William; NIMKOFF, Meyer. *Sociologia*. Trad. José Bugeda Sanchiz. 6. ed. Madri: Aguillar, 1966. p. 5.

circunstanciais, de acordo com necessidades eventuais de comando em situações especiais.[8] À medida, porém, que as sociedades se tornam mais complexas, as instituições políticas se apresentam de modo mais ostensivo e passam a ser conduzidas por um quadro de pessoal especializado. Extensão territorial e populacional, bem como heterogeneidade cultural são fatores de surgimento e desenvolvimento da necessidade de instituições políticas mais bem definidas e de um quadro de pessoal administrativo necessário ao controle social. É de se notar que os Estados contemporâneos têm apresentado a tendência a serem conduzidos segundo critérios racionais e, logo, a ampliar o seu aparato tecnoburocrático. Nas complexas sociedades secularizadas do presente, o carisma (conjunto de qualidades excepcionais que destacam um indivíduo dos demais) já não é uma base confiável para a aquisição e manutenção do poder político. O concurso da razão através da técnica e mesmo do conhecimento científico é hoje, na política, uma imposição da complexidade das sociedades contemporâneas e o complemento progressivamente necessário às práticas, nem sempre eficientes, consagradas pela tradição nesse domínio.

Religião

As instituições religiosas dizem respeito às relações que os homens estabelecem com o domínio metaempírico da realidade, ou seja, com o que está além da possibilidade de observação. Não resta dúvida de que a religião é uma das instituições mais importantes para a organização social, precisamente pelo seu conteúdo moral. A religião, referindo-se predominantemente ao sobrenatural, se reflete, no entanto, no comportamento real das pessoas. É por isto que ela interessa à investigação sociológica. As crenças e os valores religiosos são fatores muito poderosos de formação de atitudes. A religião, por este motivo, é um dos mais fortes componentes do *ethos*, ou seja, do caráter, do modo de ser de qualquer povo. Mesmo nas sociedades secularizadas de hoje, na qual os indivíduos tendem a orientar as suas ações por critérios utilitaristas e pragmáticos, a religião está presente até mesmo no comportamento das pessoas que se dizem não religiosas, precisamente pelo fato de que os ideais éticos da religião, estando presentes em toda a cultura, são inculcados pela socialização em todos os indivíduos. Esta é a razão pela qual podemos falar em culturas de tradição judaico-cristã, em culturas católicas, calvinistas ou muçulmanas. Duas das mais importantes obras da Sociologia se ocupam da influência das crenças religiosas sobre o comportamento humano. Uma delas é a já citada *A ética protestante e o espírito do capitalismo*, de Max Weber. A outra é *O suicídio*, de Émile Durkheim.

---

8   Idem.

Conforme já vimos, no seu célebre trabalho, Weber procura demonstrar que a ética calvinista, com a sua valorização ascética do trabalho e da restrição do consumo ao rigorosamente necessário, teve um importante papel na formação e no desenvolvimento do capitalismo. Durkheim, estudando as condições sociais do suicídio, constata, através de evidências estatísticas, na sua sociedade, algumas correlações significativas desse fenômeno com a filiação religiosa: o índice de suicídios entre judeus é mais baixo do que entre católicos; mais baixo entre católicos do que entre protestantes. Nesse trabalho, que ainda permanece como notável modelo de pesquisa sociológica, Durkheim não procura somente as correlações do suicídio com a filiação religiosa, mas esta é uma das mais significativas descobertas da sua pesquisa. Essas correlações não podem ser, no entanto, tomadas como generalizações válidas para toda e qualquer sociedade em qualquer época, mas apenas constatações referentes ao ambiente sociocultural no qual o fenômeno foi estudado. Para Émile Durkheim, a explicação do baixo índice de suicídios entre judeus estaria no forte senso de identidade grupal, próprio de todas as categorias sociais minoritárias, já que "os cultos menos numerosos, ao terem de lutar contra a hostilidade das populações ambientes, sejam obrigados, a fim de se manterem, a exercerem sobre eles próprios um controle severo e a submeterem-se a uma disciplina particularmente rigorosa".[9] Já o índice mais elevado de suicídios entre protestantes do que entre católicos é explicado por Durkheim pela "única diferença essencial que existe entre o catolicismo e o protestantismo", a saber, "que o segundo admite o livre arbítrio numa proporção muito maior do que o primeiro",[10] o que tem como conseqüência o fato de que o católico é submetido a um controle social mais severo do que o do protestantismo. Essas duas pesquisas dão bem a medida da importância da religião para a organização social.

RECREAÇÃO

A recreação, como tudo o que é feito em sociedade, é universalmente institucionalizada. Em todas as sociedades, existem modos culturalmente estabelecidos para o alívio das tensões acumuladas nos indivíduos em decorrência das frustrações geradas pelas inevitáveis restrições da vida social. A repressão da expressão de sentimentos e emoções e da satisfação de desejos e necessidades é – em maior ou menor grau, mais em determinada área do comportamento do que em outra – uma conseqüência inevitável da vida social. Assim, a vida

---

9 DURKHEIM, Émile. *O suicídio*: estudo de sociologia. Trad. Luz Cary, Margarida Garrido e J. Vasconcelos Esteves. Lisboa: Presença: Martins Fontes, s. d. p. 163.
10 Ibidem. p. 165.

em sociedade é necessariamente causadora de frustrações e tensões. O alívio dessas tensões é, por um lado, socialmente garantido, mas, por outro, institucionalizado. Todas as sociedades, portanto, possuem instituições recreativas, como, na sociedade brasileira, por exemplo, o carnaval e o futebol.[11]

Para Johan Huizinga, a tendência ao jogo, fundamento do lazer, no sentido mais amplo deste termo, e não apenas no sentido desportivo, teria raízes na própria constituição biopsíquica de nossa espécie, já que não é exclusiva dos seres humanos. Argumenta Huizinga:

"O jogo é fato mais antigo que a cultura, pois esta, mesmo em suas definições menos rigorosas, pressupõe sempre a sociedade humana; mas, os animais não esperaram que os homens os iniciassem na atividade lúdica. É-nos possível afirmar com segurança que a civilização humana não acrescentou característica essencial alguma à idéia geral de jogo. Os animais brincam tal como homens. Bastará que observemos os cachorrinhos para constatar que, em suas alegres evoluções, encontram-se presentes todos os elementos essenciais do jogo humano. Convidam-se uns aos outros para brincar mediante um certo ritual de atitudes e gestos. Respeitam a regra que os proíbe morderem, ou pelo menos com violência, a orelha do próximo. Fingem ficar zangados e, o que é mais importante, eles, em tudo isto, experimentam evidentemente imenso prazer e divertimento. Essas brincadeiras dos cachorrinhos constituem apenas uma das formas mais simples de jogo entre os animais. Existem outras formas muito mais complexas, verdadeiras competições, belas representações destinadas a um público."[12]

Há, contudo, uma enorme diferença entre o jogo entre animais não humanos e a mesma atividade na espécie humana, mesmo admitindo que ele tenha origem no aparato biopsíquico, estritamente biológico, do homem, como defende Huizinga. Do mesmo modo como acontece com a vida em grupo, que tem origem na tendência, verificável na grande maioria das espécies animais não humanas, à afiliação, na espécie humana a inclinação à brincadeira, ao jogo, é moldada pela cultura. E é por essa razão que a recreação é institucionalizada em toda e qualquer sociedade, o que equivale a dizer que ela é submetida a um código de normas dotadas de significado que estabelece como os indivíduos podem satisfazer às necessidades de alívio das tensões, resultantes de sua submissão às expectativas de comportamento padronizado para os papéis que eles desempenham, do modo culturalmente definido como correto em sua sociedade.

---

11   Uma estimulante interpretação do carnaval brasileiro está em MATTA, Roberto da. *Carnavais, malandros e heróis*. Rio de Janeiro: Zahar, 1970.

12   HUIZINGA, Johan. *Homo ludens*: o jogo como elemento da cultura. Trad. João Paulo Monteiro. São Paulo: Perspectiva, 1971. p. 3.

Educação

A educação constitui uma instituição universal pelo fato de que em todas as sociedades – das comunidades tribais às complexas sociedades urbano-indutriais – é necessário garantir não apenas a continuidade biológica, mas, igualmente, a transmissão das normas, dos valores, dos símbolos e das crenças, enfim, da estrutura intermental sem a qual nenhuma sociedade pode funcionar. Em conseqüência, todas as sociedades possuem normas, crenças, *status* e papéis especialmente voltados para o processo de transmissão de seus componentes intermentais básicos. Assim, se todas as sociedades tribais possuem práticas ritualísticas[13] através das quais são transmitidos os conhecimentos e os padrões de comportamento necessários à ocupação de determinados *status* e, portanto, ao desempenho dos papéis correspondentes pelos indivíduos, com muito mais razão as sociedades complexas do presente possuem meios crescentemente formalizados de treinamento de seus membros individuais para ocupar as posições necessárias a seu funcionamento.

Grandes civilizações do passado – a chinesa, a egípcia, a greco-latina, por exemplo – não conheceram a escola, pois, apesar de já possuírem a escrita, a divisão do trabalho social não havia ainda atingido um nível de complexidade tal que demandasse maior racionalidade na transmissão de conhecimentos, técnicas e padrões de comportamento específicos para o *status* profissional. Na Europa da Idade Média e durante o período moderno, os conhecimentos, as técnicas e os modos de agir próprios de cada profissão eram transmitidos de pai para filho, de acordo com o modelo das sociedades aristocrático-estamentais (ver Capítulo 7, seção "Estamentos"): o filho do padeiro tornava-se padeiro, o filho do sapateiro não podia ganhar seu sustento senão como sapateiro, e assim por diante. Embora a escola (no amplo sentido da expressão, incluindo, portanto, a universidade) tenha surgido nos fins da Idade Média, nas catedrais, com a decadência dos mosteiros, que funcionavam rigorosamente como feudos, foi a partir da Revolução Industrial, com a emergência da economia capitalista e a ampliação da divisão do trabalho social, que a escola veio a afirmar-se como uma instituição absolutamente necessária ao funcionamento da sociedade de classes, como meio de garantir o treinamento dos indivíduos para a multiplicidade das novas posições que a economia desse novo tipo de sociedade – a chamada sociedade burguesa, em contraposição ao modelo da antiga sociedade aristocrática – passou a demandar. Já se vê, portanto, que o ideal do acesso igualitário do cidadão à instrução escolar corresponde não apenas a um dos valores próprios da ideologia da sociedade burguesa, mas, sobretudo, representa

---

13 A obra clássica, obrigatória, a respeito dos chamados "ritos de passagem", aqueles que assinalam a mudança de *status* dos indivíduos, é VAN GENNEP, Arnold. *Os ritos de passagem*. Trad. Mariano Ferreira. Petrópolis: Vozes, 1978.

resposta às novas necessidades de treinamento especializado da mão-de-obra para as sociedades do tipo urbano-industrial.

Se alguns vêem na educação escolar uma verdadeira panacéia para os problemas das sociedades subdesenvolvidas, não há, contudo, fundamento para a idéia de que, por si mesma, a instrução escolar constitua fator de desenvolvimento social, conforme tem argumentado, entre outros, o sociólogo Luis A. Costa Pinto (ver o Capítulo 10, especialmente a seção "Desenvolvimento social"). Mesmo assim, é inegável a importância da escola como instituição imprescindível ao processo de modernização das sociedades subdesenvolvidas, na atualidade. É a escola que permite maior eficiência no processo de transmissão de conhecimentos e técnicas, mas, igualmente, facilita a integração do indivíduo a uma cultura cosmopolita transnacional, de importância crescente nesta fase da história em que o significado da nação como unidade político-econômica tende a decrescer com o chamado processo de globalização no plano da economia, da política e da cultura de modo geral.

QUESTÕES PARA EXERCÍCIO

1. Por que o termo "instituição", embora empregado ao nível do senso comum como sinônimo de grupo secundário, não diz respeito, ao menos de modo direto, a um conjunto de pessoas?
2. Qual a relação entre instituições sociais e necessidades individuais?
3. Qual a relação entre instituições e necessidades coletivas?
4. Por que a palavra "família" tanto pode dizer respeito a um grupo primário quanto a uma instituição?
5. Por que podemos afirmar que as instituições são ficções conceituais, meras elaborações intelectuais, embora fundamentadas na realidade observável?
6. Que são instituições universais?
7. Quais as diferenças básicas entre família patriarcal e família nuclear?
8. Por que podemos afirmar que um sistema econômico qualquer é um sistema institucional?
9. Por que as instituições políticas podem ser consideradas universais?
10. Qual a explicação formulada por Durkheim para o fato, por ele constatado em algumas nações européias de seu tempo, de que as taxas de suicídio entre protestantes fossem mais altas do que entre católicos?
11. Como explicar sociologicamente a universalidade da recreação como instituição social?

12. Como explicar sociologicamente a grande importância da religião para a organização social?
13. Como explicar sociologicamente a universalidade das instituições educacionais?
14. Por que a instituição da escola não existiu nas grandes civilizações da Antigüidade?
15. Qual a relação entre a difusão da instituição da escola no Ocidente e a emergência da sociedade burguesa, capitalista, de classes?

SUGESTÕES DE LEITURA

BERGER, Peter L.; BERGER, Brigitte. O que é uma instituição social? In: FORACCHI, Marialice Mencarini; MARTINS, José de Souza (Org.). *Sociologia e sociedade*: leituras de introdução à sociologia. Rio de Janeiro, São Paulo: Livros Técnicos e Científicos, 1977. p. 193-199.

FICHTER, Joseph H. *Sociologia*. Trad. Hebe Guimarães Leme. São Paulo: Herder, 1967. Cap. 11: "Instituições", p. 296-307.

HORTON, Paul B.; HUNT, Chester. *Sociologia*. Trad. Auriphebo Berrance Simões. São Paulo: McGraw-Hill, 1980. Cap. 9: "Instituições sociais", p. 145-163.

KOENIG, Samuel. *Elementos de sociologia*. Trad. Vera Borda. Rio de Janeiro: Zahar, 1970. Cap. 7: "Significado e função das instituições", p. 93-110.

SOUTO, Cláudio; SOUTO, Solange. *A explicação sociológica*: uma introdução à sociologia. São Paulo: Editora Pedagógica e Universitária, 1985. Cap. 11: "Instituições sociais", p. 209-227.

9

Processos Sociais

PROCESSOS SOCIAIS, COESÃO E DISJUNÇÃO

A sociedade, como toda a realidade, é necessariamente dinâmica, está sempre em processo. Indivíduos, grupos, categorias, agregados, subculturas, estratos sociais agem e reagem continuamente uns sobre os outros. Em outras palavras, estão sempre em interação. Por isto, a análise científica da sociedade requer não apenas a classificação das suas partes – posições, papéis, grupos, agregados, categorias, camadas, subculturas –, a fim de que seja possível a compreensão do funcionamento do todo, mas, também, a classificação dos seus processos.

Alguns desses processos já foram abordados neste livro, tais como a socialização ou enculturação e a aculturação ou transculturação (ver o Capítulo 2).

Processo social é qualquer ação entre dois ou mais agentes sociais – indivíduos, grupos, agregados etc. –, contribuindo para aproximá-los ou afastá-los uns dos outros. Por esta razão, os processos sociais são classificados em coesivos ou positivos, os que contribuem para aproximar os agentes sociais, de um lado, e, de outro, disjuntivos ou negativos, os que contribuem para afastar os agentes sociais.

INTERAÇÃO E AÇÃO SOCIAL

O processo social mais importante é a interação. Todos os processos sociais são diferentes tipos de interação. Por isto, a interação é o processo social geral. A interação é o processo de influência recíproca ou unilateral entre dois ou mais agentes sociais. A influência entre os agentes sociais é recíproca quando os agentes estão fisicamente próximos entre si, em contato direto, ou quando há, de qualquer modo, a possibilidade de reação por parte de todos os agentes envolvidos no processo: quando converso com uma pessoa, seja em contato face a face, seja por telefone, ou mesmo quando me comunico com alguém através de carta, por exemplo. A influência é unilateral quando algum dos agentes em interação está presente no processo apenas de forma indireta e, desse modo, pode influenciar, mas não pode ser influenciado pelo outro.[1] Quando, por exemplo, leio algum livro, sou influenciado, mas, em geral, não influencio o seu autor, seja porque eu não tenha como entrar em contato com ele, seja porque ele esteja morto. O mesmo tende a acontecer quando vejo um filme ou assisto televisão. A unilateralidade predominante na interação feita com a intermediação dos modernos meios de comunicação de massa – cinema, rádio, televisão, jornal – é um eficientíssimo e, por isto mesmo, perigoso instrumento de dominação e manipulação das massas, através da transmissão de crenças e valores, bem como, em conseqüência, da formação de opiniões e atitudes.

A interação social é predominantemene orientada pelas posições dos atores sociais e, logo, pelas expectativas de comportamento padronizado referentes a essas posições (papéis). As características universais básicas do processo de interação foram admiravelmente identificadas e descritas por Weber em sua formulação clássica do próprio objeto da Sociologia: o conceito de ação social (ver Capítulo 3). Há inegável parentesco entre o conceito weberiano de ação social e o conceito de interação, conforme explorado pelos sociólogos da chamada "Escola de Chicago". O conceito de interação é central na "Escola de Chicago". Admitindo o parantesco entre o conceito weberiano de ação social e o conceito de interação, difundido por Robert E. Park,[2] que o tomou de Georg Simmel,[3] havemos de admitir, igualmente, que a interação pode envolver agentes sociais presentes ou não à situação, personalizados ou difusos, no outro generalizado. De fato, o comportamento em sociedade é orientado, em medida significativa, pelo outro generalizado, conforme a conceituação de George H. Mead (ver Capítulo 5). Ademais, a interação é social quando existem símbolos e significados em jogo.

Além da interação simbólica, no entanto, podemos falar de formas não simbólicas de interação, que são aquelas que ocorrem sem que delas os atores

---

1   Cf. SOUTO, Cláudio. *Teoria sociológica geral*. Porto Alegre: Globo, 1974. p. 13.

2   PARK, Robert E.; BURGESS, Ernest W. *Introduction to the science of sociology*. 3. ed. Chicago: The University of Chicago Press, 1969. p. 339-348.

3   Ibidem. p. 341, 348-361.

sociais tenham consciência, como as que dizem respeito ao tom de voz e não às palavras, a odores, ou ao modo de olhar, por exemplo. Como quer que seja, cabe, a esta altura, ser ressaltado que o fato fundamental para a compreensão da vida social entre os seres humanos é a existência de indivíduos e grupos em interação orientada por significados, sobretudo os derivados da cultura, de acordo com interesses e objetivos específicos para diferentes situações sociais.

Estrutura Básica da Interação e Sistemas Sociais Complexos

Para Talcott Parsons e Edward A. Shils, as características da interação de apenas dois indivíduos "estão presentes, de maneira mais complexa, em todos os sistemas sociais".[4] As características descritas por Parsons e Shils, combinadas à concepção de papel social codificada por Ralf Dahrendorf (ver Capítulo 5), estão apresentadas de modo simplificado no diagrama da Figura 9.1. Mas não é provável que os sistemas sociais complexos e heterogêneos, compostos de categorias portadoras de interesses diversos, quando não incompatíveis, reproduzam as características da díade (sistema social formado por apenas dois indivíduos). O paradigma de Parsons refere-se à "estrutura de uma relação interativa solidária",[5] e, nas sociedades estratificadas, a interação das camadas sociais entre si tende a ser só aparentemente solidária. Em tais sociedades, as relações entre as camadas sociais são antes um processo caracterizado pela desigualdade de poder, assim como pela diferença de interesses. Desse modo, dominação, de um lado, e submissão, de outro, são características preponderantes no processo de interação das classes umas com as outras, e o pacto social tende a resultar de arranjos temporários dos interesses e do poder relativo de barganha das diversas classes. Torna-se, portanto, improvável que as características do modelo de interação diádica de Parsons e Shils, baseado na solidariedade e na reciprocidade, estejam presentes em todos os sistemas sociais complexos.

---

4 PARSONS, Talcott; SHILS, Edward. A interação social. In: CARDOSO, Fernando Henrique; IANNI, Octávio (Org.). *Homem e sociedade*. 4. ed. São Paulo: Nacional, 1968. p. 125.

5 PARSONS, Talcott; SHILS, Edward. Op. cit. p. 127.

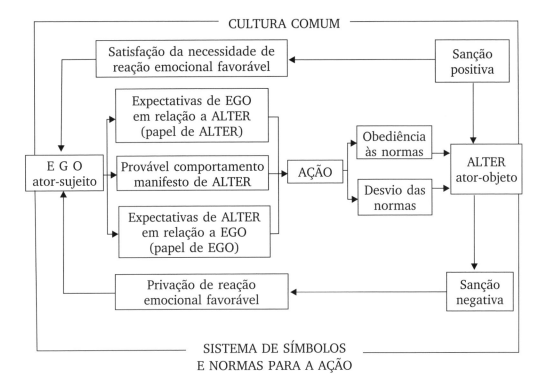

Diagrama de autoria de Sebastião Vila Nova
com base em Parsons, Shils e Dahrendorf.

Figura 9.1 *Estrutura básica da interação.*

INTERAÇÃO, CONTATO E COMUNICAÇÃO

Do mesmo modo que a interação é o processo social geral, o contato é o processo social primário, pois não pode haver nenhuma forma de interação se não há contato social. Por outro lado, só há contato social quando há comunicação, de tal modo que os dois conceitos – contato e comunicação – chegam mesmo, na Sociologia, a se confundirem. O contato social, logo, não resulta necessariamente da proximidade física entre os agentes sociais. Se as pessoas que viajam em um ônibus, por exemplo, não se comunicam umas com as outras, não há contato social, por maior e mais incômoda que seja a proximidade física entre elas. Se duas pessoas estão distantes uma da outra, mas se comunicam através de telefone ou mesmo de carta, então, aí há contato social.

A comunicação simbólica, como já vimos, não se limita à linguagem verbal, embora seja esta o mais importante instrumento de comunicação humana. Desse modo, duas ou mais pessoas fisicamente próximas, mesmo que não se comuniquem de forma intencional e consciente, muito provavelmente se comunicarão através de meios menos explícitos de comunicação, tais como o vestuário, a postura, o olhar, por exemplo, e, dessa maneira, terão o seu comportamento influenciado por essa forma de comunicação não intencional e não consciente.

Isolamento e Contato

Afirmar que a proximidade física não leva necessariamente ao contato é, em outras palavras, dizer que ela não impede o isolamento. Mas o isolamento físico, por outro lado, é um fator significativo de isolamento sociocultural. Com o desenvolvimento e a difusão dos meios de comunicação, notadamente do rádio e da televisão, o isolamento físico vai gradativamente perdendo importância, porém, como fator de isolamento sociocultural.

Os fatores mais importantes de isolamento são os socioculturais. Quando indivíduos, no ambiente rural, estão expostos às mensagens da televisão, mas não são capazes de interpretá-las adequadamente, por pertencerem a uma subcultura diversa da subcultura urbana de onde provêm as mensagens, o isolamento, embora relativo, neste caso, resulta de fatores socioculturais. Quando, no Brasil, os nordestinos de renda inferior emigrados para o Rio de Janeiro e São Paulo fixam residência em áreas nas quais predominam famílias da mesma origem geográfica e sociocultural, aí podemos, de igual modo, identificar no acervo sociocultural, ao lado da ocupação e da renda, um fator bastante significativo de isolamento social.

Não se deve, nas sociedades estratificadas, subestimar a ocupação, a renda e a escolaridade como causas de isolamento social. Nas grandes metrópoles brasileiras, as famílias de renda mais baixa se localizam predominantemente nas áreas periféricas, sendo, neste caso, o isolamento físico uma decorrência clara da marginalização socioeconômica. Vê-se, desse modo, que, nas sociedades estratificadas, notadamente nas modernas sociedades de classe, a configuração física das cidades tende a refletir a configuração das relações de classe. O baixo nível de escolaridade, à medida que dificulta a integração dos indivíduos no sistema de produção e a sua participação no universo simbólico das diferentes subculturas da sua sociedade, é um relevante fator de isolamento social. Assim, a estratificação é não só um fator de distanciamento social entre os indivíduos segundo a sua localização de classe, mas, em alguns casos, de isolamento social, como, em geral, é o caso das categorias de baixa renda nas metrópoles brasileiras, conforme já comentamos nesta seção.

Cooperação, Ação Coletiva e Pacto Social

A cooperação é processo social imprescindível à organização social. Não pode haver sistema social sem um mínimo de cooperação. Este é um processo do qual os indivíduos nem sempre têm consciência clara, mas onde houver algum consenso a respeito de metas culturalmente legítimas, valores, crenças e normas coletivas há cooperação. Logo, tomando a palavra "cooperação" no seu sentido etimológico estrito (ação conjunta), o estudo desse processo compreende uma das áreas de maior importância para a Sociologia: o estudo da ação coletiva. Para alguns sociólogos, como, por exemplo, Howard S. Becker, a ação coletiva é o fundamento da própria organização social, e a Sociologia, portanto, é "o estudo das formas de ação coletiva".[6] De acordo com essa concepção, a sociedade compreende uma extensa rede de colaboração entre indivíduos, grupos e categorias sociais, graças a qual se mantém integrada.

Deve ser notado, porém, que a cooperação, sobretudo em nível macrossocial, nem sempre reflete o consenso a respeito de metas, valores, crenças e normas. A cooperação pode, também, resultar da existência de interesses e objetivos diferentes, mas complementares, como tende a ocorrer entre as classes sociais. A burguesia empresarial tem como principal objetivo de sua ação a obtenção de lucros crescentes, mas, para tanto, necessita de mão-de-obra, ou seja, do operariado. Os trabalhadores agem em função da sobrevivência e da elevação dos seus padrões de consumo, porém, para alcançar tais objetivos, precisam vender a sua força de trabalho à burguesia empresarial. Os interesses e objetivos dessas amplas categorias sociais são inegavelmente diversos, mas somente podem ser satisfeitos através da troca do trabalho pelo salário entre elas. A cooperação existe quando a troca resulta satisfatória para as partes. Quando a troca não é satisfatória para uma das partes, mas não há conflito manifesto na interação, essa ausência de conflito não reflete necessariamente a cooperação, porém pode refletir a dominação, de um lado, e, de outro, a submissão ou a acomodação. Quando uma categoria detém serviços ou bens imprescindíveis a uma outra categoria e, ao mesmo tempo, esses bens ou serviços são altamente escassos na sociedade, o poder de barganha, ou seja, a possibilidade de fazer exigências e impor condições no processo de troca da primeira tende a aumentar em relação à segunda categoria. Quando uma categoria social inferior adquire ou aumenta o poder de barganha, tende a elevar o seu nível de aspirações, mesmo quando já é alto o nível de satisfação de suas necessidades e de seus interesses, e, em conseqüência, a romper o pacto social e a desequilibrar o sistema social. É o que, em anos recentes, aconteceu com os operários da indústria automobilística em São Paulo. As greves operárias no chamado ABC paulista a partir de 1978 resultam não apenas da insatisfação desses trabalhadores, mas, também, do seu alto poder de barganha. O equilíbrio do sistema interativo, quando este resulta da dominação de uma categoria social sobre outra, ten-

---

6 Cf. BECKER, Howard S. *Uma teoria da ação coletiva*. Trad. Márcia Bandeira de Mello Leite Nunes. Rio de Janeiro: Zahar, 1977. p. 10.

de a ser rompido quando o nível de insatisfação da categoria subalterna se torna muito elevado, mesmo que seja pequeno o poder de barganha dessa categoria. As greves dos camponeses da Zona da Mata de Pernambuco têm sido um exemplo desse tipo de rompimento do pacto social. Não se poder afirmar que seja alto o poder de barganha da categoria dos trabalhadores da agroindústria do açúcar em Pernambuco. Os movimentos reivindicatórios dessa categoria social resultam, antes, do altíssimo grau de insatisfação das suas necessidades e dos seus interesses. Em qualquer um dos dois casos, a cooperação e o equilíbrio do sistema interativo tendem a ser restabelecidos através de concessões da categoria social dominante. Se o poder de barganha da categoria social subalterna é alto, obviamente, maiores tendem a ser as concessões a que se vê forçada a categoria social dominante para restabelecer o pacto social e, através dele, assegurar a manutenção dos seus privilégios. Quando é baixo o poder de barganha de uma categoria social em choque com outra, menores tendem a ser as concessões da categoria social em posição superior. Os exemplos já comentados podem muito bem ilustrar essas generalizações.

Acomodação e Assimilação

A acomodação se dá quando indivíduos, grupos ou categorias em interação, não compartilhando de metas, valores, crenças, atitudes e padrões de comportamento, convivem, contudo, pacificamente, como se tal não ocorresse. Na acomodação, o comportamento dos membros das categorias sociais minoritárias não reflete as suas predisposições para a ação (atitudes), porém, antes, as esconde. Para serem aceitos socialmente, os indivíduos simulam um comportamento que não corresponde ao seu acervo sociocultural subjetivo. É o que ocorre com indivíduos transplantados para ambiente sociocultural diverso do meio em que foram socializados.

A acomodação tende a levar, no entanto, à assimilação. Assimilação é o processo através do qual indivíduos, grupos ou categorias culturalmente diferentes permutam os seus respectivos acervos socioculturais, de modo a se tornarem semelhantes. No caso de imigrantes estrangeiros, a miscigenação é um importante fator de assimilação, a exemplo do que, no Brasil, tem acontecido com diferentes categorias étnicas, notadamente japoneses e italianos, nas últimas décadas. A realização de casamentos interétnicos, além de ser um fator de assimilação, pode, também, muitas vezes, representar já uma conseqüência desse processo, pois a proibição da exogamia (casamento com pessoa de outro grupo ou categoria social) tende a ser uma característica das categorias socioculturais isoladas, prevalecendo, em seu lugar, a obrigatoriedade da endogamia (casamento com pessoa do mesmo grupo ou categoria social).

Competição e Conflito

A competição é um processo tão universal quanto a cooperação. Ela ocorre quando vários indivíduos buscam alcançar um objetivo que pode ser alcançado por todos ou pela sua maioria. Do mesmo modo que a cooperação, a competição tende a ser, na maioria das vezes, não consciente. Mas algumas formas de competição tendem a ser muito claras para os indivíduos envolvidos nesse processo, como, por exemplo, a competição profissional. Ao contrário do conflito, a competição é um processo de caráter pacífico.

O conflito tende a ocorrer quando os indivíduos buscam um objetivo que só pode ser alcançado por um ou poucos dentre eles, ou, ainda, quando indivíduos, grupos ou categorias sociais têm interesses ou objetivos incompatíveis entre si. A incompatibilidade de interesses e objetivos, no entanto, não basta para desencadear o conflito. Como já vimos na quarta seção deste capítulo – "Cooperação, ação coletiva e pacto social" –, se há um nível suficiente de satisfação no processo de troca entre categorias sociais com interesses diferentes, a cooperação tende a preponderar sobre o conflito potencial. Quando, porém, a satisfação de necessidades e interesses desce a níveis muito baixos nesse mesmo processo, o conflito tende a surgir, o mesmo acontecendo quando aumenta o poder de barganha de uma categoria social subalterna. Tudo leva a crer que a consciência dos interesses de classe tende a ser principalmente uma conseqüência da elevação do poder de barganha, ou da extrema depressão do nível de satisfação das necessidades nas classes sociais dominadas.

Outro fator de inibição do conflito potencial entre categorias sociais detentoras de interesses incompatíveis é a dominação das categorias detentoras de maior participação no processo de distribuição social da riqueza e, por conseguinte, do poder, mesmo quando é baixo o grau de satisfação das necessidades e dos interesses das categorias sociais situadas em posição inferior na hierarquia social. Ao contrário do que ocorre na competição, no conflito o comportamento das pessoas tende obviamente a ser agressivo.

Complementaridade dos Processos Sociais

Os processos sociais não ocorrem isoladamente. Ao menos a cooperação tende a estar, de um modo ou de outro, associada aos demais processos, mesmo os disjuntivos, pois os processos associativos não excluem os disjuntivos e vice-versa. Mesmo no conflito, a cooperação está, em geral, presente. Isto acontece porque a regulamentação consentida do comportamento humano é uma característica necessária da vida social, e ela, por si mesma, tende a gerar alguma forma de cooperação entre os indivíduos. No concurso vestibular, por exemplo, ao mesmo tempo em que há competição entre os candidatos por um lugar na universidade, é inegável a existência de cooperação em grau elevado, da qual as tentativas de ajuda recíproca, inclusive através da "cola", são uma clara evidência. Mesmo na guerra, que é, sem dúvida, a forma mais dramática de conflito, existe alguma forma de cooperação entre os agentes em choque a respeito de regras geralmente aceitas pelas partes para a ação nesse tipo de conflito.

QUESTÕES PARA EXERCÍCIO

1. Que são processos sociais?
2. Por que a interação social é o processo social geral?
3. Por que a influência entre os agentes em interação tanto pode ser recíproca quanto unilateral?
4. Quais as relações entre interação e papéis sociais?
5. Interprete o diagrama da Figura 9.1.
6. Por que o contato é o processo social primário?
7. Por que a proximidade física não leva necessariamente ao contato?
8. Por que os fatores socioculturais são causas freqüentes de isolamento?
9. Por que a cooperação nem sempre resulta do consenso a respeito de metas, crenças, valores e normas?
10. Qual a relação entre acomodação e assimilação?
11. Quais os fatores da assimilação?
12. Qual a diferença entre competição e conflito?
13. Por que os processos sociais associativos não excluem os processos sociais disjuntivos?

SUGESTÕES DE LEITURA

PARSONS, Talcott; SHILLS, Edward A. A interação social. In: CARDOSO, Fernando Henrique; IANNI, Octávio (Org.). *Homem e sociedade*: leituras básicas de sociologia geral. 4. ed. São Paulo: Nacional, 1968. p. 125-127.

PIERSON, Donald. *Teoria e pesquisa em sociologia*. 18. ed. São Paulo: Melhoramentos, 1981. Cap. 13: "O processo de interação: conceito básico nas ciências sociais", p. 195-207; Cap. 15: "Quatro tipos fundamentais de interação", p. 219-222; Cap. 16: "Competição e conflito", p. 223-236; Cap. 17: "Acomodação e assimilação", p. 237-251.

SOUTO, Cláudio; SOUTO, Solange. *A explicação sociológica*: uma introdução à sociologia. São Paulo: Editora Pedagógica e Universitária, 1985. Cap. 5: "A interação social", p. 67-84.

VON WIESE, Leopold. Os processos de interação social. In: CARDOSO, Fernando Henrique; IANNI, Octávio (Org.). Op. cit. p. 212-222.

——; BECKER, H. O contato social. In: CARDOSO, Fernando Henrique; IANNI, Octávio (Org.). Op. cit. p. 136-152.

10

Mudança Social

Mudança Social e Mudança Cultural

A sociedade é também uma realidade que se transforma continuamente, uma realidade em constante mudança. Algumas sociedades se tranformam com grande rapidez. Outras mudam mais vagarosamente. De qualquer maneira, todas as sociedades estão sempre se transformando. As sociedades tribais, mais isoladas, se transformam mais lentamente do que o seu oposto na escala de complexidade social, as sociedades do tipo urbano-industrial.

É usual, em ciência social, fazer-se distinção entre mudança social e mudança cultural. A primeira compreenderia as transformações na composição etária de uma sociedade, por exemplo, ou, ainda, nas relações de classe, no estilo predominante de vida – rural ou urbano –, na proporção de habitantes do campo em relação aos da cidade etc. Já a mudança cultural incluiria, para quem adota tal distinção, as transformações no domínio das crenças, dos valores, das atitudes, dos costumes etc. Na realidade, essa classificação é pouco útil, pois de tal modo as duas formas de mudança se confundem que dificilmente se pode saber com segurança onde termina uma e onde começa outra. Como vimos, a cultura é o que distingue as formas humanas de organização social das manifestações não humanas de convívio. Desse modo, toda mudança social acarreta necessariamente transformações no acervo cultural de um povo. Inversamente, qualquer transformação no plano da cultura tende a acarretar algum tipo de mudança nas formas de organização das relações sociais, já que a cultura compreende todos os domínios da vida social e o comportamento humano está necessariamente ligado aos modos culturalmente estabelecidos de perceber a realidade.

Fatores de Mudança Social

Muitas podem ser as causas de mudança social. Fatores geográficos – condições climáticas, cataclismas, maior ou menor disponibilidade de determinados recursos naturais – podem provocar mudanças na sociedade. Escassez, para uns, e abundância de petróleo, para outros, têm sido causa de mudança em muitas sociedades do presente. As condições climáticas e pedológicas (referentes ao solo) desfavoráveis na extensa área semi-árida do Nordeste brasileiro constituem um exemplo bastante significativo de um fator geográfico atuando sobre a organização social. Durante muitas décadas, as secas do Nordeste vêm concorrendo para a desarticulação do grupo familial através da migração forçada, temporária ou permanente, de famílias inteiras ou de seus membros isoladamente.

Os conhecimentos acumulados pelas ciências de comportamento recomendam cautela na consideração dos fatores geográficos de mudança social, pois supervalorizar esses fatores significa cair nas antigas idéias, já há muito superadas pela ciência social, do determinismo geográfico, segundo o qual as formas de organização social seriam decorrência das condições ecológicas. As diferenças de reação, segundo a localização de classe, em face da seca, no Nordeste do Brasil, constituem um exemplo de como a organização social atua sobre o modo de enfrentar os fenômenos naturais. Conforme se tem observado, a seca não afeta todas as categorias sociais do mesmo modo. Quando ela começa a se manifestar, os primeiros a serem afetados são os agricultores assalariados e os produtores sem terra (parceiros, arrendatários etc.). Em seguida vêm os pequenos proprietários. Médios e grandes proprietários, contudo, ao contrário daquelas categorias sociais, não são, em geral, forçados a abandonar a terra. Assim, vemos como a estratificação, entre outros fatores sociais, pode afetar a forma de reação humana aos fenômenos naturais. Não se pode negar o papel dos fenômenos geográficos no processo de transformação das formas de convívio humano, desde, porém, que se entenda que os fatores geográficos atuam conjugadamente com os estritamente socioculturais.

Como sabemos, a exploração do ouro e de outros minerais preciosos, bem como do café, do cacau, da cana de açúcar e da borracha, foi fator bastante significativo de mudanças sociais no Brasil. A exploração desses recursos é, em si mesma, um fenômeno social, mas a existência de minérios preciosos e de condições favoráveis ao cultivo de determinados produtos agrícolas pertence ao domínio dos fenômenos geográficos. Esses fatores geográficos, considerados isoladamente, não explicam as mudanças sociais a eles associadas ocorridas no Brasil. É necessário, pelo menos, considerar a valorização e a demanda internacional sem a qual eles não atuariam como fator de mudança social.

Um outro fator de transformação da sociedade é a liderança, notadamente a de personalidades carismáticas. Muitos são os exemplos de mudança social provocada por líderes carismáticos. Lutero, Calvino, Lênin e Gandhi, entre outros, podem ser apontados entre as personalidades que, com as suas qualidades excepcionais de liderança, provocaram mudanças na sociedade. Getúlio Vargas, no Brasil, é outro exemplo significativo. Mas, do mesmo modo que a ciência social não recomenda a supervalorização das condições geográficas como fator de mudança social, não é sociológico superestimar o papel da liderança carismática na transformação da sociedade. Nada mais contrário à atitude sociológica do que explicar a mudança social pelas qualidades excepcionais dos "grandes homens". A crença na idéia de que a história é feita pelos "grandes homens" foi também já há muito superada pela ciência social. Explicar as transformações sociais exclusivamente através da liderança carismática significa explicar o social pelo psicológico, o que representa uma transgressão de um dos mais elementares princípios da investigação sociológica, de acordo com a formulação de Durkheim: é "na natureza da própria sociedade que urge buscar a explicação da vida social",[1] pois, "todas as vezes que um fenômeno está explicado diretamente por um fenômeno psíquico, pode-se estar certo de que a explicação é falsa",[2] posto que "uma explicação puramente psicológica dos fatos sociais deixaria (. . .) escapar tudo o que eles têm de específico, isto é, de social".[3] Dessa maneira, se, por um lado, os líderes carismáticos influenciam e chegam mesmo a provocar o processo de mudança social, por outro lado, a personalidade desses líderes não pode ter sido formada senão na sociedade, o que equivale a dizer que a cultura e a sociedade também atuaram sobre eles. Logo, é sociologicamente relevante perguntar se mudanças sociais são causadas pela atuação de líderes carismáticos ou se resultam de forças socioculturais que agem sobre eles. Responder à questão sobre o que leva um indivíduo a aglutinar na sua personalidade as tendências e forças de transformação da sua sociedade é, no entanto, tarefa da Psicologia e da Psicologia Social. Pode-se dizer, de qualquer modo, que um condicionamento sociologicamente significativo na atuação dos líderes, carismáticos ou não, é a sua situação de classe. O mais recomendável, do ponto de vista da Sociologia, é que se reconheça a liderança como um fator de mudança social conjugado, no entanto, a forças especificamente sociais de transformação. É, portanto, perfeitamente cabível, de acordo com os critérios da Sociologia, perguntar se as transformações sociais verificadas na sociedade brasileira nos anos trinta resultaram simplesmente da ascensão e da atuação política de Getúlio Vargas e se esse líder teria tomado algumas decisões de alto alcance social se não existissem as forças coletivas que o pressionaram. Vale, igualmente, perguntar se entre essas forças coletivas não estariam interesses de diferentes classes das quais ele foi o representante. Como é sabido, é durante o

---

1   DURKHEIM, Émile. *As regras do método sociológico.* Trad. Maria Isaura Pereira de Queiroz. 4. ed. São Paulo: Nacional, 1966. p. 95.

2   Ibidem. p. 97.

3   Ibidem. p. 99.

governo de Vargas, no período do chamado Estado Novo, que se dá grande impulso à legislação trabalhista. Mas é de se perguntar se as medidas legais de proteção ao trabalhador teriam sido tomadas sem a formação de um proletariado urbano já então atuante e sem o interesse da própria burguesia empresarial nacional nessas medidas, já que a essa última categoria social mais convinha atenuar as tensões decorrentes da insatisfação da primeira.

Fenômenos demográficos – migrações, aumentos ou decréscimos da população – podem, igualmente, ser causa de mudança social.

Os fatores ideológicos podem, entretanto, ser contados entre as causas rigorosamente sociais de mudança da sociedade. A influência da ética do calvinismo na organização socioeconômica das sociedades européias nas quais essa religião se difundiu, analisada em profundidade por Max Weber, é muito provavelmente, dentro da tradição da pesquisa sociológica, o exemplo mais representativo da atuação da ideologia na transformação da sociedade (ver os Capítulos 1 e 8).

Os fatores mais importantes de mudança social são, conforme aceito pela maioria dos autores, a descoberta, a invenção e a difusão pelo contato sociocultural.

DESCOBERTA E INVENÇÃO

Para a Sociologia, descoberta é todo e qualquer conhecimento acrescentado ao acervo de informações e explicações existentes numa sociedade, enquanto invenção é toda aplicação original do conhecimento disponível. As descobertas só se tornam causa de mudança social quando são efetivamente aplicadas, ou seja, quando são transformadas em invenções. Foi necessário que os conhecimentos da Física, por exemplo, fossem transformados em tecnologia para que se tornassem um fator de mudança social no Ocidente. A máquina a vapor foi causa de grandes transformações na organização social, a partir do século XVIII, no mundo ocidental.

Mas as invenções não se restringem ao domínio da chamada cultura material. Existem também as invenções de novos padrões de organização social do convívio humano e que são causa de mudança da sociedade. Por isto, é usual se distinguir as invenções materiais das invenções sociais. Banco, organização sindical, voto secreto e sufrágio universal são alguns exemplos de invenções sociais muito importantes na mudança da maioria das sociedades civilizadas nos últimos séculos. O princípio da divisão de poderes no Estado Moderno, concebido por Montesquieu, é também uma das invenções sociais, no domínio das instituições políticas, de maior alcance no processo de transformação de muitas sociedades a partir da Revolução Francesa. A organização do Estado na forma de nação é outra dessas invenções sociais. Muitas invenções sociais são inovações legislativas. Nem toda invenção de normas legais é, contudo, fator de mudança social. A capacidade de transformação social de novas normas legais depende não somente do seu alcance, mas, também, da sua coercibilidade, seja pela sua aceitação, seja pela fiscalização do seu cumprimento.

Na maioria dos casos, descobertas e invenções não são feitas por acaso. Descobertas e invenções, em geral, surgem como resposta a problemas e necessidades, por um lado, e, por outro, quando existem condições socioculturais para o seu surgimento. O avião, por exemplo, foi inventado, em fins do século passado, simultaneamente pelo brasileiro Santos Dumont na França e, nos Estados Unidos, pelos irmãos Wright. A invenção do método de controle da natalidade pela identificação dos dias fecundos e infecundos da mulher foi feita ao mesmo tempo, por Ogino, no Japão, e Knaus, na Áustria.

Difusão

Para alguns cientistas sociais, como o antropólogo George M. Foster, o mais importante fator de mudança da cultura é o contato entre sociedades.[4] É através do contato entre sociedades que descobertas e invenções são difundidas e incorporadas em muitas sociedades. A pólvora, que tanto contribuiu para a transformação do mundo ocidental a partir do século XVI, é, como se sabe, uma invenção chinesa. Por esta razão, as cidades são os grandes focos de mudança nas sociedades urbano-industriais do presente. O contato entre sociedades tende a provocar não apenas a difusão de descobertas e invenções, tanto as materiais quanto as sociais, mas, igualmente, de valores, crenças, normas, atitudes e aspirações. A difusão dos componentes intersubjetivos de estilos culturais de vida através do contato entre sociedades é um fator muito poderoso de transformação social. O crescente aperfeiçoamento dos meios de comunicação de massa tem sido causa de intensificação dos contatos entre sociedades. Desse modo, os meios de comunicação de massa são, nos dias de hoje, um dos mais eficientes instrumentos de mudança social. Ao mesmo tempo, as sociedades tradicionais, simples, de economia exclusiva ou predominantemente agrária, são, geralmente, mais resistentes à absorção de novos padrões culturais, enquanto as sociedades secularizadas do tipo urbano-industrial, mais diferenciadas quanto aos *status*, papéis, classes e subculturas, tendem a ser mais receptivas à mudança.

---

4 FOSTER, George. *As culturas tradicionais e o impacto da tecnologia*. Trad. João Távora. Rio de Janeiro, São Paulo: Fundo de Cultura, [s. d.]. p. 33.

DEFASAGEM CULTURAL

O ritmo da mudança social não é, em geral, homogêneo para todos os setores institucionais da sociedade. As instituições econômicas podem mudar com muita rapidez, enquanto os padrões de organização da família se transformam muito lentamente. A esse fenômeno de diferença no ritmo da mudança entre diferentes setores institucionais da sociedade se dá o nome de defasagem cultural. Tem sido verificado que as áreas institucionais às quais pertencem os valores básicos e as normas sagradas – os **mores** – da sociedade são precisamente as de maior resistência à mudança. Logo, é compreensível que, universalmente, família e religião sejam as áreas de atividade nas quais as pessoas apresentam uma tendência mais acentuada à resistência à mudança social. Esta é a razão pela qual as mudanças no plano dos valores ético-religiosos tendem a afetar a organização da sociedade como um todo. Mas esta constatação não significa, por outro lado, que as mudanças na tecnologia e na economia não afetem as instituições da família e da religião. Baseado na observação das sociedades tradicionais, Foster nota que as mudanças operadas nas relações econômicas tendem a ser seguidas por mudanças no sistema de organização da família.[5] Ademais, alterações na tecnologia, na economia e no sistema de ocupações tendem a acarretar transformações no estilo de vida, na visão do mundo, de modo a mudar, igualmente, as atitudes das pessoas em relação à religião.

De qualquer modo, vale o princípio sociológico básico já exposto de que transformações em qualquer domínio institucional da sociedade tendem a afetar outros domínios e, em conseqüência, toda a sociedade.

DESENVOLVIMENTO SOCIAL

O desenvolvimento social é um dos tipos de mudança de maior interesse para a Sociologia contemporânea. A preocupação dos sociólogos com os problemas de desenvolvimento é, no entanto, relativamente recente. Tendo se desenvolvido a partir da década de cinqüenta, o estudo sociológico do desenvolvimento já compreende, hoje, uma especialidade dentro da Sociologia: a Sociologia do Desenvolvimento. O objeto dessa especialidade é o estudo das condições favoráveis ou desfavoráveis ao desenvolvimento social.

O interesse dos cientistas sociais pelo fenômeno do desenvolvimento nasceu da gritante disparidade entre as sociedades modernas industrializadas e ricas e as sociedades tradicionais e pobres, as quais representam cerca de dois terços da humanidade. Assim, o estudo sociológico do desenvolvimento é antes o estudo do seu oposto: o subdesenvolvimento. Para alguns, a expressão "sub-

---

5 FOSTER, George. Op. cit. p. 38.

desenvolvimento", originada da literatura da língua inglesa sobre a questão, é valorativa e até mesmo pejorativa. Por isto, em vez de usar a expressão "países subdesenvolvidos", preferem falar de "países em desenvolvimento", como o fazem, em geral, os autores de língua alemã. Já outros, ainda, preferem a denominação de Terceiro Mundo, empregada pela primeira vez pelo francês Alfred Sauvy para se referir aos países que não pertencem ao antigo bloco das duas superpotências – os Estados Unidos e a União Soviética –, que seriam o Primeiro Mundo, nem ao bloco constituído pelos países da Europa Ocidental e o Japão, que seriam o Segundo Mundo. O chamado Terceiro Mundo, homogêneo quanto à situação de dependência econômica em relação aos países ricos, é, entretanto, extremamente heterogêneo em muitos aspectos. Se, por exemplo, alguns já atingiram um estágio significativo de industrialização, outros ainda não superaram uma economia exclusivamente voltada para a exportação de produtos agrícolas e minerais, em tudo dependendo dos países plenamente industrializados no que diz respeito a bens manufaturados. Essa diferenciação entre os países subdesenvolvidos tem crescido com o esforço de industrialização e com a conquista de posições mais vantajosas por parte de alguns desses países no sistema de relações econômicas e políticas das sociedades do chamado Terceiro Mundo entre si e destas com as nações ricas. Por estas razões, é bastante comum na Ciência Social, na política e na diplomacia a classificação socioeconômica e política do mundo em cinco blocos de nações. Segundo tal classificação, o bloco dos países pobres, antes agrupados na denominação de "Terceiro Mundo", está hoje dividido em três segmentos. O Terceiro Mundo compreenderia apenas os países pertencentes à Organização de Países Exportadores de Petróleo (OPEP), cujo poder de barganha no sistema de relações político-econômicas internacionais tem aumentado a partir da crise mundial do petróleo. O Quarto Mundo seria constituído das nações recentemente industrializadas, os NICs, como se usa sintetizar a expressão **newly industrialized countries**. Entre estes estariam, por exemplo, o Brasil, o México e a Argentina. E, por último, o Quinto Mundo seria constituído pelos países que ainda se encontram numa fase de economia exclusiva ou predominantemente baseada na agricultura ou na exploração de minérios.

Baixa renda *per capita*, alta concentração de renda, altas taxas de natalidade e de mortalidade (principalmente infantil), alta proporção de analfabetos, inferioridade social da mulher, inexistência ou debilidade da classe média, alto índice de desemprego, alta freqüência de trabalho de menores, atrofia dos setores secundário (industrial) e terciário (de serviços), predominância das atividades agrícolas e extrativas, economia caracterizada pela exportação de matérias-primas e importação de bens manufaturados, larga utilização da energia humana são algumas das principais características das sociedades subdesenvolvidas.

Como a denominação expressa, as sociedades chamadas subdesenvolvidas não são subdesenvolvidas em sentido absoluto. Uma das características das sociedades subdesenvolvidas é precisamente a existência de setores modernos e economicamente desenvolvidos ao lado de setores tradicionais e economicamente atrasados. O caso do Brasil, extensamente estudado desse ponto de vista por Jacques Lambert no seu clássico *Os dois Brasis*,[6] é bem um exemplo do que se costuma chamar sociedade dual. Para Lambert, o Brasil compreende duas sociedades distintas: a dos setores modernos, industrializados e tipicamente urbanos, de um lado, e, de outro, a dos setores arcaicos, de economia predominantemente agrícola e de estilo de vida tradicionalmente rural.

A industrialização, incluindo a mecanização da agricultura, é uma condição necessária ao desenvolvimento. Contudo, tem sido observado que a modernização tecnológica tem, em muitas regiões, contribuído para a liberação de mão-de-obra, ou seja, para o desemprego. Assim, embora necessária ao desenvolvimento, a industrialização pode, em muitos casos, acentuar as desigualdades sociais típicas das sociedades subdesenvolvidas. Por si mesma, a industrialização não é, portanto, o mesmo que desenvolvimento, porém apenas um aspecto de modernização. Para o economista Celso Furtado, "a economia brasileira constitui exemplo interessante de quanto um país pode avançar no processo de industrialização sem abandonar suas características de subdesenvolvimento".[7] A deflagração do processo de desenvolvimento requer também, desse modo, o estímulo à fixação do trabalhador rural no campo. Em muitos casos, como na área de agroindústria do açúcar, no Nordeste brasileiro, a concentração fundiária e a monocultura têm-se revelado os principais obstáculos à fixação do trabalhador rural no seu ambiente socioecológico próprio.

Para alguns cientistas sociais, nem a acumulação de capital – outra condição necessária ao desenvolvimento – nem a industrialização funcionam como fatores de desenvolvimento se não existem atitudes e motivações coletivas propiciadoras desse processo. Para autores como Everett Hagen e David McClelland,[8] o processo de desenvolvimento pressupõe a existência de condições psicossociais adequadas, tais como a necessidade de realização e a tendência à inovação como motivos predominantes nas personalidades. Tudo leva a crer, no entanto, que tais características psicossociais são antes efeito e não causa do desenvolvimento.[9]

Uma das condições do desenvolvimento apontada por muitos estudiosos é que a taxa de crescimento da renda seja superior à taxa de aumento da popula-

---

6 LAMBERT, Jacques. *Os dois Brasis*. 10. ed. São Paulo: Nacional, 1978.

7 FURTADO, Celso. *O mito do desenvolvimento econômico*. Rio de Janeiro: Paz e Terra, 1974. p. 95.

8 Cf. HAGEN, Everett. *On the theory of social change*: how economic growth begins. Illinois: Dorsey, 1962; McCLELLAND, David. *The achieving society*. Princeton: Van Nostrand, 1961.

9 Ver a crítica exposta em MACHADO, Lia Pinheiro. Alcance e limite das teorias da modernização. *Revista de Administração de Empresas*. Rio de Janeiro: Fundação Getúlio Vargas, v. 10, nº 3, set. 1970.

ção. No entanto, o exemplo dos países industrializados tem mostrado que o desenvolvimento, por si mesmo, contribui para limitar o crescimento vegetativo da população.

A educação escolar é igualmente apontada como condição necessária ao desenvolvimento. A educação, porém, tanto pode ser instrumento de conservação quanto de mudança social. Como é sabido, a educação do tipo ornamental, ainda tão arraigada entre as aspirações do brasileiro, é antes fator de manutenção da organização social estabelecida do que de transformação da sociedade. Assim, embora a alta proporção de analfabetos esteja entre as características inegáveis das sociedades subdesenvolvidas, "é preciso descartar a idéia de que a 'educação' importante para o desenvolvimento econômico, social e político consiste apenas na alfabetização das grandes massas",[10] como observa Luiz A. Costa Pinto. Mesmo considerando que a industrialização "impõe a educação de massas como uma necessidade sentida", como nota o mesmo sociólogo, "não se conhece nenhuma sociedade que primeiro tenha alfabetizado a todos para depois se industrializar".[11] A educação é fator de desenvolvimento, portanto, à medida que estiver voltada para as necessidades reais de mão-de-obra especializada para a economia de uma sociedade.

Para outros, o fator preponderante do subdesenvolvimento está na dependência política e, sobretudo, econômica das nações pobres em relação às nações ricas.[12] Segundo essa corrente, desenvolvimento e subdesenvolvimento somente podem ser explicados dentro do contexto das relações econômicas e políticas internacionais, como conseqüência da expansão do capitalismo.

Mudança, Integração Social e Personalidade

Existe uma evidente correlação entre ritmo de mudança e integração social. As sociedades tradicionais, com pouco contato com outras sociedades, como já foi observado neste capítulo, se transformam em ritmo bem mais lento que as sociedades urbano-industriais em intenso contato com outras sociedades e culturas. Em conseqüência, as primeiras tendem a ser mais integradas que as

---

10 COSTA PINTO, L. A. *Desenvolvimento econômico e transição social*. 2. ed. Rio de Janeiro: Civilização Brasileira, 1970. p. 108.

11 COSTA PINTO, L. A. Op. cit. p. 114.

12 Cf. especialmente FRANK, Andrew Gunder. Desenvolvimento do subdesenvolvimento latino-americano. In: PEREIRA, Luiz. *Urbanização e subdesenvolvimento*. 2. ed. Rio de Janeiro: Zahar, 1973. p. 25-38; CARDOSO, Fernando Henrique; FALETTO, Enzo. *Dependência e desenvolvimento na América Latina*: ensaio de interpretação sociológica. Rio de Janeiro: Zahar, 1970; FERNANDES, Florestan. *Sociedade de classes e subdesenvolvimento*. Rio de Janeiro: Zahar, 1968; FERNANDES, Florestan. *Capitalismo dependente e classes sociais na América Latina*. Rio de Janeiro: Zahar, 1973.

do segundo tipo. Nas sociedades tradicionais, os valores e crenças fundamentais permanecem inalterados através de muitas gerações. Já nas sociedades urbano-industriais típicas, o contato intenso com outras culturas faz com que valores e crenças sejam reinterpretados e mesmo substituídos com grande rapidez, de modo que, durante o período básico de socialização, os indivíduos se vêem na contingência de alterar a base subjetiva necessária à sua vida em sociedade. Assim, se por um lado o amadurecimento psíquico tende a se concretizar mais cedo e a personalidade tende a ser mais integrada para os membros das sociedades tradicionais, nas sociedades urbano-industriais, por outro lado, acontece de modo inverso. A personalidade somente se desenvolve através da socialização e, dessa maneira, reproduz, de algum modo, os estados e movimentos do ambiente social no qual ela está inserida. Como já fizemos notar, as sociedades submetidas a processo de mudança muito rápida tendem à anomia e, assim, as personalidades formadas em tais contextos socioculturais estão expostas, de modo acentuado, à desorganização (ver o Capítulo 4).

QUESTÕES PARA EXERCÍCIO

1. Em que consiste a dificuldade em distinguir mudança social de mudança cultural?
2. Por que a crença na idéia de que a história é feita pelos "grandes homens" é contrária à abordagem sociológica?
3. Por que a liderança política, por si mesma, não explica mudanças sociais como as que ocorreram no Brasil no primeiro governo de Vargas?
4. Por que o contato entre sociedades é o mais importante fator de mudança sociocultural?
5. Qual o papel dos meios de comunicação de massa no processo de mudança social?
6. Em que consiste o fenômeno de defasagem cultural?
7. Quais as principais características das sociedades subdesenvolvidas?
8. Por que a industrialização, por si mesma, não é causa de desenvolvimento social?
9. Por que a educação escolar tanto pode ser fator de mudança quanto de estagnação social?
10. Quais as relações entre mudança social e anomia?

SUGESTÕES DE LEITURA

CARDOSO, Fernando Henrique; FALETTO, Enzo. *Dependência e desenvolvimento da América Latina*: ensaio de interpretação sociológica. Rio de Janeiro: Zahar, 1970. Cap. 2: "Análise integrada do desenvolvimento", p. 16-38.

COSTA PINTO, L. A. *Sociologia e desenvolvimento*: temas e problemas de nosso tempo. 3. ed. Rio de Janeiro: Civilização Brasileira, 1970. Cap. 3: "Desenvolvimento: seus processos e obstáculos", p. 93-116.

FERNANDES, Florestan. *Sociedade de classes e subdesenvolvimento*. Rio de Janeiro: Zahar, 1968. Cap. 1: "Sociedade de classes e subdesenvolvimento", p. 21-103.

FOSTER, George M. *As culturas tradicionais e o impacto da tecnologia*. Trad. João Távora. Rio de Janeiro: Fundo de Cultura, 1964. Cap. 2: "Como mudam as culturas", p. 33-48.

FRANK, Andrew Gunder. "Desenvolvimento do subdesenvolvimento latino-americano". In: PEREIRA, Luiz (Org.). *Urbanização e desenvolvimento*. 2. ed. Rio de Janeiro: Zahar, 1973. p. 25-38.

HERSKOVITS, Melville. *Antropologia cultural*. Trad. Maria José de Carvalho e Hélio Bichels. São Paulo: Mestre Jou, 1963. Cap. 29: "A descoberta e a invenção como mecanismos de mudança cultural", v. 3, p. 305-319.

OGBURN, William F.; NIMKOFF, Meyer F. *Sociologia*. 6. ed. Trad. José Bugeda Sanchiz. Madri: Aguilar, 1966. Cap. 25: "El crescimento de la cultura", p. 21-103.

11

Questão da Mulher na Atualidade: Um Exemplo de Mudança Social

PROBLEMA DAS MINORIAS

As minorias – étnicas, nacionais, religiosas, etárias, de gênero, por exemplo – representam uma questão de crescente importância no mundo de hoje, tanto nas sociedades do chamado Primeiro Mundo, quanto nos países periféricos. Tanto está presente no Brasil e na Índia, quanto constitui motivo de preocupação em países como Estados Unidos, Inglaterra, França, Alemanha e outras nações desenvolvidas nos tempos de hoje.

Entre tais minorias, ressaltam as mulheres, milenarmente discriminadas e exploradas no mundo todo. Começando no início do século XX com a reivindicação do direito ao voto por parte das chamadas sufragistas, o movimento feminista (expressão que não era usada a essa época), a partir da década de 60, passou a abranger uma vasta gama de reivindicações, já não se confinando à esfera estritamente política, mas incluindo todos os campos de atividade e instituições sociais, acentuadamente na vida econômica.

MULHER, SEXO E GÊNERO

Usa-se hoje distinguir os conceitos de sexo e de gênero. Essa distinção é de grande importância para a compreensão sociológica e antropológica de relevante aspecto no estudo da questão do lugar da mulher na sociedade contemporânea. Quando falamos em sexo, estamos referindo-nos aos atributos biológicos específicos da mulher e do homem, respectivamente, diferenças anatômicas, endocrinológicas, fisiológicas de modo geral. Quando, porém, referimo-nos a gênero, estamos falando do modo como as idéias de feminilidade, a tudo que supostamente é próprio da mulher, e de masculinidade, o que presumivelmente é próprio do homem, são culturalmente elaboradas. Como pesquisas no campo da Antropologia têm revelado, notadamente os trabalhos de Margaret Mead, as idéias de feminilidade e de masculinidade variam extraordinariamente de cultura para cultura, não existindo, portanto, determinação biológica dos atributos comportamentais específicos da mulher e do homem. Essa distinção é importante para a luta das mulheres por seus direitos ao denunciar de uma vez por todas os preconceitos e equívocos em relação à feminilidade, todos baseados em antigas argumentações resultantes do reducionismo biologista.

Mulher no Mercado de Trabalho

Já tem sido largamente revelado o fato de que um grande número de mulheres em todo o mundo ocupa as mesmas posições e executa as mesmas tarefas que os homens, auferindo, porém, salários inferiores aos dos homens. Há ainda que considerar o fato de que muitas ocupações são culturalmente definidas como exclusivas dos homens. Se hoje a mulher já conseguiu o acesso a muitas profissões durante muito tempo consideradas exclusivamente masculinas e conseguiu a equiparação de seus salários em relação aos dos homens, por outro lado, não tem conseguido com facilidade eliminar outro tipo de discriminação culturalmente muito arraigada na cultura fortemente machista, como se usa denominar vulgarmente, porém classificada com mais precisão como *androcêntrica*, das sociedades contemporâneas. Trata-se do fato de que, além de ocuparem posições remuneradas fora do lar, contribuindo, assim, para a elevação da renda de suas famílias, acumulam seus **status** profissionais com as tradicionais obrigações, consideradas como próprias da mulher, após o cumprimento de uma jornada de trabalho já por si extenuante no mais das vezes. Cuidam da ordem do lar, da alimentação, das crianças e de tantas atividades mais, enquanto seus maridos acham natural seu presumível direito ao repouso após o trabalho.

Já se vê que a alteração da condição da mulher na sociedade demanda transformações bem mais profundas do que ela já tem conseguido, como aquelas que estão no nível mais profundo da cultura, dos padrões de comportamento, de pensamento e de sentimento inconscientes.

Mulher e Classe Social

Dificilmente poderá alguém estudar com sucesso algum fenômeno social nas sociedades estratificadas em classes sem atentar para as possíveis correlações entre o fenômeno estudado e o contexto da classe onde ele é verificado.

Da mesma forma, não é sociologicamente correto falar na problemática da mulher sem situá-la na estrutura de classes onde ela ocorre.

Não há como ignorar o fato de que o grau de consciência das injustiças a que são submetidas as mulheres depende, embora não exclusivamente, de seu nível de instrução, o qual, por sua vez, decorre diretamente da renda da família e, por conseguinte, de sua posição na estrutura de classes de sua sociedade, embora este quadro já venha sendo gradativamente alterado pela decisiva atuação de mulheres mais conscientes de seus problemas específicos junto àquelas das classes de menor poder aquisitivo. Tudo nos leva a crer que as aspirações de uma operária dificilmente serão as mesmas de uma trabalhadora especializada e de nível mais alto de escolaridade.

Desse modo, a questão da mulher não representa um bloco homogêneo de problemas, mas, ao contrário, está fragmentada em diferentes tipos de questões específicas, de entraves diversos à diminuição, quando não à radical eliminação das injustiças de que tradicionalmente as mulheres são vítimas.

O mesmo pode ser afirmado em relação às especificidades da questão da mulher em diferentes sociedades e culturas. Se nas sociedades desenvolvidas a mulher já tem sido bem-sucedida em muitas de suas reivindicações, já nas sociedades periféricas a inferioridade da mulher, notadamente no vasto contingente das mulheres das classes de renda inferior, representa uma das mais deploráveis características de tais sociedades. Considerando, portanto, o fato de que a grande maioria das nações no mundo pertence ao bloco dos países subdesenvolvidos, a questão da mulher, se considerada em escala mundial, é mais ampla e grave do que muitos imaginam. Em muitos desses países, a questão da mulher nem sequer é ainda cogitada, como notadamente nos países de tradição ético-religiosa muçulmana.

Se algum jornalista pode achar-se no direito, por exemplo, de afirmar que a consciência das mulheres quanto às injustiças a que são submetidas é cada vez maior, já de um sociológico, ou de um cientista social qualquer, espera-se que, diante de tal afirmativa, ele pergunte: das mulheres de que classe e que país?

MULHER E PODER

Em última análise, a luta das mulheres por uma situação mais justa na sociedade corresponde a uma luta pela conquista de poder, não no sentido estritamente político, como estamos habituados a empregar o termo. Se Max Weber definiu o poder como *"toda a probabilidade de impor a própria vontade numa relação social, mesmo contra resistências, seja qual for o fundamento dessa probabilidade"* (ver a primeira seção do Capítulo 5, assim como a última seção do Capítulo 7), o poder é um fenômeno que perpassa toda sociedade, em todos os seus níveis. Onde quer que existam seres humanos em interação, existe alguma disputa por algum tipo de poder, alguma busca pela "propriedade de impor a própria vontade", desde o poder, tradicionalmente fixado, dos pais sobre os filhos (que significa o conflito de gerações senão uma disputa pelo poder?) até o poder econômico dos patrões sobre os seus empregados ou de uma nação inteira sobre outras, passando pelo poder legalmente consolidado dos governantes em relação aos governados.

O que são a família, um casal de namorados ou uma empresa senão sistemas de poder, cada qual com sua hierarquia própria e suas definições de quem pode impor sua vontade a quem?

É dessa maneira que, no final de contas, ao reivindicar o acesso a profissões tradicionalmente exclusivas dos homens, bem como a paridade salarial entre homens e mulheres, estas estão simplesmente buscando ampliar sua capacidade de impor sua vontade aos homens, em vez de serem simplesmente meros objetos da vontade masculina.

Mulher e Dupla Moral

Uma das mais visíveis características das sociedades ostensivamente androcêntricas, milenarmente consolidadas (não esqueçamos que o movimento deminista é fenômeno bastante recente na história da humanidade), é a *dupla moral*, ou seja, uma moral tolerante e permissiva para os homens ao lado de outra altamente repressiva, intolerante e punitiva para as mulheres, de tal modo que, com base nessa dupla moral, se um homem pode não somente considerar legítima a poligamia masculina, mas até mesmo achar digno de louvor esse tipo de poligamia, já a mulher que venha a transgredir o mesmo princípio é tachada como indigna de respeito, por meio das expressões pejorativas mais chulas, muitas vezes pelas próprias mulheres, de vez que, numa sociedade androcêntrica, até mesmo as mulheres terminam por assumir os valores machistas predominantes. Não que estejamos a buscar alguma justificativa sociológica para a poligamia para qualquer categoria de gênero, mas apenas revelar o que a moral dupla representa como instrumento de dominação da mulher pelo homem e, ao mesmo tempo, uma justificativa sem fundamento ético para a inegável permisividade sexual a que a grande maioria dos homens se acha com direito.

Assim, negar a legitimidade dessa dupla moral constitui condição necessária à ascensão da mulher a uma posição mais vantajosa na sociedade, pois é precisamente dessa dupla moral que derivam muitas desigualdades para ela aviltantes no lar, no trabalho e em outros contextos sociais.

Mulher, Frustração e Agressão

Foi o sociólogo norte-americano John Dollard e seus colaboradores que transpuseram o princípio bio-psíquico, largamente estudado por Sigmund Freud no âmbito estritamente individual da personalidade, para a pesquisa dos fenômenos sociais, já na década de 30. Segundo esse princípio, a grande maioria dos animais, inclusive os seres humanos, tende a reagir agressivamente às frustrações a que sejam submetidos, sejam em relação a quem provocou diretamente a frustração, sejam dirigidas a um mero "bode expiratório". Se o homem sofre algum tipo de frustração no ambiente de trabalho, por exemplo, descarregará sua agressividade não sobre o gerente que o repreendeu sem motivo justo, mas poderá agredir a esposa, que, afinal, nada teve com a origem da agressão sofrida pelo marido, enquanto ela tenderá a dirigir sua agressividade sobre algum dos filhos, o mais velho, suponhamos, o qual, por sua vez, maltratará o irmão mais novo, que, finalmente, se voltará contra o cachorro da família, e assim por diante.

Se a mulher é tão reprimida pelo homem em geral, com base na dupla moral dominante, fatalmente inclina-se a tornar-se agressiva, ou buscará a alternativa da transgressão não ostensiva das normas a que está submetida, o que, em conseqüência, provocará o alívio momentâneo da tensão resultante da frustração, contribuindo inconscientemente para a manutenção de um sistema moral nocivo a seu conforto mental; esse tipo de dupla moral é um inegável estímulo à hipocrisia. Mas se a mulher, consciente de seus direitos, pretende realmente mudar essa pesada e sufocante traição moral androcêntrica, é ostensivamente, às claras, que deve revelar sua insatisfação com o sistema social vigente, e é assim que o movimento a favor dos direitos da mulher, sobretudo a partir da década de 60, tem conseguido impor-se como amplo movimento social sério e conseqüente. Se os problemas que afligem a mulher são coletivos, e não limitados a algumas mulheres isoladamente, seu combate a tais problemas somente será eficaz se conduzido coletivamente, daí a inegável necessidade da criação de organizações com o fim em questão, como ocorre com qualquer movimento social.

Mulher e Papel Social

Viver em sociedade significativa inevitalmente ocupar posições ou *status* sociais (ver o Capítulo 5), mas significa, em conseqüência, desempenhar papéis, ou, vale explicitar, atender a expectativas de comportamento prescritas como obrigatórias a quem quer que ocupe qualquer *status* em sua sociedade. Ser mulher, ou ser homem, não é apenas uma condição biológica, como já afirmamos neste capítulo, mas principalmente uma condição sociocultural. Desse modo, os deveres e direitos específicos para mulheres e homens variam consideravelmente de sociedade para sociedade, de cultura para cultura, no espaço e no tempo, e os antropólogos, a exemplo de Margaret Mead, têm estudado exaustivamente essa questão: a relatividade das noções diferenciais de femilinidade e masculinidade, segundo contextos históricos e socioculturais diversos.

A luta da mulher por seus direitos na atualidade representa não apenas um esforço no sentido de aumentar sua capacidade de barganha em relação aos homens, aumentando seu poder, no sentido weberiano do termo, mas também de ampliar seu campo de poder, ao redefinirem, elas próprias, as expectativas de comportamento padronizado em relação a elas, isto é, seu papel na sociedade.

Qualquer mudança no papel da mulher, porém, somente será bem-sucedida à medida que o papel do homem for igualmente transformado, o que, admita-se, tende previsivelmente a provocar a insatisfação masculina, pois mudar o papel do homem significa tocar em seus interesses, em suas vantagens tradicionalmente firmadas nas relações sociais. Como quer que seja, queiram ou não os homens, é um fato inquestionável que a mulher já há muito vem redefinindo seu papel social e, assim, seu comportamento em relação ao homem, o que vem acarretando não somente a flagrante perplexidade deste diante de um mundo social que, dia a dia, foge a seu controle, mas também, o que é mais significativo, a *crise de identidade*, o dramático e incômodo sentimento de já não saber com clareza o que ele é e deve ser, o que ele se espera neste novo mundo nem tão "adorável" quanto os homens gostariam. Que mulher, no ambiente das sociedades urbano-industriais de hoje, pedirá a permissão do homem para só depois mudar seu comportamento e, com ele, seu papel social?

Essa mudança, porém, não somente resulta de um crescente movimento em direção a uma consciência cada vez mais nítida e contundente por parte das mulheres no que diz respeito às injustiças de que são vítimas e a seus direitos como pessoas, cidadãs, esposas, filhas e trabalhadoras, mas também decorre primariamente de fatos sociais objetivos (ver a segunda seção do Capítulo 3), principalmente a progressiva entrada da mulher no mercado de trabalho, necessária ao bom funcionamento da economia capitalista, desde os primórdios da Revolução Industrial. Em resumo, a sociedade mudou a mulher, mas, por sua vez, a mulher vem contribuindo cada vez mais para mudar a sociedade.

Machismo e Narcisismo

Uma característica típica das sociedades e culturas androcêntricas é a nítida correlação positiva entre machismo e narcisismo. Proveniente da Psicanálise, o conceito de narcisismo, em termos simplificados, mas sem distorcer seu significado original, significa auto-admiração desmesuradamente mórbida, sem fundamento nos fatos. Nas sociedades androcêntricas, todo o processo de socialização dos indivíduos do sexo masculino contribui para que tais indivíduos tendam a desenvolver fortes inclinações narcisistas. Não esqueçamos que o próprio Aristóteles, na Antigüidade, do alto de sua inteligência – que foi inegável em muitos pontos – proclamou a mulher um animal inferior.

O irrefutável narcisismo masculino tende a levá-lo a sentimentos ambíguos em relação à figura feminina e a formar como que confrarias de homens, os famosos "clubes do Bolinha" da historieta em quadrinhos. Daí as freqüentes agressões dos homens e suas companheiras, agressões que só tendem a aumentar com a ascensão da mulher na sociedade, porquanto tal ascensão contribui para a emergência de fortes sentimentos de frustrações entre homens.

O alto significado do movimento das mulheres por seus direitos e as evidentes conquistas que têm alcançado são inegáveis e irreversíveis e de conseqüências do mais amplo alcance na sociedade contemporânea, não podendo ser ignorado por quem, sociólogo ou não, pretenda compreender seu espírito.

QUESTÕES PARA EXERCÍCIO

1. Qual a importância da entrada da mulher no mercado de trabalho para a posterior tomada de consciência de seus direitos na sociedade?
2. Quais as principais relações entre a condição da mulher e a sociedade de classes?
3. O que a condição da mullher tem a ver com desenvolvimento e subdesenvolvimento social?
4. Por que a luta das mulheres por seus direitos constitui uma luta pelo poder?
5. Qual o significado da dupla moral no contexto do movimento feminista?
6. Qual a relação entre o princípio da frustração/agressão e a condição da mulher na sociedade?
7. Qual o significado sociológico da afirmação de que a luta das mulheres por seus direitos constitui uma luta pela mudança de seu papel social?
8. Quais as possíveis conseqüências das transformações do comportamento da mulher para a posição do homem na sociedade?
9. Qual a relação entre machismo e narcisismo?
10. Quais as implicações sociológicas mais relevantes da afirmação de que a luta das mulheres por seus direitos representa um exemplo típico de mudança social?

SUGESTÕES DE LEITURA

CUCHE, Denys. *A noção de cultura nas Ciências Sociais*. Trad. Viviane Ribeiro. Bauru: Editora da Universidade do Sagrado Coração, 1999. p. 79-82.

DOLLARD, John et al. *Frustration and agression*. New Haven: Yale University Press, 1939.

GIDDENS, Anthony. *Sociologia*. 2. ed. Trad. Maria Alexandra Figueiredo, Catarina Lorga da Silva e Vasco Gil. Lisboa: Fundação Calouste Gulbenkian, 2000. Cap. 5: "Gênero e femilidade", p. 119-148.

LINTON, Ralph. *Cultura e personalidade*. Trad. Oscar Mendes. São Paulo: Mestre Jou, 1967. p. 82-87.

_____. *O Homem*: uma introdução à Antropologia. 4. ed. Trad. Lavínia Vilela. São Paulo: Martins, 1962. p. 117-118, 477-478.

MATTA, Roberto da. *O que faz o Brasil, Brasil*? Rio de Janeiro: Rocco, 1997. Cap. 4: "Sobre comidas e mulheres", p. 49-64.

MURARO, Rose Marie; PUPPIN, Andréa Brandão (Org.). *Mulher, gênero e sociedade*. Rio de Janeiro: Relume Dumará, 2001. passim.

PRIORI, Mary Del. *Ao sul do corpo*: condição feminina, maternidade e mentalidade no Brasil Colônia. Rio de Janeiro: José Olympio, 1993.

STUDART, Heloneida. Mulher: objeto de cama e mesa. 26. ed. Petrópolis: Vozes, 2001.

Como Conclusão: Sociologia e Sociedade

Sociologia e Sociedade

Sociologia: uma Definição

As definições de qualquer ciência, como já argumentamos no primeiro capítulo, tendem a ser inócuas quando apresentadas no começo dos livros de iniciação científica. Dificilmente a definição de alguma ciência deixa de incluir noções técnicas. Desse modo, a compreensão da definição de qualquer ciência requer o entendimento prévio dos seus conceitos básicos. Logo, o mais aconselhável é que as definições sejam postas antes como conclusão do que como introdução aos manuais de iniciação científica.

Assim, a esta altura, podemos, com maior probabilidade de sucesso, definir a Sociologia como o estudo científico das interações de indivíduos e grupos, orientadas por significados intermentais, principalmente aqueles significados derivados da cultura, em função de objetivos e interesses específicos para cada situação social. Observe-se que, de acordo com a argumentação desenvolvida, para que tal definição seja compreendida em todas as suas implicações, é necessária a prévia compreensão de alguns conceitos básicos, tais como o de ciência, de símbolo, de grupo, de cultura e de interação.

As definições de qualquer ciência tendem a compreender alguma concepção particular do objeto de estudo da ciência que é definida. Dessa maneira, a definição de Sociologia acima proposta compreende necessariamente certa concepção da própria realidade que essa ciência estuda. Podemos notar que, nesta definição, a sociedade humana é concebida como um sistema de interações humanas culturalmente padronizadas. Embora tal definição de sociedade seja, ao mesmo tempo, a mais sintética e abrangente que se possa formular, é, entretanto, possível a formulação de outras definições do objeto de estudo da Sociologia, ressaltando outros aspectos da organização social, sem, contudo, contradizer a primeira. Antes, porém, de expor e analisar algumas dessas possibilidades de definição sociológica da sociedade humana, cumpre examinar os componentes básicos universais da sociedade.

Componentes Básicos e Níveis da Sociedade

Alguns componentes da sociedade são mais facilmente perceptíveis, enquanto outros demandam formas mais sofisticadas de observação e análise. Como concebe Georges Gurvitch, a sociedade possui muitos níveis,[1] muitas dimensões, umas superficialmente observáveis, outras disfarçadas pela exterioridade do convívio humano. À Sociologia cumpre precisamente ir além das aparências físicas da vida social e penetrar nas camadas mais profundas da sociedade para compreender a "lógica" oculta da sua organização.

A análise sociológica não deve, porém, deixar de lado os componentes mais elementares e externamente observáveis da sociedade, como os estritamente físicos, percebidos mesmo pelo senso comum. Assim, diante de alguma sociedade, a primeira dimensão que se impõe à percepção é a demográfica, já que não há sociedade sem população. Outro componente que, de imediato, se impõe à observação é o território com o seu correspondente ambiente natural, do qual a população retira os meios necessários à sobrevivência. A população, no entanto, terá adaptado esse ambiente natural às suas necessidades e conveniências, criando um ambiente artificial, isto é, cultural. Os animais não humanos, como já vimos, operam muitas transformações no seu ambiente, mas essas transformações não têm o mesmo caráter das que os homens realizam, pois as primeiras são naturais, no sentido de que derivam de impulsos biológicos, enquanto só as transformações operadas pelo homem são culturais e, por esta razão, não possuem apenas alguma utilidade material, mas, também, algum significado coletivamente partilhado. Assim, enquanto a delimitação territorial é um componente encontrado entre muitas ordens animais,[2] o ambiente cultural é uma prerrogativa do homem, já que só ele possui cultura. As transformações operadas pelos homens no seu ambiente natural, criando um outro ambiente, o cultural, somente foram possíveis graças aos conhecimentos e às técnicas compartilhadas por toda a coletividade ou, o que é mais freqüente, por algumas categorias sociais. Ao atingir o domínio do conhecimento e da técnica, ou seja,

---

1 GURVITCH, Georges. *Determinismos sociais e liberdade humana*. Rio de Janeiro, São Paulo: Forense, [s.d.].

2 Cf. ROBINSON, Joan. *Liberdade e necessidade*: uma introdução ao estudo da sociedade. Trad. Christiano Monteiro Oiticica. Rio de Janeiro: Zahar, 1971. p. 18.

das idéias, deixamos para trás o nível estritamente material da sociedade e penetramos no nível intersubjetivo, que é, por excelência, o campo próprio da investigação sociológica. Ocorre ainda que as populações humanas, como já vimos, não são simplesmente localizadas em determinados espaços geográficos em função das suas necessidades materiais, mas, além disso, são organizadas de acordo com determinadas convenções coletivamente partilhadas, ou seja, através de símbolos, valores e normas intersubjetivamente comuns à coletividade. Os símbolos, os valores e as normas sociais, como já fizemos notar, não são, na sua totalidade, aplicáveis a todos os indivíduos em todas as situações. Se alguns símbolos, valores e normas são válidos para todas as pessoas em qualquer circunstância, numa sociedade qualquer, a grande maioria deles é aplicável, de modo específico, às posições e aos seus correspondentes papéis sociais. Dessa maneira, um outro componente das sociedades humanas é o sistema de posições e papéis. Mas as populações humanas não são apenas diferenciadas pelas posições e pelos papéis ocupados e desempenhados necessariamente pelos indivíduos, pois estes participam de subcoletividades relativamente homogêneas quanto a objetivos, valores e normas, assim como quanto a determinados interesses. Assim, toda sociedade possui um sistema de grupos e categorias sociais, compreendendo desde os grupos primários até as associações e organizações formais; desde as simples categorias etárias até os vastos e complexos estratos sociais (castas, estamentos e classes). Símbolos, normas e valores não são agrupados somente em posições, papéis, grupos e categorias sociais, mas, também, em atividades referentes à satisfação de necessidades biopsíquicas humanas específicas, ou seja, em instituições. Logo, a sociedade compreende também, e de modo necessário, um sistema de instituições.

Em resumo, são componentes universais da sociedade:

a) uma *população* localizada em

b) um *ambiente natural* delimitado (território) acrescentado de

c) um *ambiente cultural* criado de acordo com

d) um *sistema de conhecimentos e técnicas*, sendo essa população organizada segundo

e) um *sistema de símbolos, valores e normas* partilhados intersubjetivamente, diferenciada através de

f) um *sistema de posições e papéis* e

g) um *sistema de grupos e categorias*, e, finalmente, satisfazendo a suas necessidades

h) segundo um sistema *de instituições*.

Vale notar que esses componentes existem em todas as sociedades, independentemente do seu grau de complexidade.

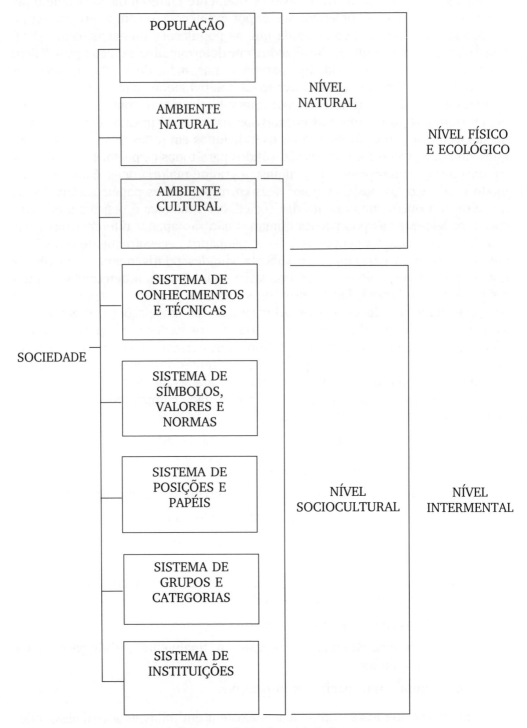

Figura 1 *Componentes básicos e níveis da sociedade.*

Classificada nesses componentes, a sociedade compreende vários níveis: um nível natural, um nível sociocultural, um nível físico e ecológico e, finalmente, um nível intermental (ver Figura 1). Várias ciências e disciplinas podem se ocupar do estudo da sociedade, de acordo com a delimitação dos seus vários níveis. A Ecologia e a Geografia Humanas, por exemplo, se ocupam do nível físico e ecológico representado pela população, o ambiente natural e o ambiente cultural. A Sociologia e a Antropologia Cultural se ocupam principalmente dos níveis sociocultural e intermental, sem, no entanto, ignorar os componentes dos níveis natural, físico e ecológico. Não podendo deixar de lado as condições físicas necessárias da sociedade, tanto a Sociologia quanto a Antropologia Cultural têm nos níveis sociocultural e intermental o seu domínio próprio de investigação.

Sociedade: Algumas Definições Possíveis

Como já ficou explícito na definição de Sociologia proposta no início deste capítulo, podemos afirmar que, em última instância, a sociedade humana nada mais é do que uma complexa teia de indivíduos e grupos interagindo de acordo com significado por eles atribuídos a suas ações, principalmente os significados derivados da cultura, em função de interesses e objetivos interpessoais. Outras possibilidades, porém, existem. Assim, a sociedade pode ser definida, sem que haja contradição com a primeira definição, como um sistema intermental de símbolos, valores e normas. Do mesmo modo, não faltamos com a verdade se a definimos como um sistema de posições e papéis. Podemos, também, defini-la como um sistema de grupos e categorias ou, ainda, como um sistema institucional. Todas essas definições baseiam-se em características exclusivas da sociedade humana, mas são claramente metonímicas, ou seja, tomam a parte pelo todo e, por isto, são insuficientes. De todas elas, excetuando a enunciada no início deste capítulo, a mais geral é a que se fundamenta em símbolos, valores e normas, pois as posições e os papéis expressam esses componentes e, ademais, as instituições são segmentos do sistema normativo total da sociedade, enquanto é nos grupos e, ao menos nos casos mais significativos, nas categorias que os indivíduos ocupam posições, desempenham papéis e, inevitavelmente, observam normas. Dessa maneira, são evidentes a inexistência de contradição entre essas definições e sua mútua complementaridade. Observe-se que todas elas são igualmente aplicáveis a qualquer tipo de sociedade, desde as sociedades tribais até as mais complexas sociedades urbano-industriais politicamente organizadas na forma de nação. É, porém, imprescindível ressaltar que, entre todas as definições possíveis de sociedade, como as aqui propostas, é a primeira a mais compatível com as possibilidades de observação metódica, condição *sine qua non* à cientificidade de qualquer conceito, teoria ou classificação.

É de se notar que, dentre as definições propostas, não é excluída a existência da dominação, da subordinação e do conflito, ao menos se à conceituação da sociedade como sistema de grupos e categorias sociais acrescentarmos que estas, principalmente as castas, os estamentos e as classes, podem ser detentoras de necessidades, interesses e objetivos incompatíveis e que a cooperação entre tais categorias pode muito freqüentemente resultar da sua interdependência e do pacto necessário à sua sobrevivência (ver as seções "Cooperação, ação coletiva e pacto social" e "Competição e conflito", no Capítulo 9).

Embora baseadas em referências empíricas, essas definições são necessariamente abstrações, precisamente por focalizarem determinados aspectos aceitos como relevantes à abordagem sociológica. O sociólogo, como cientista que é, não pode pretender a captação da sociedade em toda a sua complexidade, porém, antes, deve ter consciência de que os conceitos e teorias da Sociologia, como, de resto, de qualquer ciência, são representações e, como tais, simplificações cognitivas da realidade. Essas simplificações, no entanto, são válidas à medida que derivam da observação sistemática dos fenômenos sociais e podem voltar à realidade não apenas como instrumentos de compreensão, mas, também, de previsão, controle e transformação das relações sociais.

QUESTÕES PARA EXERCÍCIO

1. Por que a Sociologia tem intersecções com a Ecologia e a Geografia Humanas?
2. Comente a afirmação de que a sociedade é um conjunto de indivíduos e grupos que interage de acordo com significados por eles atribuídos a suas ações, principalmente aqueles significados derivados da cultura, em função de interesses e objetivos de tais indivíduos e grupos.
3. Por que não há contradição em afirmar que a sociedade tanto é um sistema de interações humanas culturalmente padronizadas quanto um sistema intermental de símbolos, valores e normas?
4. Por que não se contradiz quem afirma que a sociedade tanto é um sistema de símbolos, valores e normas quanto um sistema de posições e papéis?
5. Por que não incorre em contradição quem afirmar que a sociedade tanto é um sistema de posições e papéis quanto um sistema de grupos e categorias?
6. Por que não há contradição em afirmar que a sociedade tanto é um sistema de grupos e categorias quanto um sistema institucional?
7. Quais os componentes do nível natural da sociedade?
8. Quais os componentes do nível sociocultural da sociedade?
9. Quais os componentes do nível físico e ecológico da sociedade?

10. Quais os componentes do nível intermental da sociedade?

11. Entre todos os níveis da sociedade, qual o de interesse específico do sociólogo?

SUGESTÕES DE LEITURA

BOTTOMORE, T. B. *Introdução à sociologia*. Trad. Waltensir Dutra. 3. ed. Rio de Janeiro: Zahar, 1970. Cap. 18: "Sociologia, política social e planejamento social", p. 253-269.

CHINOY, Ely. *Sociedade*: uma introdução à sociologia. Trad. Octavio Mendes Cajado. 8. ed. São Paulo: Cultrix, 1982. Cap. 21: "As utilidades da Sociologia", p. 697-703.

DUVIGNAUD, Jean. Escalas em profundidade. In: DUVIGNAUD, Jean (Org.). *A sociologia*: guia alfabético. Trad. Ivan Pedro Martins. Rio de Janeiro: Forense-Universitária, 1974. p. 159-164.

MANNHEIM, Karl. A planificação como domínio racional do irracional. In: FORACCHI, Marialice Mencarini; MARTINS, José de Souza (Orgs.). *Sociologia e sociedade*: leituras de introdução à sociologia. Rio de Janeiro, São Paulo: Livros Técnicos e Científicos, 1977. p. 327-331.

PIERSON, Donald. *Teoria e pesquisa em sociologia*. 18. ed. São Paulo: Melhoramentos, 1981. Cap. 1: "As Ciências Sociais no mundo contemporâneo", p. 21-26.

VILA NOVA, Sebastião. *Ciência social: humanismo ou técnica?*: ensaios sobre problemas de teoria, pesquisa e planejamento social. Petrópolis: Vozes, 1985. Cap. 2: "Ciência Social, técnicos e tecnocracia", p. 20-27.

Bibliografia

Esta bibliografia inclui, além de trabalhos já indicados nas referências e notas, algumas obras consideradas imprescindíveis ao aprofundamento dos problemas, conceitos e teorias expostos neste manual ou úteis à consulta. Como se pode notar, foi nossa preocupação limitar o quanto possível as indicações, no caso dos trabalhos de autores estrangeiros, a obras disponíveis em língua portuguesa. Só em poucos casos fomos forçados a indicar obras publicadas em outros idiomas que não o português, nem sempre acessíveis com facilidade ao estudante brasileiro. Observe-se que algumas obras aqui relacionadas não pertencem, em sentido estrito, à literatura sociológica, o que é inevitável em razão das intersecções necessárias da Sociologia com outras ciências do comportamento, especialmente com a Antropologia cultural, e mesmo com a Filosofia. Além do mais, do mesmo modo que muita obra rotulada formalmente como sociológica pouco tem a ver com a abordagem própria da Sociologia, a atitude sociológica não é prerrogativa dos sociólogos profissionais e, por conseguinte, verdadeira Sociologia pode ser encontrada em obras aparentemente não sociológicas. Além da teoria, foi também considerada, na organização desta bibliografia, a realidade histórica e sociocultural brasileira.

ARON, Raymond. *Dezoito lições sobre a sociedade industrial*. Trad. Sérgio Bath. Brasília, Lisboa: Martins Fontes; Universidade de Brasília, 1981.

_____. *As etapas do pensamento sociológico*. 2. ed. Brasília, Lisboa: Martins Fontes: Universidade de Brasília, 1987.

BASTIDE, Roger. *Brasil, terra dos contrastes*. Trad. Maria Isaura Pereira de Queiroz. 8. ed. Rio de Janeiro, São Paulo: Difel, 1978.

BECKER, Howard S. *Uma teoria da ação coletiva*. Trad. Márcia Bandeira de Mello Leite Nunes. Rio de Janeiro: Zahar, 1977.

BENEDICT, Ruth. *Padrões de cultura*. Trad. Alberto Candeias. Lisboa: Livros do Brasil, s. d.

BERGER, Peter L. *Perspectivas sociológicas*: uma visão humanística. 4. ed. Trad. Donaldson M. Garschagen. Petrópolis: Vozes, 1978.

_____; LUCKMANN, Thomas. *A construção social da realidade*: tratado de sociologia do conhecimento. Trad. Floriano de Souza Fernandes. Petrópolis: Vozes, 1973.

BERRY, David. *Idéias centrais em sociologia*: uma introdução. Trad. Alba Zaluar Guimarães. Rio de Janeiro: Zahar, 1976.

BLUMER, Herbert. *Symbolic interactionism*: perspective and method. Berkeley: University of California Press, 1969.

BOTTOMORE, T. B. *Introdução à sociologia*. Trad. Waltensir Dutra. 3. ed. Rio de Janeiro: Zahar, 1970.

BOTTOMORE, Tom; NISBET, Robert. *História da análise sociológica*. Trad. Waltensir Dutra. Rio de Janeiro: Zahar, 1980.

BOUDON, Raymond (Org.). *Tratado de sociologia*. Trad. Teresa Curvelo. Rio de Janeiro: Zahar, 1995.

BROOM, Leonard; SELZNICK, Philip. *Elementos de sociologia*. Trad. Márcia Bandeira de Mello Leite Nunes. Rio de Janeiro, São Paulo: Livros Técnicos e Científicos, 1979.

CARDOSO, Fernando Henrique; FALETTO, Enzo. *Dependência e desenvolvimento na América Latina*: ensaio de interpretação sociológica. Rio de Janeiro: Zahar, 1970.

_____; IANNI, Octávio (Org.). *Homem e sociedade*: leituras básicas de sociologia geral. 4. ed. São Paulo: Nacional, 1968.

CASSIRER, Ernst. *Antropologia filosófica*: ensaio sobre o homem. Trad. Vicente Felix de Queiroz. São Paulo: Mestre Jou, 1972.

CASTRO, Anna Maria de; DIAS, Edmundo F. (Org.) *Introdução ao pensamento sociológico*. Rio de Janeiro: Eldorado, 1974.

CHINOY, Ely. *Sociedade*: uma introdução à sociologia. Trad. Octavio Mendes Cajado. 8. ed. São Paulo: Cultrix, 1982.

_____. *Perspectiva sociológica*. Trad. Victor Manzolillo de Morais. Rio de Janeiro: Bloch, 1967.

COHN, Gabriel (Org.). *Sociologia*: para ler os clássicos. São Paulo, Rio de Janeiro: Livros Técnicos e Científicos, 1977.

COSER, Lewis A. *Masters of sociological thought*: ideas in historical and social context. 2. ed. New York: Harcourt Brace Jovanovich, 1977.

COSTA PINTO, L. A. *Sociologia e desenvolvimento*: temas e problemas de nosso tempo. 3. ed. Rio de Janeiro: Civilização Brasileira, 1970.

_____. *Desenvolvimento econômico e transição social*. 2. ed. Rio de Janeiro: Civilização Brasileira, 1970.

CUVILLIER, Armand. *Introdução à sociologia*. Trad. Luiz Damasco Penna e J. B. Damasco Penna. São Paulo: Nacional, 1966.

DAHRENDORF, Ralf. *Homo sociologicus*. Trad. Manfredo Berger. Rio de Janeiro: Tempo Brasileiro, 1969.

_____. *Ensaios de teoria da sociedade*. Trad. Regina Lúcia M. Morel. Rio de Janeiro, São Paulo: Zahar: Edusp, 1974.

DAHRENDORF, Ralf. *As classes e seus conflitos na sociedade industrial*. Trad. José Viegas. Brasília: Universidade de Brasília, 1982.

DAVIS, Kingsley. *A sociedade humana*. Trad. M. P. Moreira Filho. Rio de Janeiro, São Paulo: Fundo de Cultura, 1964. 2 v.

DESCARTES, René. *Discurso do método*. Trad. João Cruz Costa. Rio de Janeiro: Edições de Ouro, 1969.

DOLLARD, John et al. *Frustration and agression*. New Haven: Yale University Press, 1939.

DURKHEIM, Émile. *As regras do método sociológico*. Trad. Maria Isaura Pereira de Queiroz. 4. ed. São Paulo: Nacional, 1966.

_____. *O suicídio*: estudo sociológico. Trad. Luz Cary, Margarida Garrido e J. Vasconcelos Esteves. Lisboa: Presença, 1973.

_____. *Sociologia e filosofia*. Trad. J. M. de Toledo Camargo. Rio de Janeiro, São Paulo: Forense, s. d.

FARIS, Ellsworth. *The nature of human nature*. 3. ed. Chicago: The University of Chicago Press, 1976.

FERNANDES, Florestan. *Fundamentos empíricos da explicação sociológica*. São Paulo: Nacional, 1967.

_____. *Sociedade de classes e subdesenvolvimento*. Rio de Janeiro: Zahar, 1968.

_____. *Elementos de sociologia teórica*. São Paulo: Nacional, 1970.

_____. *Ensaios de sociologia geral e aplicada*. 2. ed. São Paulo: Pioneira, 1971.

_____. *Capitalismo dependente e classes sociais na América Latina*. Rio de Janeiro: Zahar, 1973.

_____. *A sociologia no Brasil*: contribuição para o estudo de sua formação e desenvolvimento. Petrópolis: Vozes, 1977.

_____. *A condição de sociólogo*. São Paulo: Hucitec, 1978.

FICHTER, Joseph H. *Sociologia*. Trad. Hebe Guimarães Leme. 5. ed. reimpressão. São Paulo: Editora Pedagógica e Universitária, 1975.

FORACCHI, Marialice Mencarini; MARTINS, José de Souza (Org.). *Sociologia e sociedade*: leituras de introdução à sociologia. Rio de Janeiro, São Paulo: Livros Técnicos e Científicos, 1977.

FOSTER, George M. *As culturas tradicionais e o impacto da tecnologia*. Trad. João Távora. Rio de Janeiro, São Paulo: Fundo de Cultura, 1964.

FREYRE, Gilberto. *Sobrados e mucambos*. 2. ed. Rio de Janeiro: José Olympio, 1951 (originalmente publicado em 1936).

_____. *Casa-grande & senzala*. 9. ed. Rio de Janeiro: José Olympio, 1958 (originalmente publicado em 1933).

_____. *Ordem e progresso*. Rio de Janeiro: José Olympio, 1959.

_____. *Sociologia*. 4. ed. Rio de Janeiro: José Olympio, 1967 (originalmente publicado em 1945). 2 v.

_____. *Como e por que sou e não sou sociólogo*. Brasília: Universidade de Brasília, 1968.

_____. *Sugestões em torno da ciência e da arte da pesquisa social*. Recife: Instituto Joaquim Nabuco de Pesquisas Sociais, 1969.

FROMM, Erich. *Conceito marxista do homem*. Trad. Octavio Alves Velho. 4. ed. Rio de Janeiro: Zahar, 1967.

FURTADO, Celso. *O mito do desenvolvimento econômico*. Rio de Janeiro: Paz e Terra, 1974.

GERTH, Hans; MILLS, Charles Wright. *Caráter e estrutura social*: a psicologia das instituições sociais. Trad. Zwinglio Dias. Rio de Janeiro: Civilização Brasileira, 1973.

GOLDMANN, Lucien. *Ciências humanas e filosofia*: que é a sociologia? Trad. Lupe Cotrim Garaude e José Arthur Giannotti. 2. ed. São Paulo: Difel, 1970.

GURVITCH, Georges. *Determinismos sociais e liberdade humana*. Rio de Janeiro, São Paulo: Forense, [s. d.].

HAGEN, Everett. *On the theory of social change*: how economic growth begins. Illinois: Dorsey, 1962.

HERSKOVITS, Melville. *Antropologia cultural*. Trad. Maria José de Carvalho e Hélio Bichels. São Paulo: Mestre Jou, 1963. 3 v.

HOLANDA, Sérgio Buarque de. *Raízes do Brasil*. 13. ed. Rio de Janeiro: José Olympio, 1979.

HORTON, Paul B.; HUNT, Chester L. *Sociologia*. São Paulo: McGraw-Hill do Brasil, 1980.

HUIZINGA, Johan. *Homo ludens*: o jogo como elemento da cultura. Trad. João Paulo Monteiro. São Paulo: Perspectiva, 1971.

IANNI, Octávio. *As metamorfoses do escravo*: apogeu e crise da escravatura no Brasil Meridional. São Paulo: Difel, 1962.

_____ (Org.). *Teorias da estratificação social*. 2. ed. São Paulo: Nacional, 1973.

KOENIG, Samuel. *Elementos de sociologia*. Trad. Vera Borda. 2. ed. Rio de Janeiro: Zahar, 1970.

LAMBERT, Jacques. *Os dois Brasis*. 10. ed. São Paulo: Nacional, 1978.

LARAIA, Roque de Barros. *Cultura*: um conceito antropológico. 11. ed. Rio de Janeiro: Zahar, 1997.

LINTON, Ralph. *O homem*: uma introdução à antropologia. Trad. Lavínia Vilela. 4. ed. São Paulo: Martins, 1962.

_____. *Cultura e personalidade*. Trad. Oscar Mendes. São Paulo: Mestre Jou, 1967.

LITTLEJOHN, James. *Estratificação social*: uma introdução. Trad. Ricardo Gomes Lima. Rio de Janeiro: Zahar, 1976.

MACHADO, Lia Pinheiro. Alcance e limite das teorias da modernização. *Revista de Administração de Empresas*. Rio de Janeiro: Fundação Getúlio Vargas, v. 10, nº 3, set. 1970.

MANNHEIM, Karl. *Sociologia sistemática*. Trad. Marialice Mencarini Foracchi. 2. ed. São Paulo: Pioneira, 1971.

MARX, Karl. *O capital*. Trad. Reginaldo Sant'Anna. Rio de Janeiro: Civilização Brasileira, 1968.

_____. *O 18 Brumário e cartas a Kugelmann*. Trad. Leandro Konder. Rio de Janeiro: Paz e Terra, 1969.

MATTA, Roberto da. *Carnavais, malandros e heróis*: para uma sociologia do dilema brasileiro. 4. ed. Rio de Janeiro: Zahar, 1983.

MAYER, Kurt. B. *Classe e sociedade*. Trad. Hélio Pólovora. Rio de Janeiro: Bloch, 1967.

McCLELLAND, David. *The achieving society*. Princeton: Van Nostrand, 1961.

MEAD, George H. *Mind, self and society from the standpoint of a social behaviorist*. 18. ed. Chicago, Londres: The University of Chicago Press, 1972 (originalmente publicado em 1934).

MENDRAS, Henri. *Princípios de sociologia*: uma iniciação à análise sociológica. Trad. Patrick Davos. Rio de Janeiro: Zahar, 1969.

MERTON, Robert K. *Sociologia*: teoria e estrutura. Trad. Miguel Maillet. São Paulo: Mestre Jou, 1970.

MILLS, C. Wright. *A imaginação sociológica*. Trad. Waltensir Dutra. 2. ed. Rio de Janeiro: Zahar, 1969.

_____. *A nova classe média*. Trad. Vera Borda. Rio de Janeiro: Zahar, 1969.

MILLS, C. Wright. *Caráter e estrutura social*: a psicologia das instituições sociais. Rio de Janeiro: Civilização Brasileira, 1973.

_____. *A elite do poder*. Trad. Waltensir Dutra. 3. ed. Rio de Janeiro: Zahar, 1975.

NISBET, Robert A. *The sociological tradition*. 2. ed. New Brunswick: Transaction Publishers, 1994.

OGBURN, William; NIMKOFF, Meyer. *Sociologia*. Trad. José Bugeda Sanchiz. 6. ed. Madri: Aguilar, 1966.

OSSOWSKI, Stanislaw. *Estrutura de classes na consciência social*. Trad. Affonso Blacheyre. Rio de Janeiro: Zahar, 1964.

PARK, Robert E. (Org.). *An outline of the principles of Sociology*. 2. ed. New York: Barnes & Noble, 1940 (originalmente publicado em 1939).

_____; BURGESS, Ernest W. (Org.) *Introduction to the science of Sociology*. 3. ed. Chicago: The University of Chicago Press, 1969 (originalmente publicado em 1921).

_____; BURGESS, Ernest W.; McKENZIE, Roderick D. *The city*: suggestions for investigation of human behavior in the urban environment. 3. ed. Chicago, Londres: The University of Chicago Press, 1984 (originalmente publicado em 1925).

PIERSON, Donald (Org.). *Estudos de ecologia humana*. São Paulo: Martins, 1970.

_____. *Estudos de organização social*. São Paulo: Martins, 1970.

_____. *Teoria e pesquisa em sociologia*. 18. ed. revista. São Paulo: Melhoramentos, 1981 (originalmente publicado em 1945).

PIETTRE, André. *Marxismo*. Trad. Paulo Mendes Campos e Waltensir Dutra. 2. ed. Rio de Janeiro: Zahar, 1963.

POPPER, Karl. *A sociedade aberta e seus inimigos*. Trad. Milton Amado. Belo Horizonte/São Paulo: Itatiaia: Edusp, 1974. 2 v.

QUEIROZ, Maria Isaura Pereira de. *Cultura, sociedade rural e urbana no Brasil*. Rio de Janeiro, São Paulo: Livros Técnicos e Científicos: Edusp, 1978.

REDFIELD, Robert; LINTON, Ralph; HERSKOVITS, Melville. Memorandum on the study of acculturation. *American anthropologist*. Washington, D. C., v. 38, nº 1, p. 149-152, 1936.

REX, John. *Problemas fundamentais da teoria sociológica*: possibilidades de aplicação de uma metodologia científica. Trad. Edmond Jorge. Rio de Janeiro: Zahar, 1973.

ROBINSON, Joan. *Liberdade e necessidade*: uma introdução ao estudo da sociedade. Trad. Christiano Monteiro Oiticica. Rio de Janeiro: Zahar, 1971. 5 v.

ROCHER, Guy. *Sociologia geral*. Trad. Ana Ravara. Lisboa: Presença, 1971. 5 v.

RUMNEY, Jay; MAIER, Joseph. *Manual de sociologia*. Trad. Octavio Alves Velho. 4. ed. Rio de Janeiro: Zahar, 1963.

SOUTO, Cláudio. *Teoria sociológica geral*. Porto Alegre: Globo, 1974.

SOUTO, Cláudio. *O que é pensar sociologicamente*. São Paulo: Editora Pedagógica e Universitária, 1987.

_____; SOUTO, Solange. *A explicação sociológica*: uma introdução à sociologia. São Paulo: Editora Pedagógica Universitária, 1985.

THOMAS, William I. *On Social Organization and Social Personality*. Organizado por Morris Janowitz. Chicago: The University of Chicago Press, 1966.

TIMASHEFF, Nicholas S. *Teoria sociológica*. Trad. Antônio Bulhões. 2. ed. Rio de Janeiro: Zahar, 1965.

TUMIN, Melvin M. *Estratificação social*: as formas e funções da desigualdade. Trad. Dante Moreira Leite. São Paulo: Pioneira, 1970.

VAN GENNEP, Arnold. *Os ritos de passagem*. Trad. Mariano Ferreira. Petrópolis: Vozes, 1978.

VEBLEN, Thorstein. *A teoria da classe ociosa*. Trad. Olivia Krähenbühl. São Paulo: Pioneira, 1965.

VELHO, Otávio Guilherme C. A.; PALMEIRA, Moacir G. S.; BERTELLI, Antonio R. (Org.). *Estrutura de classes e estratificação social*. 5. ed. Rio de Janeiro: Zahar, 1974.

VILA NOVA, Sebastião. *A realidade social da ficção*: uma sociologia paralela. Recife: Ministério da Educação e Cultura: Instituto Joaquim Nabuco de Pesquisas Sociais, 1975.

_____. *Arte & cultura*: uma perspectiva sociológica. Recife: Bagaço, 1995.

_____. *Ciência social*: humanismo ou técnica? Petrópolis: Vozes, 1984.

_____. *Desigualdade, classe e sociedade*: uma introdução aos princípios e problemas da estratificação social. São Paulo: Atlas, 1982.

_____. *Donald Pierson e a escola de Chicago na sociologia brasileira*: entre humanistas e messiânicos. Lisboa: Vega, 1998.

_____. História da sociologia e meta-sociologia no Brasil: um roteiro bibliográfico. *Revista Interamericana de Bibliografia*. Washington, D. C., v. 44, nº 4, p. 655-682, 1994.

_____. *Sociologias & pós-sociologia em Gilberto Freyre*: algumas fontes e afinidades teóricas e metodológicas do seu pensamento. Recife: Núcleo de Estudos Freyrianos/Massangana, 1995.

WEBER, Max. *A ética protestante e o espírito do capitalismo*. Trad. M. Irene de Q. F. e Szmrecsányi e Tamás J. M. K. Szmrecsányi. São Paulo: Pioneira, 1967.

_____. *Ensaios de Sociologia*. (Organizado por C. Wright Mills e Hans Gerth.) Trad. Waltensir Dutra. 2. ed. Rio de Janeiro: Zahar, 1971.

_____. *Economia e sociedade*: fundamentos da sociologia compreensiva. Trad. Regis Barbosa e Karen Elsabe Barbosa. Brasília: Editora Universidade de Brasília, 1991, v. 1.

ZNANIECKI, Florian. *On Humanistic Sociology*. Organizado por Robert Bierstedt. Chicago: The University of Chicago Press, 1969.

atlas

www.grupogen.com.br

ROTAPLAN
GRÁFICA E EDITORA LTDA
Rua Álvaro Seixas, 165
Engenho Novo - Rio de Janeiro
Tels.: (21) 2201-2089 / 8898
E-mail: rotaplanrio@gmail.com

Cód.: 4218144